国之重器出版工程
网络强国建设

区块链技术与应用丛书

区块链+金融
数字金融新引擎

姜才康　李　正　**主编**

中汇信息技术（上海）有限公司　**组编**

陈　晓　单曙兵　马小峰　廖娅伶　李　超　李　斌
童　威　唐晓丹　周　博　赵越强　吴小川　徐照晔　**参编**

电子工业出版社
Publishing House of Electronics Industry
北京·BEIJING

内 容 简 介

本书首先介绍区块链的基本概念与关键技术，剖析区块链如何与其他金融科技的融合发展；其次在梳理区块链在金融领域的应用现状，分析其应用价值的基础上，详细介绍了典型金融行业的发展现状、区块链解决方案与应用进展；之后，精选典型的企业生态级金融区块链应用，详细阐述实践方法，总结应用经验；最后，介绍区块链金融领域的标准工作进展，总结区块链在金融领域发展的机遇、挑战并进行未来展望。

本书结构完整、逻辑清晰、图文并茂、表达精练，可供金融IT从业人员、金融从业人员、区块链技术从业人员以及对金融科技关注的相关人员阅读，也可作为高等院校计算机与信息技术及相关专业的教师和学生的教学参考书。

未经许可，不得以任何方式复制或抄袭本书之部分或全部内容。
版权所有，侵权必究。

图书在版编目（CIP）数据

区块链+金融：数字金融新引擎/姜才康，李正主编．—北京：电子工业出版社，2021.1
（区块链技术与应用丛书）
ISBN 978-7-121-40248-7

Ⅰ．①区… Ⅱ．①姜… ②李… Ⅲ．①区块链技术－应用－金融业－研究 Ⅳ．①F83-39 ②F713.361.3

中国版本图书馆 CIP 数据核字（2020）第 249275 号

责任编辑：徐蔷薇　　文字编辑：赵　娜
印　　刷：北京七彩京通数码快印有限公司
装　　订：北京七彩京通数码快印有限公司
出版发行：电子工业出版社
　　　　　北京市海淀区万寿路 173 信箱　邮编：100036
开　　本：720×1000　1/16　印张：20　字数：416 千字
版　　次：2021 年 1 月第 1 版
印　　次：2024 年 1 月第 4 次印刷
定　　价：99.00 元

凡所购买电子工业出版社图书有缺损问题，请向购买书店调换。若书店售缺，请与本社发行部联系，联系及邮购电话：（010）88254888，88258888。
质量投诉请发邮件至 zlts@phei.com.cn，盗版侵权举报请发邮件至 dbqq@phei.com.cn。
本书咨询联系方式：xuqw@phei.com.cn。

《国之重器出版工程》
编辑委员会

编辑委员会主任：苗 圩

编辑委员会副主任：刘利华　辛国斌

编辑委员会委员：

冯长辉	梁志峰	高东升	姜子琨	许科敏
陈　因	郑立新	马向晖	高云虎	金　鑫
李　巍	高延敏	何　琼	刁石京	谢少锋
闻　库	韩　夏	赵志国	谢远生	赵永红
韩占武	刘　多	尹丽波	赵　波	卢　山
徐惠彬	赵长禄	周　玉	姚　郁	张　炜
聂　宏	付梦印	季仲华		

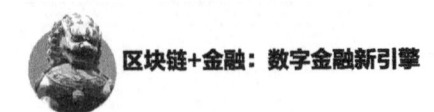

专家委员会委员（按姓氏笔画排列）：

于　全　　中国工程院院士
王　越　　中国科学院院士、中国工程院院士
王小谟　　中国工程院院士
王少萍　　"长江学者奖励计划"特聘教授
王建民　　清华大学软件学院院长
王哲荣　　中国工程院院士
尤肖虎　　"长江学者奖励计划"特聘教授
邓玉林　　国际宇航科学院院士
邓宗全　　中国工程院院士
甘晓华　　中国工程院院士
叶培建　　人民科学家、中国科学院院士
朱英富　　中国工程院院士
朵英贤　　中国工程院院士
邬贺铨　　中国工程院院士
刘大响　　中国工程院院士
刘辛军　　"长江学者奖励计划"特聘教授
刘怡昕　　中国工程院院士
刘韵洁　　中国工程院院士
孙逢春　　中国工程院院士
苏东林　　中国工程院院士
苏彦庆　　"长江学者奖励计划"特聘教授
苏哲子　　中国工程院院士
李寿平　　国际宇航科学院院士

 编辑委员会

李伯虎	中国工程院院士
李应红	中国科学院院士
李春明	中国兵器工业集团首席专家
李莹辉	国际宇航科学院院士
李得天	国际宇航科学院院士
李新亚	国家制造强国建设战略咨询委员会委员、中国机械工业联合会副会长
杨绍卿	中国工程院院士
杨德森	中国工程院院士
吴伟仁	中国工程院院士
宋爱国	国家杰出青年科学基金获得者
张　彦	电气电子工程师学会会士、英国工程技术学会会士
张宏科	北京交通大学下一代互联网互联设备国家工程实验室主任
陆　军	中国工程院院士
陆建勋	中国工程院院士
陆燕荪	国家制造强国建设战略咨询委员会委员、原机械工业部副部长
陈　谋	国家杰出青年科学基金获得者
陈一坚	中国工程院院士
陈懋章	中国工程院院士
金东寒	中国工程院院士
周立伟	中国工程院院士

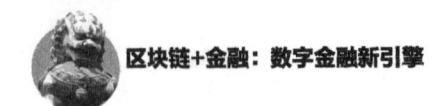

郑纬民	中国工程院院士
郑建华	中国科学院院士
屈贤明	国家制造强国建设战略咨询委员会委员、工业和信息化部智能制造专家咨询委员会副主任
项昌乐	中国工程院院士
赵沁平	中国工程院院士
郝　跃	中国科学院院士
柳百成	中国工程院院士
段海滨	"长江学者奖励计划"特聘教授
侯增广	国家杰出青年科学基金获得者
闻雪友	中国工程院院士
姜会林	中国工程院院士
徐德民	中国工程院院士
唐长红	中国工程院院士
黄　维	中国科学院院士
黄卫东	"长江学者奖励计划"特聘教授
黄先祥	中国工程院院士
康　锐	"长江学者奖励计划"特聘教授
董景辰	工业和信息化部智能制造专家咨询委员会委员
焦宗夏	"长江学者奖励计划"特聘教授
谭春林	航天系统开发总师

本书编委会名单

主 任 委 员：许再越
副主任委员：姜才康　李　正
委　　　员：叶胜国　马小峰　戴炳荣
审 稿 专 家：伍旭川　张绍华

本书编写组

主　　　编：姜才康　李　正
成　　　员：陈　晓　单曙兵　马小峰　廖娅伶　李　超
　　　　　　李　斌　童　威　唐晓丹　周　博　赵越强
　　　　　　吴小川　徐照晔

推荐序一

  数字是人类文明的重要载体,记录着人类认识世界、改造世界的巨大进步。近年来数字技术日新月异,快速向经济社会各领域融合渗透,重塑各行业发展格局,以数据资源为重要生产要素、以全要素数字化转型为重要推动力的数字经济蓬勃兴起。在此过程中,区块链作为一项重要的新兴技术,在推动数字经济发展、金融服务创新等方面潜力巨大。金融机构利用区块链能够优化业务流程、促进数据共享、降低运营成本、建设可信体系,有助于解决中小微企业融资难、普惠金融服务难、金融风险防控难等痛点、难点,促进数字经济与实体经济深度融合。

  中国人民银行高度关注区块链技术发展与金融应用,秉持"守正创新、安全可控、普惠民生、开放共赢"的原则,坚持安全与创新并重,多措并举引导区块链在金融领域规范合理应用,不断提升金融服务覆盖率、可得性、满意度。一是出台《金融科技(FinTech)发展规划(2019—2021年)》,指导金融业树立正确的新技术应用价值观,秉持技术中性原则,深入研究区块链技术架构、核心原理和互信机制,探析技术优劣势、成熟度、稳定性和安全性,让区块链金融创新成果更具生命力。二是会同发改委、科技部等5个部门在北京、上海等10个省市开展金融科技应用试点,引导金融机构充分发挥区块链可追溯、不可篡改等特点,探索在参与主体多、验真成本高、交易流程长的金融场景应用,推动区块链赋能普惠金融、精准脱贫、社会信用体系建设等关键领域。三是印发《区块链技术金融应用评估规则》,明确区

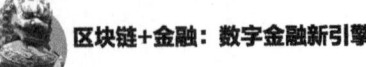

块链金融应用的实现要求、评估方法、判定准则,从基本要求、性能、安全性等方面建立区块链金融应用评估体系,为金融机构开展区块链金融应用的产品设计、软件开发、系统评估等提供了有力依据和遵循。四是组织建设金融科技应用风险监测平台,构建监管部门、行业协会、从业机构风险联防共治机制,研究建设行业级区块链金融应用风险库、漏洞库、案例库,对区块链应用的网络风险、数据风险、应用风险、信用与共识风险等进行穿透式管理,提高区块链金融应用风险防范水平。

《区块链+金融:数字金融新引擎》由金融机构、科技公司、研究院所的金融科技专家共同编撰,是一本理论与实践深度融合的好书。一方面,编写组从不同层面剖析了区块链技术原理与理念、应用标准与规范、实践方法与思路,系统化、结构化地阐述了如何在金融场景用好区块链。另一方面,编写组结合自身在金融科技工作深耕力行的丰富经验,从银行、保险、支付、金融基础设施、供应链金融等领域的业务需求与痛点问题出发,通过调查研究、案例剖析等方式,实例化、图表化地诠释区块链技术在金融领域的应用情况。总的来说,本书有助于读者系统了解区块链技术的本质及典型金融应用,客观、理性地认识区块链应用价值,为推动区块链技术在金融领域落地生花提供参考与借鉴。

独木难以成林,汇流才能成海。希望金融科技从业者把握数字经济发展机遇,运用科技手段深化金融供给侧结构性改革,增强金融服务实体经济的能力,在融合中激发新活力,在碰撞中展现新智慧,为推动新时代金融业高质量发展做出新贡献。

中国人民银行科技司司长

# 推荐序二

以区块链、人工智能、大数据、物联网等为代表的数字技术正深刻改变着人们的生产生活方式，推动着社会发展和变革。我们正在加速进入数字经济和数字社会时代。数字经济是继农业经济、工业经济之后的新经济形态，是将数据作为重要的生产资料，并使其在整个经济链条中发挥基础性作用的经济形态。数字社会是数字技术深度应用，形成政府、个体、企业等多利益相关协同作用的一种网络化、扁平化全新社会结构。数字经济正在开启一次重大的时代转型，带动人类社会生产方式的变革、引发生产关系的再造、加速经济结构的重组、引发生活方式的巨变。数字技术向传统产业快速渗透，加速传统产业转型升级。

信息技术在不同阶段推动了金融创新的发展。我们现在正在进入区块链推动金融创新时代。区块链在新金融创新中将起到数据组织平台的作用，成为数据组织、机构协同的基础设施。区块链通过数据的有序记录，基于协同机制的机器传递信任，可以有效降低交易成本，提升群体协作能力，从而帮助解决数据交易、信用传递和有效监管难等问题。

中国人民银行发布的《金融科技（FinTech）发展规划（2019—2021年）》重点指出了金融科技的历史重任，包括金融科技成为推动金融转型升级的新引擎、金融服务实体经济的新途径、促进普惠金融发展的新机遇、防范化解金融风险的新利器。

从区块链在金融领域的应用来看，紧紧围绕现代金融体系建设和经济高

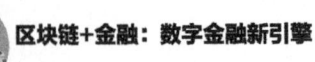

质量发展要求，发挥区块链在促进数据共享、优化业务流程、降低运营成本、提高协同效率、建设可信体系等方面的作用优势，能够有效解决当前金融行业普惠服务难、风险控制难、监管实施难、消费者保护难等问题。

为什么区块链能够解决这些问题呢？区块链属于典型的跨领域、多学科交叉的新兴技术。区块链系统由数据层、网络层、共识层、合约层、应用层及激励机制组成，涉及复杂网络、分布式数据管理、高性能计算、密码算法、共识机制、智能合约等众多自然科学技术领域及经济学、管理学、社会学、法学等众多社会科学领域的集成创新。

区块链技术是使用多中心化共识维护的一个完整的、分布式的、不可篡改的账本数据库技术。区块链由P2P组网结构、链式账本结构、密码算法、共识算法和智能合约5个DNA组成。区块链通过这5个DNA的组合，实现了数据不可篡改、数据集体维护、多中心决策等特征，可以构建公开、透明、可追溯、不可篡改的价值信任传递链，从而为金融与信用服务提供创新可能。

区块链技术是软件集成创新的新形态。20世纪60年代，随着大型主机时代到来，主机-终端型软件成为主流，带来的问题是：价格昂贵、单点故障、扩容困难。20世纪90年代，随着因特网的普及，网络化软件成为主流，随之而来的问题是个性化弱、功能弱化、速度和安全性设计成本高。21世纪以来，随着网络系统越来越庞大，软件进入分布式形态，从功能分区到服务化、容器化、开源化，由此引发的新问题是跨系统、跨主体困难，多方协作成本高。计算机软件经历了软硬一体化阶段、软件产业阶段、网络化/服务化阶段3个阶段的发展，现阶段从"软件定义一切"的角度思考，软件已经开始成为人类社会的基础设施。区块链能够有效解决跨系统、跨主体困难及多方协作成本高的问题，因此区块链技术是软件集成创新的有效途径。

在这一背景下，姜才康、李正等金融科技专家，凭借长期从事国家级金融基础设施的应用软件设计开发实践、行业标准制定实施、金融科技研究、区块链技术研究与应用实践的经验，编撰了《区块链+金融：数字金融新引擎》一书。本书具有技术理论广度、应用探索深度、组织规范高度。

在技术理论方面，本书既介绍了区块链的基本理论、运行机理与关键技术，也阐述了金融科技的发展历程、典型技术体系。通过通俗易懂的介绍，使读者朋友易于了解区块链与金融科技的内在本质，厘清与人工智能、大数据、物联网等前沿信息技术的关联关系，为后续集成创新与融合应用奠定了基础。

在应用探索方面，本书从不同维度、立体化地介绍区块链在金融行业的应用实践情况，总结应用实践经验。首先，通过金融行业典型应用案例的统计分析，洞察发展趋势与应用特征，总结区块链适合解决的金融问题，厘清区块链应用与互联网应用的异同点；其次，以各细分金融领域业务发展的痛点为出发点，有针对性地提供区块链解决方案，并以典型案例的形式例证应用价值；最后，总结区块链应用实践的方法，并详细介绍了数字票据交易与供应链金融这两类具有代表性的实践案例，供读者实践参考。

在组织规范方面，本书既从标准规范的角度，介绍了国内外金融区块链的发展特征与趋势，普及标准规范的重要作用，又从技术、应用、产业等维度，分析区块链技术应用的机遇与挑战，使读者能够客观、理性地认识区块链技术，推动区块链在金融领域的发展。

总体而言，《区块链+金融：数字金融新引擎》秉持客观原则，以问题和需求为导向，以理论结合实践的方式，把区块链金融这个体系讲好、讲透，让读者学有所思，学有所用。本书既可以成为政府部门、行业组织、金融机构探索创新应用的参考依据，也可以成为科研院所、培训机构开展人才培养的参考资料。希望更多的金融科技从业人员、投资者、学者能够参与区块链金融的理论研究与实践探索，为区块链技术的应用发展注入新鲜血液。

中国工程院院士
电子商务与电子支付国家工程实验室理事长、主任
中国互联网金融协会移动金融专业委员会主任委员

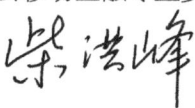

推荐序三

区块链是信息技术领域的一项重大应用技术创新。它通过点对点网络、密码学算法、共识算法、分布式数据存储等多种技术来保证数据传输和存储过程中的难篡改、可追溯，在多个领域为多方协作提供了信任基础，有助于促进业务模式创新，推动供给侧改革和经济结构优化。

当前，全球多个国家都在加快布局区块链产业，这一技术也逐渐成为各国科技实力竞争的重要赛道之一。我国将区块链技术作为核心技术自主创新的重要突破口，着力攻克一批关键核心技术，加快推动区块链技术和产业创新发展。在此背景下，提升我国在科技领域的国际话语权和标准制定权，布局安全自主可控的区块链底层平台和实现区块链核心技术的自主创新尤为关键。区块链研究人员正在牢牢把握技术和产业发展新趋势，从实践出发，全方位思考各行业的应用模式，集中力量解决当下产业创新应用的难点，探索出一套可行的方法论，助力我国在新一轮科技革命竞争中抢占发展制高点。

在面临外部环境不确定性增强、国际竞争日趋激励、商业模式更迭加速等一系列挑战之下，金融行业的话题往往和金融科技、数字化转型等关键词密切相关。区块链技术作为金融科技的重要组成部分，凭借其独有的信任建立机制，正助力我国金融行业实现高质量发展。

近年来，我国的科技工作者和金融工作者以极大的热情投入区块链技术及应用研究中，通过技术的概念验证应用已催生一定规模的商用产品，并在

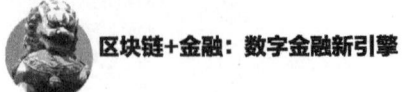

供应链金融、资产证券化、保险、跨境支付、贸易金融等场景中也落地了系列案例。中汇信息技术团队对区块链技术具有非常敏锐的洞察力，很早就认识到区块链技术应用对目前金融行业创新改革发展的重要性，积极开展实践探索，并取得显著成效。

《区块链+金融：数字金融新引擎》一书是对区块链结合金融实践的总结。本书不仅全面介绍了区块链技术的起源与发展，更结合创作人员在各自金融领域的丰富业务实践经验，深入分析了区块链+金融各个场景，以及如何建设区块链生态。基于相关编撰人员的丰富经验，详细阐述了金融基础设施、支付、银行、保险、供应链金融等多个场景中的区块链应用模式，并以具体的技术架构及典型案例分析对比了使用区块链技术后对于原金融模式的改变，为读者在实际生产生活中的应用实践提供思路参考。

总体来说，本书对于金融科技从业人员是一本不可多得的参考材料。本书通过对金融产业中区块链技术发展与应用模式的分析研讨，以期启发读者对区块链金融的思考。同时，本书创作团队站在历史使命的高度，在书中对区块链应用标准规范提出的真知灼见也值得区块链从业人员及区块链相关单位思考和借鉴。

中国计算机学会区块链专业委员会副主任
浙江大学软件学院副院长

推荐序四

2019年10月25日是中国区块链领域具有重大历史意义的一天，当晚"新闻联播"第一条便报道了习近平总书记在中央政治局会议上组织集体学习区块链技术的新闻，习近平总书记指示我国要加快推动区块链技术和产业创新发展，积极推进区块链和经济社会融合发展。

作为新型基础设施核心技术之一，区块链已经从最初的比特币底层技术之一外延到企业级应用场景中。区块链被誉为"信任的机器"，融合了密码学、博弈论、网络通信等多种科学技术，其应用可提高流程透明度、降低信息不对称性、确保信息准确性、打造可信的价值网络生态。

金融行业是经济发展的血脉，而信任是一切金融活动开展的基础。区块链凭借去中心化、数据可信度高且不可篡改的特征，其在金融领域的应用能在一定程度上消弭交易过程中的信息不对称，从而解决金融领域的信任问题。近年来"区块链+金融"的应用实例不断涌现，区块链技术已部分实现了对支付、银行、保险、数字货币等金融领域的重塑。

如笔者所在的中国平安保险（集团）股份有限公司（以下简称平安集团），近年来确定了"金融+科技""金融+生态"的业务战略，科技赋能金融，科技赋能生态，生态赋能金融。其中，区块链是平安集团科技战略的核心发力点，平安集团凭借强劲的科研水平，已走在区块链"赛道"的前列。2016年5月，平安集团正式加入R3区块链金融联盟。2018年，平安集团研发FiMAX S3C全加密区块链框架，创新性地推出壹账链平台。平安集团的区块链不仅

实现了对内赋能，还积极开拓对外输出。基于壹账链的区块链赋能实体项目在贸易融资、资产证券化、供应链金融、再保险等多个业务场景中成功落地。平安集团未来将继续围绕五大生态圈（金融、房产、汽车、医疗、智慧城市），充分发挥区块链技术的价值，挖掘应用场景，为更多的金融服务、产业发展、城市数字化及社会民生发展做出贡献。

在这样的时代大背景下，本书对区块链技术与金融产业的融合进行了深度研究，全面梳理了区块链在金融领域的落地场景和未来的发展趋势，并阐述了将区块链技术落地到实际场景、打造相关应用的方法论。

首先，本书展示了区块链的起源与技术演进路线及基本技术原理基础，并在将金融科技作为有机整体的视角下，分析了区块链、大数据、云计算、人工智能和物联网之间的关系，突出了区块链在技术网络中承上启下的核心地位。其次，在场景应用上，本书在分析我国金融领域的区块链应用落地情况的基础上，进一步剖析了区块链的应用价值；通过多个案例，从系统规划与建设的角度，阐述了业务模式选择及区块链技术使用的方法论。最后，本书指出了研制区块链标准的重大意义及目前国内外区块链标准研制的推进情况，并对未来进行了展望。与此同时，本书也建议区块链在金融行业的创新需要遵从监管层引导意见，要始终将安全性、可靠性放在首位，遵循严谨发展金融业底层基础设施的原则。

中汇信息作为中国外汇交易中心旗下的金融科技公司，自成立之初就致力于科技赋能和科技驱动银行间的金融资产交易业务。近几年来，银行间本外币交易市场的技术能力和业务能力取得了快速发展，市场参与机构行业有目共睹且获益匪浅，可交易品种更多，交易方式更为市场化，价格定价能力凸显，系统处理能力更安全、快速、稳定，系统接口更加友好、方便。区块链技术的特征之一就是"去中心化"，而中国外汇交易中心恰恰是中心化的核心基础设施机构。面对新技术的挑战，中国外汇交易中心和中汇信息的领导心态开放，主动拥抱新技术，创新走在前沿。2014年，笔者有幸和中汇信息一起探索区块链技术在银行间交易中的场景应用。中汇信息不仅在理论研究上功底深厚，也在多个业务场景中开展区块链应用探索，对于区块链底层细节技术也有更深的理解，在后续的业务发展中可以更为从容地面对。

中汇信息及业内专家学者共同编撰的《区块链+金融：数字金融新引擎》体系非常完整，从技术原理到场景应用都做了清晰的介绍，深入浅出，贴近

推荐序四

中国金融市场的各个板块，适合想要了解区块链的各细分领域金融从业人员阅读。如今区块链技术已经成为新基建的核心技术之一，各行各业都在持续推进区块链技术落地。本书的出版恰逢其时，价值巨大，可谓"一册在手，知识、业务、技术、实践、规范全有"。相信在金融数字化转型的浪潮中，您阅读此书，一定会开卷有益。

平安资产管理有限责任公司总经理
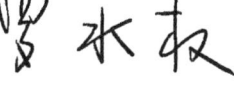

 前　言

2013年，在研读中国人民银行、工业和信息化部等五部门联合印发的《关于防范比特币风险的通知》后，凭借多年从事银行间市场交易系统建设的技术研究习惯，我开始关注支撑比特币运行的基础原理与核心技术。

比特币是什么？支撑比特币运行的区块链又是什么？区块链是否有广泛的应用价值？区块链与传统互联网应用的区别又是什么？中心化的交易平台是否适合使用区块链？金融市场有哪些业务场景适合使用区块链？区块链应用推广，又将对金融市场乃至社会形态带来哪些改变？……带着一系列问题，我和我的团队开始持续跟踪与研究区块链。

随着区块链的快速演进，联盟链的技术发展与应用探索趋势日益清晰，我们逐渐认识到这一技术对整个金融市场，乃至整个社会的巨大影响力。在2016年，中国外汇交易中心（全国银行间同业拆借中心，以下简称交易中心）加入了R3区块链金融联盟，开启了与国内外金融机构会员一起合作探索区块链的技术研究与应用之路。

有别于人工智能、大数据等善于提升单个主体"生产力"的技术，区块链是一种善于优化"多源异构"主体间的复杂"生产关系"的技术，其技术的应用有助于构建一种新型的多方互信关系，被《经济学人》称为"信任的机器"。这主要是因为区块链集成了密码学算法、共识机制、点对点通信协议、分布式存储、智能合约等多种核心技术，形成了一种新的分布式基础架构与计算范式。这种技术有助于提高数据存储的难篡改性、数据访问的可控

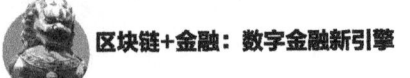

性、数据处理过程的透明性，从而可以作为多方系统集成与交互的服务总线，大幅降低了系统交互成本，提升了整体运行效率。

随着中国金融市场的日益开放、同业竞争的日益加剧，金融市场对基础设施的技术支撑提出了更高的要求。交易中心作为银行间市场的金融市场基础设施，承载着中国规模最大的利率和汇率产品市场，是推进人民币投资交易和储备资产职能发挥的重要载体。

中汇信息技术（上海）有限公司（以下简称中汇信息）作为交易中心的全资技术子公司，致力于提供银行间市场基础设施建设的解决方案，为把交易中心建设成为全球人民币及相关产品交易主平台和定价中心而努力。中汇信息不仅在系统建设过程中摸索双模驱动开发和改进软件产品线研发方法论、统一形式化架构设计规范，逐步完善和推进技术、数据及领域三大共享平台的建设，而且形成了具有自主知识产权的如统一终端、分布式服务框架、高速数据交换平台、撮合引擎等一系列技术产品。

为进一步提升银行间交易系统服务的效率、降低交易成本、贯彻落实中国人民银行印发的《金融科技（FinTech）发展规划（2019—2021 年）》，中汇信息还积极开展人工智能、大数据、区块链等新兴技术研究与创新应用，不断提升金融科技在银行间市场的应用水平。中汇信息不仅在银行间市场智能化过程中完成了银行间市场大数据报告、基于大数据的监测指标计算等大数据项目的自主研发，而且实现了债券要素智能识别及债券智能推荐。同时，中汇信息还积极开展可解释性深度学习及表达、知识图谱等下一代人工智能的技术研究，不断提升"AI+金融"应用经验与技术创新能力。

特别是在区块链方面，中汇信息在区块链领域从标准研制、应用探索与技术研究 3 个方面，广泛开展"区块链+金融"工作。标准研制方面，修订了金融行业标准《银行间市场业务数据交换协议》，扩展了原有的元数据、数据接口、会话层等，以支撑区块链的技术应用。应用探索方面，中汇信息选取银行间市场典型业务场景，开展交易员从业资质认证服务、了解你的客户（Know Your Customer）、组合对账等应用探索，荣获 2019 年和 2020 年上海区块链创新企业 TOP20 荣誉称号。技术研究方面，中汇信息对区块链的关键技术展开研究，包括在法定数字货币分层组网模式下保护隐私的激励相容机制设计、在大规模组网下的高通量共识机制等，进一步夯实银行间市场的技术基础设施。

为响应习近平总书记的号召，减少金融从业人员对区块链的一些认知偏

前言

差，加速多方建立区块链应用共识，促进联盟链在金融领域生态级应用的建设，我和我的团队欣然接受中国电子技术标准化研究院的邀请，积极组织产业与学界的优秀专家，共同编撰这本侧重联盟链在金融领域应用的图书。希望能够使读者在了解区块链基本原理、典型金融领域发展现状的基础上，理解区块链技术对现代金融体系的影响，了解如何研发一款企业级生态化的区块链金融应用产品等。

本书共分 4 个部分 12 章，在介绍区块链及金融科技关键技术的基础上，重点介绍了区块链在金融领域的应用现状、实践方式、标准规范与应用前景。

第一部分 基本原理与关键技术（第 1～第 2 章）。第 1 章以区块链技术的诞生为导入，讲述区块链技术的基础原理、关键技术、参考架构、核心价值等基础技术内容。第 2 章阐述金融科技的发展历程与典型技术体系，分析区块链技术与物联网、云计算、人工智能与大数据技术的关联关系与相互作用。

第二部分 金融应用与分析研究（第 3～第 8 章）。第 3 章介绍并分析金融领域应用区块链的进展，深入剖析区块链在金融领域的适合范围、应用价值与应用理念等。第 4～第 8 章依次详细讲述支付业、银行业、金融基础设施、供应链金融、保险业领域的发展需求、行业痛点、基于区块链的解决方案、应用进展、满足监管合规要求的应用前景与发展建议。

第三部分 实践方法与典型案例（第 9～第 10 章）。第 9 章按照软件开发生命周期的主要阶段，详细介绍研发企业级区块链金融应用的方法及注意事项。第 10 章介绍业界典型的企业生态级区块链金融应用案例，详细介绍了应用案例的体系架构、实现方法与方案，总结实践经验。

第四部分 标准规范与未来展望（第 11～第 12 章）。第 11 章剖析金融领域研制区块链相关标准的迫切需求，并在全面分析国内外区块链金融标准的基础上，阐述区块链金融领域标准工作的重点发展方向。第 12 章在总结区块链在金融领域发展的机遇与挑战的基础上，畅想区块链技术、基于区块链的金融应用及金融产业的未来发展。

第 1 章由上海区块链技术研究中心的马小峰编撰，第 2 章由中汇信息的姜才康与单曙兵编撰，第 3 章由中汇信息的李正与陈晓编撰，第 4 章由交易中心的赵越强、中汇信息的陈晓与上海票据交易所股份有限公司的童威编撰，第 5 章由深圳前海微众银行股份有限公司的李斌编撰，第 6 章由中汇信

XXIII

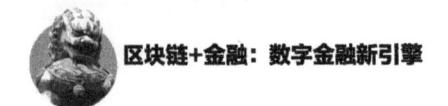

息的陈晓编撰，第 7 章由上海万向区块链股份公司的廖娅伶编撰，第 8 章由众安信息技术服务有限公司的吴小川、徐照晔编撰，第 9 章由中汇信息的陈晓和交易中心的周博编撰，第 10 章由上海票据交易所股份有限公司的童威与上海万向区块链股份公司的廖娅伶编撰，第 11 章由中国电子技术标准化研究院的唐晓丹与中汇信息的单曙兵编撰，第 12 章由上海计算机软件技术开发中心的李超编撰。在与各章编撰者一起详细探讨与多次修改了相关章节内容后，由陈晓对第一、第三与第四部分统稿，单曙兵对第二部分统稿。

本书在编撰过程中，得到了许多领导、专家和朋友的大力支持与积极帮助。

特别感谢中国人民银行科技司李伟司长、中国工程院柴洪峰院士、中国计算机学会区块链专业委员会蔡亮副主任、平安资产管理有限责任公司罗水权总经理为本书倾情作序。

衷心感谢中国外汇交易中心裴传智书记、张漪总裁、李瑞勇副总裁等各级领导的关心与指导，跨境银行间支付清算有限责任公司许再越总裁、中国人民银行金融研究所互联网金融研究中心副主任伍旭川博士、上海计算机软件技术开发中心张绍华主任等专家的指导。

感谢金融壹账通区块链研发部的架构师褚镇飞，杭州趣链科技有限公司的谢逸俊、钟蔚蔚、张文翰、张丁文等，中汇信息的包晓晶、夏志江、章志刚、詹杭龙、江玉环等，同济大学的肖婕及电子工业出版社徐蔷薇的大力支持与帮助。

由于区块链在金融领域的应用快速发展，相关的新技术与新模式不断涌现，加之编写时间仓促，书中难免存在疏漏与不足之处，非常欢迎广大读者朋友提出宝贵意见和建议，以进一步修正与完善本书。非常期待能够与读者朋友一起，共同探讨区块链在金融领域应用与发展的各项议题。

姜才康

中汇信息技术（上海）有限公司

2020 年 8 月于上海

目 录

第一部分 基本原理与关键技术

第1章 区块链的基础原理与技术 · 003
- 1.1 区块链的诞生与发展历程 · 003
  - 1.1.1 区块链的诞生 · 004
  - 1.1.2 区块链技术演进 · 004
- 1.2 区块链的核心价值与主要特性 · 014
  - 1.2.1 核心价值 · 014
  - 1.2.2 主要特性 · 015
- 1.3 区块链的基本技术原理 · 016
  - 1.3.1 区块链的基础技术要素 · 016
  - 1.3.2 区块链的参考架构 · 017
  - 1.3.3 "写入"区块链的主要流程 · 019
  - 1.3.4 区块链与数据库技术的区别 · 019
- 1.4 区块链的主要类型 · 020
  - 1.4.1 公有链 · 020
  - 1.4.2 私有链 · 021
  - 1.4.3 联盟链 · 021
- 1.5 本章小结 · 022

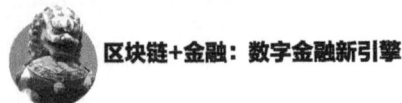

第 2 章　区块链与金融科技······023

2.1　金融科技概述······023
- 2.1.1　金融科技的概念······023
- 2.1.2　金融科技的发展阶段······024
- 2.1.3　金融科技的发展趋势······026

2.2　金融科技的典型技术体系······027
- 2.2.1　技术体系······027
- 2.2.2　基于区块链的物联网技术······029
- 2.2.3　基于区块链的人工智能技术······033
- 2.2.4　基于区块链的大数据技术······037
- 2.2.5　基于区块链的云计算······042

2.3　本章小结······046

第二部分　金融应用与分析研究

第 3 章　区块链金融应用概述与分析······051

3.1　整体概述与分析······051
- 3.1.1　应用进展概述······051
- 3.1.2　应用价值总结······052
- 3.1.3　应用情况分析······053

3.2　区块链对金融应用的改变······057
- 3.2.1　认知方面：区块链成为一种数字金融信任载体与渠道······057
- 3.2.2　组织方面：区块链形成了促进中小微企业发展的生态联盟模式······060
- 3.2.3　管理方面：区块链提升广泛的数字化监督能力······061
- 3.2.4　实施方面：区块链支撑赋能生态联盟的中台 2.0······063

3.3　区块链金融应用与互联网金融应用的主要区别······064

3.4　区块链金融应用理念······065
- 3.4.1　加强合作共赢的联盟生态建设······065
- 3.4.2　坚持技术中性应用原则······067
- 3.4.3　保障金融应用安全可靠······067
- 3.4.4　辩证看待集中式与分散化······068

3.5 本章小结 ··· 069

第4章 区块链+支付 ··· 070

4.1 支付业发展现状 ··· 070
    4.1.1 基本概念与运行方式 ··· 070
    4.1.2 运行特征 ··· 074
    4.1.3 发展需求 ··· 076
    4.1.4 行业痛点 ··· 076

4.2 区块链解决方案 ··· 078

4.3 区块链应用进展 ··· 079
    4.3.1 应用概况 ··· 079
    4.3.2 应用分析 ··· 081
    4.3.3 新兴数字支付模型 ··· 082
    4.3.4 跨境支付区块链模型 ··· 084

4.4 应用前景、挑战与发展建议 ··· 086
    4.4.1 应用前景 ··· 086
    4.4.2 应用挑战 ··· 087
    4.4.3 发展建议 ··· 088

4.5 本章小结 ··· 089

第5章 区块链+银行 ··· 090

5.1 商业银行业发展现状 ··· 090
    5.1.1 基本概念 ··· 090
    5.1.2 运行特征 ··· 090
    5.1.3 发展需求 ··· 091
    5.1.4 行业痛点 ··· 094

5.2 区块链解决方案 ··· 095
    5.2.1 优化银行业IT基础设施 ··· 095
    5.2.2 实现自下而上的治理机制 ··· 096
    5.2.3 促进数据互联互通 ··· 097

5.3 区块链应用进展 ··· 097
    5.3.1 应用概况 ··· 097
    5.3.2 应用分析 ··· 098
    5.3.3 区块链对账 ··· 099

　　5.3.4　区块链信息共享 ··· 102
　　5.3.5　基于区块链的监管科技 ······································· 104
5.4　应用前景、挑战与发展建议 ··· 106
　　5.4.1　应用前景 ·· 106
　　5.4.2　应用挑战 ·· 107
　　5.4.3　发展建议 ·· 107
5.5　本章小结 ··· 108

第6章　区块链+金融基础设施 ··· 109
6.1　金融市场基础设施发展现状 ··· 109
　　6.1.1　基本概念 ·· 109
　　6.1.2　运行特征 ·· 111
　　6.1.3　发展趋势 ·· 112
　　6.1.4　行业痛点 ·· 113
6.2　区块链解决方案 ·· 114
　　6.2.1　数据可信共享 ·· 115
　　6.2.2　缩短交易链路 ·· 116
　　6.2.3　规则程序化 ·· 116
6.3　区块链应用进展 ·· 116
　　6.3.1　应用概况 ·· 116
　　6.3.2　应用分析 ·· 122
　　6.3.3　交易前：了解你的客户 ·· 122
　　6.3.4　交易：场外衍生品交易 ·· 127
　　6.3.5　交易后：证券清算与结算 ···································· 131
6.4　应用前景、挑战与发展建议 ··· 134
　　6.4.1　应用前景 ·· 134
　　6.4.2　应用挑战 ·· 137
　　6.4.3　发展建议 ·· 138
6.5　本章小结 ··· 139

第7章　区块链+供应链金融 ··· 141
7.1　供应链金融发展现状 ··· 141
　　7.1.1　基本概念 ·· 141
　　7.1.2　运行特征 ·· 144

　　　　7.1.3　发展要求 ································· 145
　　　　7.1.4　行业痛点 ································· 146
　　7.2　区块链解决方案 ······························· 147
　　　　7.2.1　协作式共建生态 ························· 147
　　　　7.2.2　供应链资产数字化 ······················· 148
　　　　7.2.3　智能合约强化履约 ······················· 148
　　7.3　区块链应用进展 ······························· 149
　　　　7.3.1　应用概况 ································· 149
　　　　7.3.2　应用分析 ································· 150
　　　　7.3.3　应收账款融资 ··························· 150
　　　　7.3.4　库存融资 ································· 153
　　　　7.3.5　资产证券化 ······························· 156
　　7.4　应用前景、挑战与发展建议 ··················· 159
　　　　7.4.1　应用前景 ································· 159
　　　　7.4.2　应用挑战 ································· 159
　　　　7.4.3　发展建议 ································· 160
　　7.5　本章小结 ······································· 161

第8章　区块链+保险 ····································· 162
　　8.1　保险业发展现状 ······························· 162
　　　　8.1.1　基本概念与运行方式 ····················· 162
　　　　8.1.2　运行特征 ································· 163
　　　　8.1.3　发展需求 ································· 164
　　　　8.1.4　行业痛点 ································· 165
　　8.2　区块链解决思路 ······························· 165
　　　　8.2.1　业务模块 ································· 166
　　　　8.2.2　技术组成部分 ··························· 167
　　8.3　应用进展 ······································· 168
　　　　8.3.1　应用概况 ································· 168
　　　　8.3.2　区块链+人身保险 ······················· 170
　　　　8.3.3　区块链+车险 ····························· 172
　　　　8.3.4　区块链+再保险 ··························· 174
　　8.4　应用前景、挑战与发展建议 ··················· 175

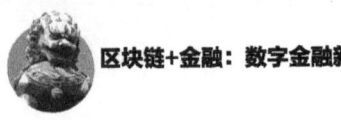

　　8.4.1　应用前景 ··· 175
　　8.4.2　应用挑战 ··· 176
　　8.4.3　发展建议 ··· 176
8.5　本章小结 ··· 178

第三部分　实践方法与典型案例

第 9 章　区块链金融应用实践方法 ··· 181
9.1　场景选择与需求分析 ··· 181
　　9.1.1　场景选择方法 ·· 181
　　9.1.2　领域需求 ··· 183
9.2　研发实施路径 ··· 186
9.3　系统设计 ··· 187
　　9.3.1　总体架构 ··· 187
　　9.3.2　数据架构 ··· 190
　　9.3.3　技术架构 ··· 193
9.4　系统开发 ··· 195
　　9.4.1　智能合约开发 ·· 195
　　9.4.2　应用层开发 ··· 200
9.5　系统测试 ··· 201
　　9.5.1　测试思想 ··· 201
　　9.5.2　测试方法 ··· 202
9.6　系统运维 ··· 203
　　9.6.1　基于 BaaS 的系统运维 ·· 204
　　9.6.2　基于分布式部署的系统运维 ··· 210
9.7　本章小结 ··· 217

第 10 章　企业生态级金融应用实践案例 ·· 218
10.1　基于区块链的数字票据交易系统 ·· 218
　　10.1.1　应用背景 ··· 218
　　10.1.2　业务功能 ··· 218
　　10.1.3　总体设计方案 ··· 220
　　10.1.4　核心功能模块设计与实现 ··· 222
　　10.1.5　系统运维 ··· 229

  10.1.6 经验总结 ·· 230
 10.2 基于区块链的供应链金融系统 ··· 232
  10.2.1 应用背景 ·· 232
  10.2.2 业务功能 ·· 233
  10.2.3 总体设计方案 ··· 235
  10.2.4 核心功能模块设计与实现 ·· 237
  10.2.5 经验总结 ·· 240

第四部分 标准规范与未来展望

第11章 区块链金融的标准与规范 ·· 245
 11.1 金融领域的区块链标准需求 ·· 245
  11.1.1 研制标准具有重大意义 ·· 245
  11.1.2 标准的研制是国内外热点 ·· 246
 11.2 区块链金融标准化工作机制 ·· 247
  11.2.1 我国的新型标准体系构建 ·· 247
  11.2.2 区块链标准化的工作机制 ·· 249
  11.2.3 金融区块链标准化的工作机制 ·· 252
 11.3 区块链金融标准工作进展 ·· 253
  11.3.1 国际区块链金融标准工作 ·· 253
  11.3.2 国内区块链金融标准工作 ·· 259
 11.4 区块链金融标准重点工作方向 ··· 260
  11.4.1 分类和热度分析 ··· 260
  11.4.2 标准体系 ·· 261
  11.4.3 重点工作 ·· 262
 11.5 本章小结 ·· 264

第12章 区块链金融未来展望 ··· 265
 12.1 区块链发展机遇与挑战 ·· 265
  12.1.1 区块链创新应用所带来的机遇 ·· 265
  12.1.2 区块链在金融应用中的挑战 ··· 267
 12.2 区块链技术未来展望 ·· 268
  12.2.1 安全及隐私保护 ··· 268
  12.2.2 性能 ·· 270

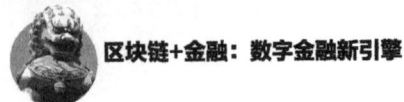

　　12.2.3　跨链 ·· 271
 12.3　金融基础服务未来展望 ··· 274
　　12.3.1　可信数字身份 ··· 274
　　12.3.2　法定数字货币 ··· 276
　　12.3.3　分布式金融服务 ·· 276
 12.4　金融产业未来展望 ·· 277
　　12.4.1　金融同业机构合作加强 ·· 277
　　12.4.2　金融与其他产业融合共生 ··· 278
　　12.4.3　新旧金融体系加速融合 ·· 279
 12.5　本章小结 ·· 280

参考文献 ·· 281

第一部分
基本原理与关键技术

第一部分

基因克隆与遗传转化

第 1 章
区块链的基础原理与技术

1.1 区块链的诞生与发展历程

区块链作为支撑数字经济发展的关键技术之一,得到了国家政策的支持。早在 2016 年 12 月,《"十三五"国家信息化规划》就将区块链定为战略性前沿技术之一。2019 年 10 月 24 日,习近平总书记在主持中央政治局第十八次集体学习时强调,"区块链技术的集成应用在新的技术革新和产业变革中起着重要作用。我们要把区块链作为核心技术自主创新的重要突破口,明确主攻方向,加大投入力度,着力攻克一批关键核心技术,加快推动区块链技术和产业创新发展"。

区块链(Blockchain)也可以称为分布式账本技术(Distributed Ledger Technology,DLT),其主要利用分布式节点共识机制来生成和更新数据,利用密码学的方式保证数据传输和访问的安全,利用由自动化脚本代码组成的智能合约来编程和操作数据,具有分布式存储、防伪造、防篡改、透明可靠等特征。

作为一种融合了密码学、博弈论、网络通信等多种科学技术的集合创新技术,区块链具有多个层面的价值。从技术层面来说,通过构建 P2P 自组织网络、时间有序难篡改的密码学共享账本、分布式共识机制,从而在技术层面实现多中心的信任。从经济学层面来说,区块链天然的弱中心、分布式的特点能够带来一种新的价值传递方式,使交易双方可以通过区块链的技术背书实现点对点的价值交换,大幅简化中间环节。从社会治理层面来说,区块链可以实现数据和价值跨平台、地域、系统、部门、业务、国境的有序流通和共享,也可以支撑有效的协同管理和服务。作为推动供给侧改革的利器之

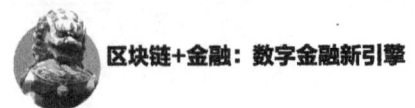

一，这一技术的推广应用将创造出全新的商业模式和服务模式，有望构建新型的产业协作方式，提高协同流通的效率，加速社会数字化进程。

1.1.1 区块链的诞生

20 世纪 80 年代，密码朋克（Cypherpunk）就有了加密支付工具的最初设想。蒂莫·西梅（Timothy May）提出了不可追踪的电子支付工具——加密信用（Crypto Credits），用于奖励那些致力于保护公民隐私的黑客们；1990 年，大卫·乔姆（David Chaum）提出以盲签名技术为基础的、注重隐私安全的、不可追踪的密码学网络支付系统——Ecash；1998 年，戴伟（Dai Wei）提出了匿名的、分布式的电子支付系统——B-Money；2005 年，尼克·萨博（Nick Szabo）提出了比特金（Bitgold）的设想。但由于当时消费者对互联网上的隐私和安全问题并不十分重视，这些早期基于密码学的支付工具的尝试无一例外都失败了。

2008 年，全球金融危机的爆发进一步推动了分布式、点对点支付工具的研发和实验。2008 年 10 月 31 日，中本聪在一个隐秘密码学讨论小组中第一次发布比特币白皮书 Bitcoin: A Peer-to-Peer Electronic Cash System（《比特币：一个点对点的电子现金系统》），描述了如何建立一套全新的、无中心化运营的点到点交易系统，而区块链是实现比特币的支撑技术。有别于传统的集中式记账技术，比特币网络的运行不需要任何中心化的支持机构参与，而是通过区块链中点对点通信和透明可信的规则，构建难伪造、难篡改和可追溯的块链式数据结构，分散式地管理事务处理。其数据信息存储在区块中，通过逻辑上的链接形成一条带有时序性的链型结构，通过使用数字签名与完整性校验保证区块中数据的真实性和完整性。

2009 年 1 月 3 日，比特币系统正式开始运行，中本聪成功地从创世块中挖出第一批比特币（合计 50 枚），比特币也成为第一个基于区块链技术的应用。2010 年，比特币交易所诞生，5 月 22 日有人用 10000 个比特币购买了两个比萨，这是第一次有人用比特币购买实物的交易，自此比特币在极为小众的群体中流通起来，区块链作为支撑比特币系统运行的底层技术，也开始进入公众的视野。

1.1.2 区块链技术演进

一种技术的发展必然要经过不断的更新迭代，区块链技术发展至今可以说经历了 3 个阶段：技术起源、区块链 1.0、区块链 2.0（见图 1-1），本节将主要介绍这 3 个阶段和区块链演进过程中的技术探索。

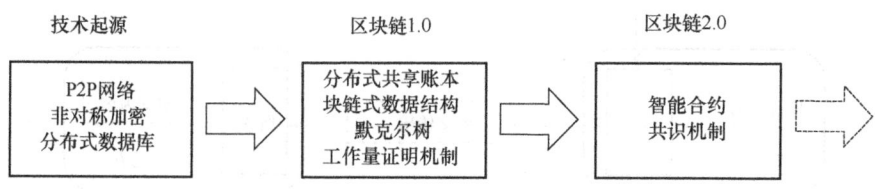

图 1-1　区块链的技术演进

1. 技术起源阶段

1）P2P（Peer to Peer）网络

P2P 网络技术又称对等互联网技术或点对点通信技术，是相对于中心化网络而言的，是一种分散式地连接各对等节点的组网技术。P2P 网络是区块链技术的底层网络基础，与中心化网络中心服务器服务全网的模式显然不同的是，在 P2P 网络中各个计算机节点具有相等的地位，节点间通过特定的网络协议进行信息或资源的交互，如图 1-2 所示。

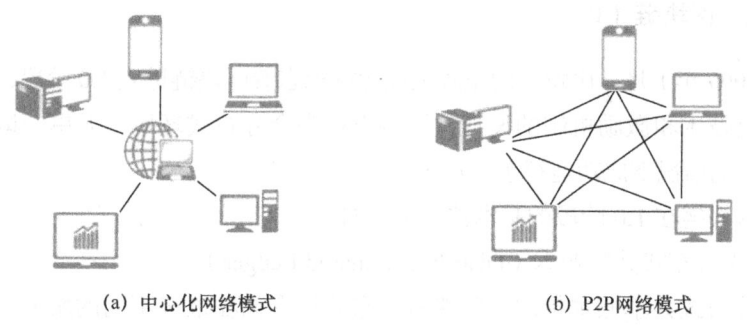

(a) 中心化网络模式　　　　　　(b) P2P网络模式

图 1-2　网络模式

2）非对称加密

非对称加密算法是利用一对密钥对来进行信息加解密的算法，这对密钥指的是公有密钥（Public Key）和私有密钥（Private Key），又称为公钥和私钥。常用的非对称加密算法有 RSA、ECC 等。非对称加密算法解密过程如图 1-3 所示。区块链中通常使用非对称加密的公私钥来构建对等节点间的保密通信，保证消息的可信及可验证性。

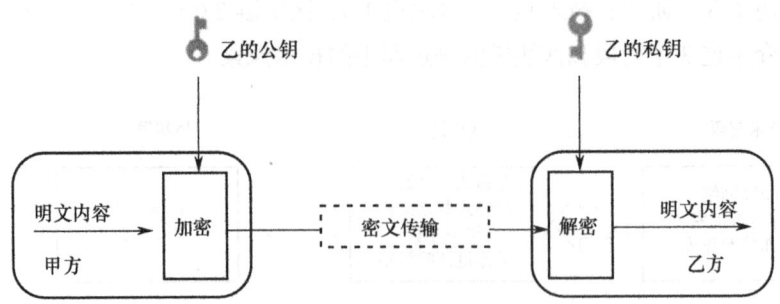

图 1-3 非对称加密算法解密过程

3）分布式数据库

分布式数据库本质上是一种物理上分散但逻辑上集中的数据管理系统，其所管理的数据分散在各个物理节点上。从逻辑上来说，这些数据属于同一个系统，数据属于一个组织实体，但从物理上来看却可能分散在计算机网络的若干站点上。由此看来，分布式数据库有两个重要特点：分布性和逻辑相关性。借助分布式数据库的思想，区块链扩大分布式的范围，将数据由一个实体管理扩展为由多个实体共同存储与维护。

2. 区块链 1.0

2009 年 1 月，比特币的正式上线运行标志着区块链进入 1.0 阶段，依赖区块链技术和激励机制的设计，比特币在完全分布式环境、无单一运维管理主体的情况下成功运行了十年多。

区块链在 1.0 阶段的基本技术组成如下。

1）分布式共享账本（Distributed Shared Ledger）

分布式共享账本指的是将账本分布式地存储在很多不同的服务器上，不论这些服务器身处何处，都能准确、及时地记录全网发生的每一笔交易，同时通过网络通信方式使得每个服务器上存储的账本都保持一致。这是一种不需要被任何中心化主体存储或确认的数据记录方式，在同一个网络里的所有参与者都可以获得一个唯一、真实账本的副本。由于账本是全网同步的，通过各账本的数据同步与交叉验证，任意一个肆意篡改的账本都会被识别出来。

2）块链式数据结构

块链式数据结构是比特币底层区块链中数据存储的结构，如图 1-4 所示。

在比特币与其他后续发展的区块链中，记录在区块链中的最小事务单位是"交易"（Transaction），交易代表着用户在链上发起的转账、支付、兑换等金融活动。区块是由特定的节点将一笔或者多笔交易打包形成的一个交易集合，其存储结构分为区块头和区块体两部分。其中，区块体包含这个区块的所有交易，以默克尔树（MerkleTrees）的形式组织存储，区块头包含父区块哈希值、版本号、时间戳、生成区块的难度、随机数和交易体组成默克尔树根的默克尔根值（Merkle Root）。由于区块头中包含前一区块经过哈希加密算法处理所得的哈希值，逻辑上形成了首尾链接的块链式存储结构。

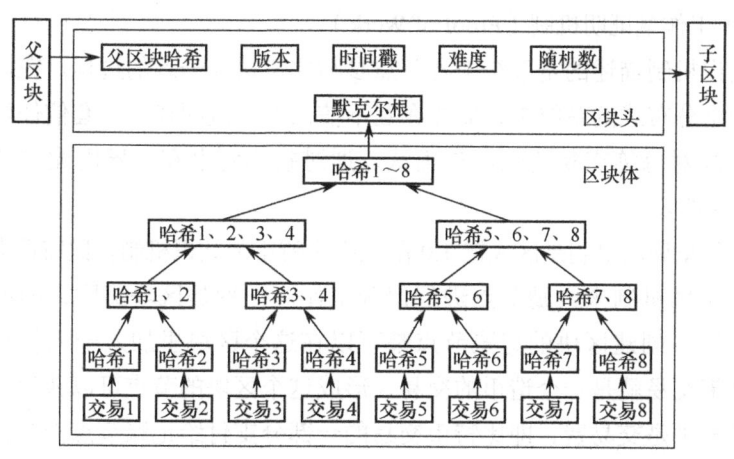

图 1-4　块链式数据结构

在区块链技术体系中，哈希加密算法的运用发挥着重要作用。哈希加密算法具有显著的单向性与碰撞约束，使其加密后的信息很容易被验证但很难还原。此外，哈希加密算法的一个重要特征是只要输入的字符串发生一丝一毫的变化，其输出的哈希值将会显著不同。基于哈希加密算法的这一显著特性，以及块链式存储结构，攻击者需要花费巨大的代价才能篡改历史区块中的交易信息。因为一旦篡改某个历史区块中的交易信息，该区块的哈希值就将发生变化，进而引起该区块之后所有区块的哈希值变化，攻击者必须将该区块连同之后的所有区块的哈希值重构才可以完成交易修改。

3）默克尔树

默克尔树是区块链的基本组成部分之一，以比特币为例，区块头中的默克尔树根是由区块体中存储的一笔笔交易不断重复两两哈希过程而得到的唯一哈希值。

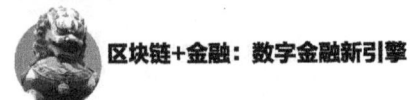

默克尔树以其发明者拉尔夫默克尔（Ralph Merkle）的名字命名，它是哈希大量聚集数据"块"的一种方式。在区块链中交易就是数据"块"，构成默克尔树的叶子节点。如图1-4所示，笔者将这些块从下至上依次两两分组，为每组建立一个包含每个块哈希指针的新的数据结构，直到得到一个单一的哈希指针，即根哈希（Root Hash）。在这样的机制下可以从根哈希指针回溯到任意数据块，最终能保证原始交易未经篡改。因为一旦攻击者篡改了树底部的一些数据块，会导致上一层的哈希指针不匹配，从而使得任何篡改行为都会被检测到。

4）工作量证明机制（Proof of Work）

共识机制描述的是系统中各节点参与决策达成一致的过程。在区块链这样一个分布式的系统中，需要在互不信任的节点间建立一套信任机制，才能完成对每笔交易的验证与确认，通过技术背书在机器间建立"自信任"的网络。

工作量证明机制是区块链1.0阶段中比特币的共识机制。比特币有两种不同的奖励机制来鼓励节点进行记账工作。一种是区块奖励，即所谓的"挖矿"，创建区块的记账节点都可以在这个区块里加入一笔特别的交易，这笔交易就是一个造币的交易，形成这个区块的节点可以获得这笔收益；另一种是交易费，即比特币交易的一部分支付给记账节点作为记账报酬。由于比特币获得一些国家和商业机构的价值认可，其奖励机制的设计使得运维比特币系统的所有的记账节点都有动力诚实地记账，并维持系统的正常运行。

3. 区块链2.0

为解决区块链1.0阶段应用开发局限、吞吐量性能较低、能量消耗大的问题，区块链的技术架构在进一步地调整与改进，2015年7月以太坊的问世，标志着区块链进入2.0阶段。以太坊引入智能合约的概念，支持图灵完备的编程语言Solidity来编写智能合约及分布式应用，有了智能合约系统的支撑，区块链的触角开始从单一的记账领域延伸到涉及合约功能的其他金融、政务、民生等诸多领域。另外，IBM超级账本项目——Hyperledger Fabric联盟链的诞生，使得区块链的应用进一步扩展到对监管合规性、数据安全、性能等要求更高的场景中，技术赋能的业务领域逐渐扩大。

区块链2.0时代主要有以下几个典型特征。

1)智能合约

智能合约的引入扩展了区块链的编程能力,是区块链 2.0 的一个典型特征。1995 年,跨领域法律学者尼克·萨博(Nick Szabo)提出了"智能合约"(Smart Contract)的概念,即"一个智能合约是一套以数字形式定义的承诺(Commitment),包括合约参与方可以在上面执行这些承诺的协议"。智能合约允许在没有第三方参与的情况下,实现双方或多方的可信交易。但由于早期缺少可信的分布式执行环境,智能合约并没有实际落地。直到比特币的诞生,人们意识到区块链能够与智能合约相结合,达到相辅相成的效果。从以太坊开始,智能合约已成为区块链上的一种计算机程序,当合约中的条件得到满足时,便会自动触发执行合约内容。

2)共识机制

随着区块链应用场景的丰富,适用于不同场景的共识机制也相继诞生。例如,联盟链常用的拜占庭容错(Practical Byzantine Fault Tolerance,PBFT)算法、公链常用的股份授权证明(Delegated Proof of Stake,DPOS)等。

拜占庭容错技术能够很好地解决分布式系统中节点宕机和传输错误的情况,但由于早期拜占庭系统算法具有指数级的复杂度,所以应用范围受限。直到 1999 年 PBFT 算法的提出,将算法复杂度降为多项式级别,拜占庭容错技术才得到了广泛的应用。

在 PBFT 算法中,存在视图(View)的概念,在每个视图里,所有节点都在相同的配置下运行,同时只有一个主节点而其他节点作为备份节点。主节点负责对客户端的请求进行排序,按顺序发送给备份节点,而备份节点会检查主节点对请求的排序是否存在异常。如果出现异常,就会触发视图更换(View Change)机制,由下一编号的节点作为主节点,进入新的视图。

PBFT 算法执行流程如图 1-5 所示,服务器之间交换信息 3 次,整个过程包含 5 个阶段。

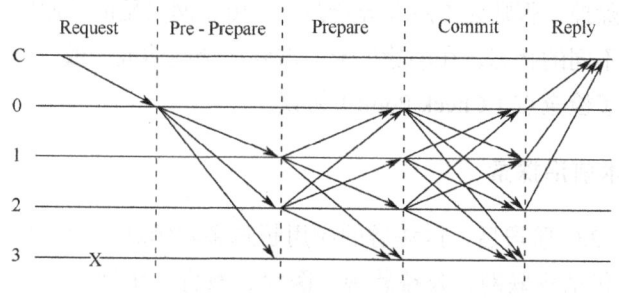

图 1-5　PBFT 算法执行流程

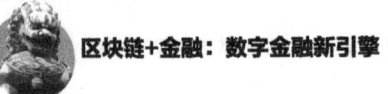

（1）请求（Request）：客户端向主节点发送请求，请求信息格式为<REQUEST, O, T, C>，O为执行的操作，T为本地时间，C为客户端编号。

（2）预处理（Pre-Prepare）：收到请求的主节点记录请求信息并进行编号，之后广播一条 Pre-Prepare 信息给其他备份节点。Pre-Prepare 信息格式为<PRE-PREPARE, V, N, D>，其中，V为请求所在的视图，N为主节点给请求的编号，D为Digest编号。如果备份节点所在视图与V相同，且从未接收到在同一视图下的编号也是N但Digest编号不同的Pre-Prepare信息，则同意该信息，并进入Prepare阶段。

（3）处理（Prepare）：进入该阶段的备份节点将广播一条Prepare信息，并接收其他节点发送的Prepare信息。Prepare信息格式为<PREPARE, V, N, D, I>，其中I为备份节点的编号。如果节点接收到2F个（F为系统最大允许出错的节点数量）Prepare信息且Prepare信息的V、N、D相同，则该节点进入Commit阶段。

（4）执行（Commit）：进入该阶段的备份节点将广播一条Commit信息，同时接收其他节点发送的Commit信息。Commit信息格式为<COMMIT, V, N, I>，当接收到2F+1个（包含自己）具有相同V和N的Commit信息后，节点等待其他低编号的请求执行后即可执行该条请求。

（5）答复（Reply）：该节点对客户端进行答复，答复信息格式为<REPLY, V, T, C, I, R>，V为请求所在的View，T为请求对应的时间戳，I为答复节点编号，R为执行的结果。客户端收到F+1个节点的答复，且请求对应的时间戳和执行结果都相同，则认为请求已被系统记录处理。如果因网络延迟等原因客户端未收到足够答复，则重复发送请求到服务器。如果请求已被执行，则服务器只需重复发送答复信息。

此外，当节点执行完请求后，还需要进行垃圾回收，把之前记录的该请求的信息清除掉，否则会占用系统资源。但由于网络延时等原因，不同的节点可能处于不同的状态，在清除记录前需要在全网达成一致，因此PBFT算法中还设计了检查点（Check Point）协议。

4．技术前沿探索

经历过 2.0 阶段后，区块链的应用超越金融领域，涉及社会治理、智能化领域，包括物联网、公益慈善、医疗、教育、审计、公证、司法仲裁等领域，应用范围扩大到社会的方方面面。但随着区块链应用范围的不断扩展，商业需求对区块链底层技术的要求也在不断提升，2.0 阶段之后的区块链技术开始探索如何提升链上性能、优化链式结构、实现链跨链互操作等功能。

1）区块链不可能三角

以太坊创始人 Vitalik Buterin 在 Sharding FAQ 提出区块链的"不可能三角"模型，如图 1-6 所示。在一个区块链系统中，很难做到同时满足分散性、高效性、安全性 3 个属性的要求，其中高效性指的是链上交易处理效率，可以理解为每秒处理交易的笔数（TPS）。由于无法同时满足这 3 个要求，区块链的设计就只能从三者中选择其二，如比特币就是选择部分牺牲高效性，而确保分散性和安全性。而联盟区块链实质上是在确保安全性和高效性的基础上进行"部分中心化"或"多中心化"的妥协。面对这样的技术瓶颈制约，区块链技术的发展只能不断思考如何权衡三者的关系。

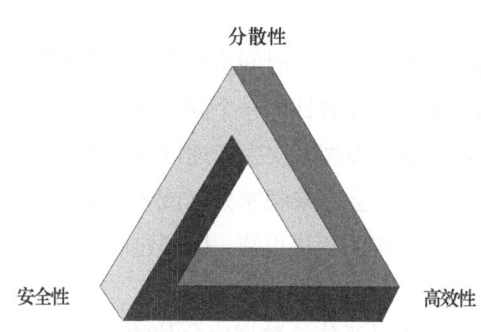

图 1-6　区块链"不可能三角"模型

2）有向无环图

有向无环图（Directed Acyclic Graph，DAG）是计算机领域的一种数据结构，其独特的拓扑结构经常被用于处理动态规划、数据压缩等多种算法场景。

由于区块链传统的单链式结构决定了打包出块无法并发执行，大大制约了交易处理的效率，故有人提出用 DAG 来存储区块链上的交易，将传统的块链式结构变为网状拓扑结构，进而解决区块链的效率问题。有学者指出相比传统链式结构的区块链，在区块打包时间不变的情况下，DAG 区块链可以并行打包 N 个区块，网络中的交易量就可以容纳 N 倍。DAG 结构示意如图 1-7 所示。

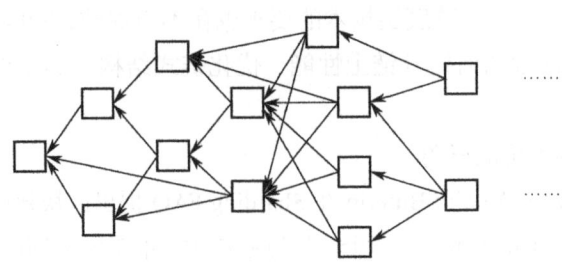

图 1-7　DAG 结构示意

由计算机科学家雷蒙贝尔德开发的哈希树（Hashgraph）方案就是采用 DAG 技术将交易以时序先后组织起来。DAG 中的交易并不需要矿工来验证，并摒弃了传统区块链中的交易以区块连接的形式，这意味着其比传统结构的区块链的交易处理速度更快。

3）分片

在传统区块链中，通常在一段时间里只产生一个区块，全网参与共识的节点将竞争唯一的记账权，或者针对一个新生成的区块达成共识。为了寻求更高的可扩展性，可以通过提高区块生产速度或者增加区块大小的方法来完成扩容。然而，这两种方式会带来频繁分叉或者网络延迟的问题。分片技术则提供了另一种区块链扩容的解决思路，即通过改变网络中验证区块的方式来增加吞吐量。

区块链中的分片技术是受传统数据库分片的启发，传统数据库分片指的是将数据分割为多个部分并分发至不同的服务器上。而在区块链分片中，网络中的节点将被划分至不同片区，网络中的交易也将被分配到不同的片区中进行处理。因此，原本区块链中由共识节点处理全网所有交易的逻辑变成了每个节点只处理一小部分传入交易，并且不同分片网络中的节点将并行执行。这种将网络分片的方式使得在同一时间内区块链上可处理和验证的交易数量变多，从而达到扩展区块链吞吐量的目的。目前主流分片方式主要有 3 种：网络分片（Network Sharding）、交易分片（Transaction Sharding）和状态分片（State Sharding）。

4）跨链技术

如果说共识机制是区块链的灵魂，那么跨链技术就是实现价值互联网的桥梁，它是把联盟链从分散的孤岛中拯救出来的良药。

跨链是让区块链上的数字资产、有价值的信息、服务、资源等"价值"

跨过链与链之间的沟壑，进行直接的流通。从本质上来说，价值没有办法在两条互不相关的区块链间直接转移，但是对于具体的某个用户，用户在一条区块链上存储的资产，能够以某种形式兑换成另一条链上的资产，这就是价值的跨链；或者当一条链能依据另一条链上的事务来触发做出相关的反应时，就是信息的跨链。

目前主流的跨链技术包括：公证人机制（Notary Schemes）、侧链/中继方案（Sidechains/Relays）、哈希锁定技术（Hash-Locking）、分布式私钥控制。例如，公证人机制的主要思想是寻找一个两条链共同信任的第三方来声明在每条链上发生的特定交易。这个第三方即公证人，公证人可以是某一个组织，也可以是一条区块链。相较于侧链技术，中继技术适用范围更广，中继链可以通过特定的协议，使参与到其中的所有区块链都能够互相操作，也就可以实现整个区块链生态的跨链。

5）隐私保护

虽然区块链多方记账的技术原理使得账本在多方之间公开透明，但是在区块链上仍然要保护好流转的用户数据的安全与隐私。目前已有一些通过密码学技术、安全多方计算、数据分区机制来保护用户隐私安全的方案。这些技术可以用来保护数据隐私性、签名者隐私性、地址隐私性等。然而，隐私安全的防范手段远不止于此，随着密码学与区块链技术的高速发展，将会涌现出更多的新技术。同时也应该意识到，任何单一技术都无法做到完全的保护，需要将多种技术结合到一起才能对用户隐私实施有效的保护。以下将以零知识证明为例介绍相关的区块链隐私保护方法。

零知识证明（Zero-Knowledge Proof）是由 S. Goldwasser、S. Micali 及 C. Rackoff 在 20 世纪 80 年代初提出的，零知识证明指的是证明者能够在不向验证者提供任何有效信息的情况下，使验证者相信某个论断是正确的。早期零知识证明需要证明者与验证者通过交互消息的方式才能完成证明，这种证明过程被称为"交互式零知识证明"。20 世纪 80 年代末，Blum 等人提出使用短随机串交互过程实现零知识证明，只须由证明者发出一次消息，无须证明者与验证者交互，验证者就可以验证消息的正确性，该证明过程被称为"非交互式零知识证明"。在区块链系统中通常使用的是"非交互式零知识证明"。下面以两个典型场景来说明"零知识证明"的意义。

（1）场景一：信箱问题

证明者向验证者表明自己是名邮递员，并拥有信箱钥匙。信箱只可以通

过钥匙打开，并不存在其他打开方式。验证者怀疑证明者没有信箱钥匙，此时，证明者如何证明其拥有信箱钥匙呢？当验证者在场时，证明者打开信箱锁，证明其言论正确性，但此时验证者可以看到钥匙形状，钥匙信息泄露。验证者将带有自定义内容的信件投递到信箱，证明者单独打开信箱，向验证者展示信件内容，证明其拥有信箱钥匙。该证明思路就属于"零知识证明"。

（2）场景二：阿里巴巴与强盗问题。

一位名叫阿里巴巴的青年男子被强盗俘虏，强盗向他拷问打开山洞石门的咒语，如果阿里巴巴告诉强盗咒语，他将没有利用价值而被杀死。如果阿里巴巴始终不说，强盗觉得阿里巴巴可能不知道咒语、没有价值，阿里巴巴也将被杀死。怎样做到让强盗相信阿里巴巴知道咒语，却又不告诉强盗呢？阿里巴巴想到一个好方法，强盗在距离阿里巴巴一定距离的地方拿着弓箭指着他，强盗举起右手，阿里巴巴念咒语打开石门；强盗举起左手，阿里巴巴念咒语关闭石门。强盗不停地随机举起左右手，阿里巴巴都能按照既定规则执行，证明其拥有咒语。

根据以上实例总结，"零知识证明"模型应满足以下条件。

（1）可靠性：证明者论断是真实的，则验证者以大概率接受证明者论断；证明者论断是虚假的，则验证者以大概率拒绝证明者论断。

（2）零知识性：证明者向验证者证明其论断的正确性，但并未向证明者透露其他有用信息。

零知识证明经过学者们三十多年的探索和研究，取得了许多重要的成果。目前，已经有很多基于 RSA 或 DSA 数字签名实现的零知识证明方案。零知识证明技术主要用于隐私保护场景，在许多行业中都有广泛应用。例如，在身份识别领域已有 Fiat-Shamir 身份识别、Schnorr 身份识别、Guillou-Quisquater 身份识别等零知识证明方案。

1.2　区块链的核心价值与主要特性

1.2.1　核心价值

区块链融合了密码学、博弈论和网络通信等很多科学技术，是一种集合创新技术，被认为是互联网技术发明以来最具颠覆性的技术创新。由于区块链的本质和信息社会的特点——弱控制、分中心、自治机制、网络架构和耦合连接是相符合的，区块链才能完美地解决重构社会信任这一难题。如果人

工智能是一场生产力革命,那么区块链就是一场生产关系的革命,实现了从信息互联网向价值互联网的迁移,整个社会的价值体系也将被重构。

区块链不仅面向数字资产交换、司法仲裁和物联网等具体的应用场景,还将作为未来分布式商业区块链互联的基础架构,促进跨行业、机构、地域的交流与互联。

1.2.2 主要特性

区块链的主要特点可以总结为:分散化、透明性、开放性、难篡改、隐私性。

1. 分散化

分散化是指区块链网络中不存在中心化节点或管理机构,具有相对平等的权利和地位。在互联网时代,应用软件的中心化机构获取了人们的绝对信任。但是一旦中心故障、人为管理疏忽或被黑客攻击就容易出现单点崩溃的问题。而区块链系统由于其分布式存储的特性而具有高度容错和抗攻击的优点。需要说明的是,区块链的"分散化"并不是倡导无中心管理、无监管把控,而是通过数据分布式共享存储与管理,有利于实现点对点直接交易。

2. 透明性

区块链的透明性指的是对共识节点来说,链上数据的添加和更新操作是共同知晓的,每次操作都会由共识节点记录备份。需要说明的是,透明和隐私是不冲突的,即"透明"并不意味着链上任一方都可以看到全网交易内容和数据而导致隐私泄露问题。因为区块链还专门应用密码学、安全多方计算等技术对链上的数据进行隐私保护,这是区块链系统值得信任的基础。

3. 开放性

区块链的开放性主要体现在3个方面:数据的开放、组织结构的开放、生态的开放。数据的开放是指利益相关方可以共同存储和维护数据。组织结构的开放体现在区块链系统能让新的利益相关者更方便地加入其中,有利于业务规模的扩大。生态的开放主要是指多个行业与业务能够通过区块链更紧密地联系在一起。

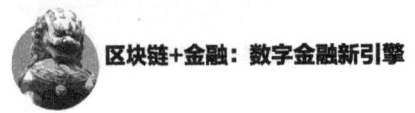

4. 难篡改

区块链中有两套加密机制防止记录被篡改。第一套是采用默克尔树的方式加密交易记录，当底层数据发生改动时，必然导致默克尔树的根哈希值发生变化；第二套是在创建新的区块时放入了前一区块的哈希值，这样区块之间就形成链接关系。若想改动之前区块的交易数据，必须将该区块之前的所有区块的交易记录和哈希值进行重构，这是很难做到的，因此区块链上数据的稳定性和可靠性极高。

5. 隐私性

虽然区块链中所有数据记录和更新操作过程对全网共识节点都是公开的，但是交易都是在匿名的情况下进行的。为了进一步保护交易数据、交易对手方信息，既可以采用混签名、环签名、同态加密、零知识证明等几种密码学方式，也可以通过数据隔离、授权访问的方式提高数据的可控性。

1.3 区块链的基本技术原理

1.3.1 区块链的基础技术要素

区块链技术是一种融合了分布式存储、点对点传输、共识机制、密码学等多种技术的新型分布式数据库。基于时间戳的数据存储结构、分布式的共识机制和灵活可编程的智能合约是区块链技术最具代表性的创新点。区块链技术核心的价值在于通过技术手段实现了在统一共识的规则下，跨地域、跨时空、跨机构的多个组织或个人高效的协作。

日常生活中典型的交易行为需要包含以下3个基本要素。第一是对所有者的身份证明，通常这些基础信息会由权威、可靠的第三方机构出具相关文档证明，如出生证、身份证和驾驶证等；第二是产品的证明，如轿车、手机等通常通过产品序列号、产品证书等准确定位某个产品；第三是所有者和被拥有的产品之间的证明。要证明所有者具有对某些财产的所有权，就需要通过在相应账本记账来登记具体财产的所有权。在社会生活中，有很多相关的机构通过公开的规章制度来管理特定类型的财产所有权的登记和交易，且管理的财产价值越高，政府直接介入的概率就越大，如房产交易所、专利交易所等。账本可以看成关联财产所有者和具体财产的一个工具。

为实现现实生活中的交易，账本需要同时具有两个功能：一是账本可以证明相应资产的所有权，二是账本能记录每一次所有权的变更。为了保证记账权的权威可靠，中心化的记账方式覆盖了社会生活的方方面面。但中心化的记账方式对中心本身的能力、相应的监管法律和参与者对其的信任都有极高的要求。然而，中心化的记账却有一些显而易见的弱点：一旦这个中心出现问题，如被篡改、被损坏，整个系统就会面临危机乃至崩溃。一个典型的例子是 21 世纪初的安然事件：这家 2000 年披露的营业额高达 1010 亿美元的美国能源巨头，由于深陷会计假账丑闻，于 2001 年破产倒闭。

区块链试图通过一组独立的账本而不是一个中心账本来记录所有权，并使用大多数账本认可的结果来证明所有权。但多中心的点对点分布式记账方式可以有效解决防篡改和防删除的问题，也可能带来新的问题，如全网所有节点的信息同步需要一定的时间，这导致在某一个时间点上可能出现各节点本地账本不一致的情况。同步信息慢的节点可能会被同步信息快的节点所利用，导致在同一网络系统中，一个所有权在同一时间被多次转移，如"双花"问题，即一笔资产被重复花费多次。

为有效解决"双花"问题，区块链主要采用如下解决方案：第一，区块链通过记录完整的交易历史记录来识别和描述当前所有者，证明其所有权；第二，通过密码学技术来保护所有权，包括识别所有者、认证所有者并限制其他人对所有者所有资产的操作；第三，区块链通过块链式账本机构实现对交易数据的安全存储，使得交易历史数据难以被篡改；第四，通过分布式共识机制和密码技术构建在不可信环境分发账本和验证新的交易记录机制，从而能够确定哪些账本代表了真相。

1.3.2 区块链的参考架构

区块链的基础技术参考架构如图 1-8 所示。

（1）数据层主要定义了区块链的数据结构，并借助密码学相关技术来确保区块链的数据安全。区块链技术在发展的过程中，其区块的数据结构根据具体区块链的功能不同而有所变化，但链式结构、默克尔树作为比特币最初所采用的数据结构，一直被之后的区块链技术保留。数据层包括区块结构、非对称加密、数字签名、默克尔树、哈希加密算法。

（2）网络层主要定义了区块链节点之间的组网方式、信息在节点间的传播方式和信息的验证过程。每个区块链节点都与多个邻居节点建立连接，当节点产生交易、区块等数据时会将其传播至邻居节点，邻居节点在收到新的交易、区块等数据并进行相关信息验证后继续向邻居节点传播，直到数据扩散至全网所有区块链节点。网络层包括 P2P 网络、安全传输、访问控制。

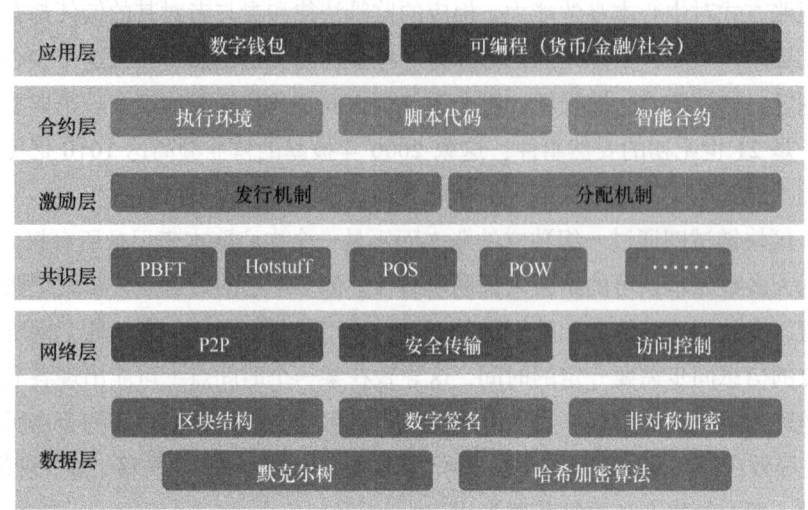

图 1-8　区块链的基础技术参考架构

（3）共识层建立在网络层之上，主要定义了存在恶意参与方的环境下分布式节点如何对区块链上的数据达成一致。当交易、区块等数据成功通过网络层到达全网所有节点后，分布式节点通过共识机制对本地组建的区块链一致性达成共识。

（4）激励层主要是为了鼓励多方竞争性诚实记账而引入经济机制与博弈机制的一个层次。其存在的必要性取决于建立在区块链技术上的具体应用需求。目前激励层在公有链的应用中使用较为广泛，而在联盟链的应用中较少使用。

（5）合约层建立在激励层之上，主要是区块链上运行程序的执行环境、脚本代码与智能合约。脚本代码与智能合约是部署在分布式区块链节点上的一段程序，其执行过程中需要读取区块链中的数据并将执行结果写入区块链中，是区块链可编程特性的基础。其中，脚本代码与智能合约分别是区块链 1.0 时代与 2.0 时代的链上代码。

（6）应用层则是建立在合约层的基础上的，采用服务端技术、前端技术等对智能合约实行封装，为用户提供各种分散化的应用服务。

1.3.3 "写入"区块链的主要流程

区块链中最小的事务单位是交易，而区块链账本的写入操作主要指的是将交易广播给链内所有参与共识的节点，节点验证交易的真实性并写入区块的过程。不同区块链平台的账本写入逻辑可能会因其共识机制、数据结构、底层网络设计的不同而有所差异。但总体来说写入区块链的主要流程都包括以下几个关键步骤，如图1-9所示。

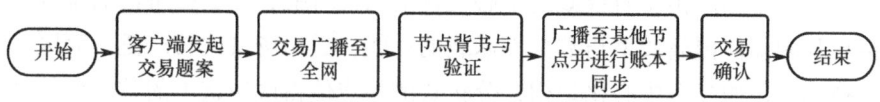

图1-9 "写入"区块链的流程

（1）客户端发起交易提案：从客户端发起一笔交易。

（2）交易广播至全网：将交易广播至全网所有参与共识的节点。

（3）节点背书与验证：收到交易的节点将在本地模拟执行交易验证，如验证交易的合法性。

（4）广播至其他节点：当节点本地验证通过时，会将本交易（连同其他若干笔交易）打包进区块，写入本地区块链账本中并同步给其他节点。

（5）账本同步：其他节点收到一个新区块时将逐步检查此区块中的交易，若无误则将此新区块同步写入本地区块链中。

（6）交易确认：记账节点对交易达成一致后，交易在全网节点得到确认，则成功写入区块链。

1.3.4 区块链与数据库技术的区别

区块链从本质上来说是一种分布式数据库，但是区块链与数据库在架构、存储形式、事务单元、操作模式、记录时效、一致性、可扩展性、安全性等属性上表现还是有所不同的。区块链与数据库的区别如表1-1所示。

表1-1 区块链与数据库的区别

属性	区块链	数据库
架构	多中心化（分散式）	中心化（主从式）
存储形式	链式账本	库表结构
事务单元	交易	（非）结构化数据/字段

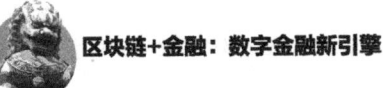

(续表)

属性	区块链	数据库
操作模式	增/查	增/删/查/改
记录时效	历史所有记录可追溯	即时更新，不存储历史数据
一致性	共识同步	数据一致性
可扩展性	链内分片、链下扩容、跨链	分库/分表/分布式存储
安全性	容许恶意节点存在	易受单点攻击

　　传统数据库由于有权威的中心机构的信任背书，在数据可信的基础上会更强调如何提高效率与数据库承载的性能，适用场景比较广泛。而区块链技术使用的是多中心化架构，分布式的特点使得区块链上的数据可信性不是由单一机构决定，而是由多方共同决策。相对传统数据库而言，区块链上数据处理的效率较低，但更注重安全的考量，在需要多方参与协作或有数据共享的需求时较为适用。

1.4　区块链的主要类型

　　根据区块链系统的开放程度，可以将区块链部署为公有链、私有链、联盟链3种类型，分别适用于不同的场景。

1.4.1　公有链

　　顾名思义，公有链是面向全社会公开的区块链，而不属于任何的个人或组织，其开放度最高，如比特币、以太坊。在公有链网络中，各个节点都可以自由加入和退出网络，并参与链上数据的读写过程。最初，区块链就是以公有链的形式问世的，且准入门槛极低，只要拥有一台能够联网的电脑，就可以访问开放的公有链系统，并且自由地加入或退出。在公有链中，每个用户的任何交易行为都会被进行哈希摘要并公开至全网节点，节点能够查证全网的交易记录真伪、参与系统中每一笔交易的共识过程和发起自己的交易。

　　在公有链网络中作恶难且成本极高。作为一个高度分布式的系统，公有链网络中的节点都在本地保存一个账本，如果有人想要恶意篡改某个数据，则需要将相当一部分节点的数据都进行篡改，并且记录到最长链上。另外，区块链通过密码学链接的数据本就难以篡改，需要花费大量的资源攻破，这使得黑客在公有链系统中作恶需要付出极大的代价。例如，在比特币网络中，

只有拥有超过全网 51%的算力才可以篡改最长链，这需要付出极其高昂的成本。

1.4.2 私有链

私有链是一个相对密闭或者说由中心控制的区块链网络，如果把公有链比作互联网，那么私有链就像是一个局域网，只有特定的用户才可以加入。在私有链环境下，网络中各个节点的读写权限收归组织内部控制，用户都必须经由组织授权。但是用户在私有链上既能够享有区块链技术带来的信息可追溯、不易丢失等诸多优势，又不必担心无关人员访问，导致信息外泄。

私有链是一个中心化程度较高的系统，用户需要取得权限才能够进行访问，也只有部分得到授权的用户才可以进行数据改写、参与记账。私有链的控制权相较公有链与联盟链而言更为集中，因为内部节点数量往往较少，不需要过于复杂的共识过程，往往由某个或极少数节点即可决定账本写入结果。因此，相对来说，中心化的私有链的所有节点都在可控范围内，具有比较高的可信度，能够在一定程度上提高其效率。同理，因为不需要所有的节点都参与到每笔交易的共识中，在私有链上发生交易的成本相对较低。

私有链也具备一定的优势并有可应用的场景。私有链能够防止系统内单个节点对于数据的恶意破坏，即便真的产生了错误，也能够迅速进行排查与自我修复。许多大型金融企业会在内部数据库管理、审计中使用私有链技术。此外，在一些政府预算的使用，或者政府的行业统计数据、由政府登记但公众有权力监督的场景中通常采用私有链的部署模式。

1.4.3 联盟链

公有链毫无保留地开放、私有链过于封闭的自治，对当下许多商业场景而言并不适用，联盟链就是在这样的需求下诞生的。联盟链的开放程度介于公有链和私有链之间，只开放给与业务相关的某个特定群体使用，但群体内各个成员的关系又不是那么亲密，无法用一个私有链网络来共享所有的信息。联盟链通常由具有共同利益的企业或相关机构形成联盟加入网络形成一条区块链。联盟链上的各个节点通常与之对应的实体机构或组织，且通过授权与认证后才能加入或退出网络。相较于其他两种类型，联盟链技术的商业应用范围更广，业内知名的有开源社区超级账本 Hyperledger Fabric、R3 区块链金融联盟、金链盟等。

此外，联盟链上的数据可以选择性地对外开放，并且可以提供有限的API接口供操作，使一些非核心的用户也能够利用联盟链系统满足其需求，方便地进行数据对接与协同，能够保证交易信息与数据实时更新并与联盟中的所有用户共享。

综上所述，3种区块链对比如表1-2所示。

表1-2　3种区块链对比

	公有链	联盟链	私有链
参与者	任何人	授权的公司和组织	个体或一个公司内
记账人	任何人	参与者协调授权控制	内部确定
中心化运营程度	无中心化	多中心化	中心化
突出优势	信用的自建立	效率、成本优化	透明、可追溯
典型应用场景	比特币	清算	审计
承载能力	每秒7~1000次	每秒10000次以上	每秒1000次以上

1.5　本章小结

本章主要阐述了区块链的起源与技术演进路线、基本技术原理，并在此基础上分析了公有链、私有链、联盟链3种区块链的类型、适用场景和核心价值。

区块链作为一种融合了密码学、博弈论、网络通信等多种科学技术的集合创新技术，采用块链式结构存储数据，通过共识机制生成和更新数据，借助密码学保证数据和权属安全，并通过可编程合约实现业务的协同计算。随着链上可扩展性和处理效率得到提高，企业"区块链+"诉求的日益提升，区块链即服务（Blockchain as a Service）成为当前产业发展的热点方向。

第 2 章
区块链与金融科技

2.1 金融科技概述

2.1.1 金融科技的概念

金融科技英译为 FinTech，是 Financial Technology 的缩写，可理解成为 Finance（金融）+Technology（科技）。根据中国人民银行在 2019 年 8 月印发的《金融科技（FinTech）发展规划（2019—2021 年）》中的定义，金融科技是技术驱动的金融创新（该定义由金融稳定理事会于 2016 年提出，目前已成为全球共识），旨在运用现代科技成果改造或创新金融产品、经营模式、业务流程等，推动金融发展提质增效。金融科技是促进金融行业发展的重要手段，它由大数据、区块链、云计算、人工智能等新兴前沿技术带动，会对金融市场和金融服务业务供给产生重大影响。

从金融科技的落脚点来看，金融科技能创造出新的业务模式及金融产品，满足交易双方的需求，不断拓展业务的新边疆。可以从两个维度理解金融科技：第一个维度是传统金融企业使用信息技术对原有的业务流程实行升级改造，高效使用数据，打通信息孤岛，使得前台业务部门、中台风险防控部门、后台清结算部门的信息流沟通更加顺畅，全面提升自己的服务质量，降低运营成本。第二个维度是使用信息技术拓宽金融机构的业态，对象涉及信贷、投资、风险管理和支付领域。

金融是在不确定的环境中进行跨期资源配置的行为，其核心问题是收益与风险的匹配，科技与金融的融合天然具有某种内在驱动力，原因在于信息技术可以高效解决金融业务中的信息获取问题，而这些信息又是收益与风险

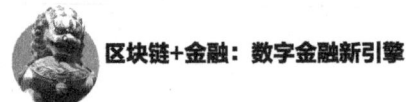

的重要载体，因而，科技与金融的融合可以在一定程度上解决金融业务中的风险定价、投资决策等市场痛点问题。

金融业务以资金流和信息流为载体，信息技术对金融业务的不断渗透，使得资金流和信息流的流通过程越发通畅，因而大大促进了新业态的蓬勃发展。对于金融科技而言，科技是手段，金融是本质；科技是加速器，金融是压舱石。例如，针对实体企业与金融机构信息不对称造成的风险识别不精准、融资成本高等痛点，探索区块链技术在优化信贷模型、降低信贷服务成本方面的解决方案，推动融资审批更加自动化、风险识别更加智能化，有助于疏解民营小微企业融资难、融资贵问题。再如，通过推动信息基础设施建设，可在一定程度上解决资金流与信息流割裂的问题，改良顶层架构设计，做到互联互通，充分发挥金融机构内各部门、各产品业务线的协同作用。

2.1.2 金融科技的发展阶段

业界一般认为金融科技的发展经历了 3 个阶段，如表 2-1 所示。在 20 世纪 90 年代以前，金融科技处于 1.0 阶段，这一阶段金融机构逐渐摆脱传统的手工计算，开始以计算机取而代之，目的是提升服务效率、减少成本开支。这标志着金融电子化历程的开始。在 1.0 阶段，金融机构主要依托 IT 基础设施完成业务流程处理的电子化和自动化，交易系统、清结算系统均属于这一阶段金融科技发展的代表性产品。金融科技 1.0 阶段的突出标志是证券交易及支付清算实现了电子化，这使金融机构的服务品质及效率明显提高。

表 2-1　金融科技发展的 3 个阶段

阶段	依赖技术	特征
1.0	传统 IT 系统	数字化、电子化
2.0	互联网、移动通信	移动互联化
3.0	大数据、云计算、人工智能、区块链	智能化

由于证券投资向来离财富最近，因而业界一旦出现更新、更快的先进工具，将会很快投入证券投资的应用当中。当前炙手可热的机器学习技术早在 20 世纪 80 年代就已经广泛应用于华尔街对冲基金的量化策略中，交易员通过历史数据建立模型，用于未来价格的预测，若自己的模型能比竞争对手捕获到更精准的买卖信号，则能获得丰厚的收益。若将交易频率继续提升至毫秒级，就成为高频交易。高频交易与一般的量化交易相比，单笔交易可以带

第 2 章　区块链与金融科技

来的利润非常少，若交易速度稍慢就会导致交易不能达成，进而蒙受损失，因此高频交易对 IT 系统的低延时性能要求更高。为了满足该要求，从事高频交易的对冲基金会使用性能最好的 IT 设备，并不断开发性能更优的算法。

20 世纪 90 年代末，金融科技步入 2.0 阶段，随着移动互联技术的发展，金融业的大量业务场景从线下转移至线上，金融机构的业务渠道得以拓展，P2P 网贷、众筹和移动支付等互联网金融产品的快速发展，使金融在长尾市场的渗透率显著增加。金融科技 2.0 阶段使得金融服务突破了地理限制，不仅降低了金融机构的运营成本，还提升了金融服务的客户触及率，提高了客户对金融服务的黏性。

金融科技 2.0 阶段显著降低了金融机构服务长尾市场的成本，科技驱动业务模式的快速迭代，使不同业务之间产生了协同效应。首先，电子商务的出现对于新的支付方式产生了需求，在这样的现实背景下，金融机构开始探索金融创新，从而出现了网络银行、网上证券开户和互联网保险等业务。继网络银行之后，为了满足市场上因信用问题产生的交易摩擦，作为交易过程中信用担保的第三方支付平台应运而生，并随着移动互联技术的发展而迅速普及。此外，移动互联也为众筹模式提供了适宜的生态环境。一方面，互联网通过导流的方式使得小额闲散资金的聚集成为可能；另一方面，众筹平台上项目的详细信息可以被投资人充分了解，缓解了投资方在信息不对称方面的劣势。

2016 年至今，金融科技进入 3.0 阶段，云计算、大数据、区块链、人工智能（AI）等关键技术日益成熟，成为金融创新的重要推动力，金融科技从自动化转向智能化。个人计算机的出现催生了金融科技 1.0 阶段，互联网和移动通信的出现催生了金融科技 2.0 阶段，与前两个阶段的不同之处在于，金融科技 3.0 阶段的到来并非某项技术的单点突破，而是多年来科技发展的成果在某一时点的涌现。一项技术通常涉及多个领域的内容，以人工智能中的模型训练环节为例，在硬件方面，为了缩短模型的训练时间，需要更适合实行张量计算的现场可编程门阵列（Field Programmable Gate Array，FPGA），这属于微电子领域；在算法方面，需要根据数据特征使用不同的算法，以提升其收敛速度和精度，这又属于工程数学领域；在项目落地时，要考虑模块间的通信，以及系统的伸缩性与可维护性，这些内容又属于软件工程领域。

金融科技 3.0 阶段使金融业务流程链条中的信息采集、风险防控模型和投融资决策等多个方面受益。在信息采集方面,区块链、AI、生物识别等技术为用户身份识别提供了新的解决方案,可以广泛应用于远程开户、账户管理和支付确认等业务中。在风险防控方面,区块链技术将多方有序连接、数据可信共享,实现联合风险控制;大数据可以建立用户画像,再汇聚多方面的数据;AI 技术对违约风险进行预测,输出信用评分以供金融机构授信决策时参考。在投资环节,金融机构纷纷推出智能投资顾问服务,通过算法构建适合客户风险偏好的投资组合,其成本远低于传统的人工投资顾问。

2.1.3 金融科技的发展趋势

1. 科技生态融合

从金融科技的发展历程可以看出,AI、区块链、云计算、大数据等新兴技术只有相互结合,才能落地到具体的业务场景中,如表 2-2 所示。大数据通过"喂养"人工智能,才能不断提升其表现,而人工智能的运行和大数据的存储又离不开云计算提供的资源环境。区块链与云计算的结合可以大大降低相关应用的开发难度,加速创新进程。虽然这些技术在理论上有着明显的学科界限,但在应用过程中,彼此的边界正在逐渐变得模糊。多种技术交叉形成的通用及行业解决方案将成为金融科技发展的主流趋势。

表 2-2 基础技术结合产生的新业态举例

基础技术	结合产生的新兴业态
区块链+云计算	BaaS(Backend as a Service)
人工智能+云计算	PAI(Platform for AI)
大数据+云计算	云数据库
密码学+人工智能	联邦学习

2. 监管成为金融科技的重要应用场景

金融监管成本的上升成为金融科技应用于该领域的契机,监管科技不仅有助于完善监管体系,还有助于监管效率的提升。传统的监管技术虽然能实现自动化,但智能化程度不够,无法满足当前实时化、全景化的监管要求。金融科技的发展为金融监管提供了必要的技术手段。

目前,监管科技已经在多个领域产生成果。国内以蚂蚁金服为代表的一些互联网公司已经将金融科技应用于"了解你的客户"(Know Your Customer,

KYC）领域，通过将企业的现金流、销售状况和信用记录等指标与电力、税务等外部指标相结合，建立信用评价模型，对违约风险进行预警。IBM 的 WASTON 系统提供了金融犯罪认知的解决方案，该系统内置 6 万条监管规则，能实现自动化筛选可疑交易的功能，大大减轻了合规工作的负担。未来，监管科技很有可能通过监管应用程序接口（Application Programming Interface，API）的方式落地于多个监管场景，监管 API 的特征是对政策及法律法规实现编程后的封装，监管机构将监管 API 作为一项公共服务，供接受监管的金融机构调用，金融机构将数据"喂入"API 后，系统自动完成计算和产生报告，将结果返回给监管部门。

2.2 金融科技的典型技术体系

2.2.1 技术体系

根据金融稳定理事会的定义，金融科技主要是指由区块链、大数据、云计算、人工智能、物联网等新兴前沿技术带动，对金融市场和金融服务业务供给产生重大影响的新兴业务模式、新技术应用、新产品服务等。因此，本章称区块链、大数据、云计算、人工智能、物联网为金融科技的典型技术。

1. 金融科技的典型技术体系概述

金融科技的典型技术体系如图 2-1 所示。该技术体系可以分为三层及两个管理体系。

基础层包含的计算和存储技术、网络和通信技术为金融科技提供了算力和数据的支撑。本书将计算和存储技术分为两种，即云计算和存储技术、其他计算存储技术。这是因为云计算和存储技术是新兴计算存储技术的典型代表，主要包括资源虚拟化技术、分布式存储计算技术、分布式计算技术、资源管理技术等，云计算和存储技术为金融科技提供了基础资源支撑的关键技术。网络和通信技术同样按照新兴技术即物联网技术与其他网络通信技术来划分。物联网技术为金融科技提供了数据采集的支撑，其包括射频识别（Radio Frequency Identification，RFID）技术、传感技术、近场通信（Near Field Communication，NFC）技术、视频采集技术等。

中间层主要就是区块链技术，区块链技术在金融科技典型技术体系中比较特殊，充当了承上启下的作用，既有利于多方联合的业务应用的数据流转

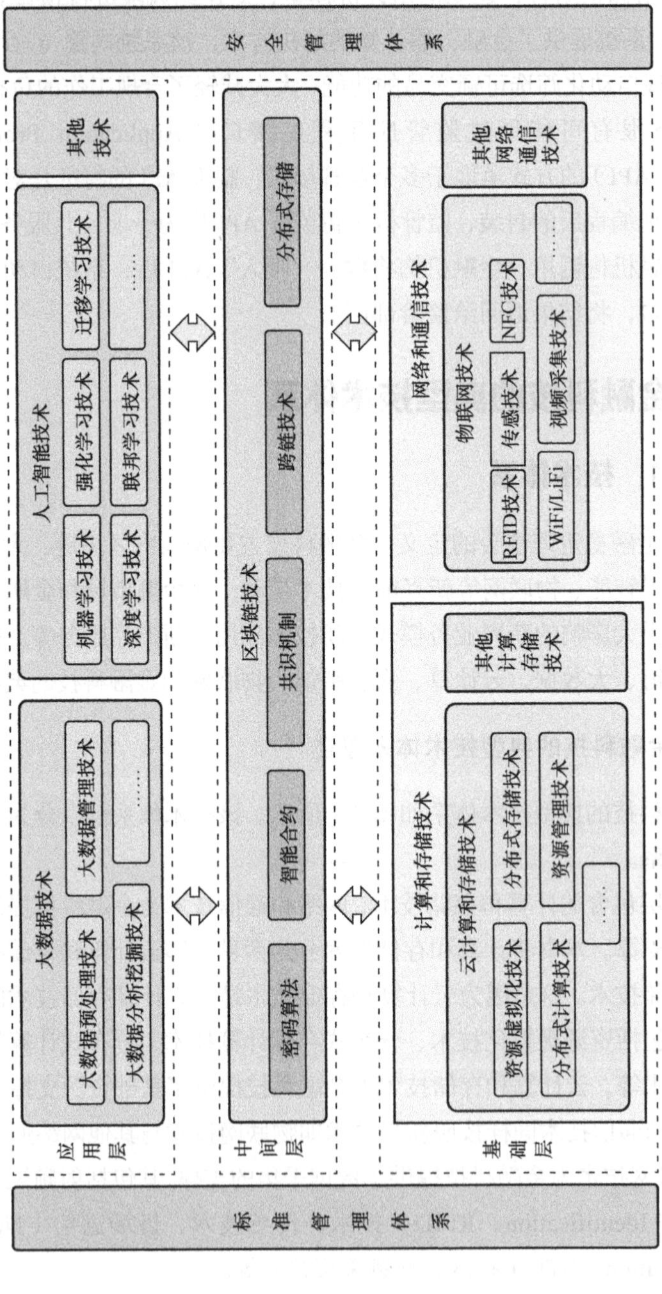

图 2-1 金融科技的典型技术体系

更加可信，也有利于基础层的计算、网络与存储服务更加可信与安全。区块链技术是多种基础技术的创新性组合，包括密码算法、智能合约、共识机制、跨链技术、分布式存储，其存储的数据具有难篡改、易追溯、多方共同维护等特点。

应用层包括以大数据技术和人工智能技术为代表的新兴技术，也包括其他的应用技术。基于区块链的支撑，大数据技术和人工智能技术在公平性和安全性的基础上，直接对金融业务起到推动效率提升的作用，并且可能开启全新的业务模式。

两个管理体系包括安全管理体系和标准管理体系，管理体系是金融科技技术体系的必要基础，为金融科技的典型技术提供执行准则和约束，保障技术的通用性和安全性。

2．金融科技技术体系的各技术关系

在图 2-1 所示的金融科技典型技术体系中，区块链技术与其他各个技术都存在双向的支撑关系。

（1）在计算和存储技术方面，计算和存储技术为区块链技术提供计算资源支撑，而区块链技术通过为企业提供多中心化的云存储来确保数据的安全。与此同时，区块链技术帮助促进多中心化的云服务，增加连接性，提高安全性和计算能力。

（2）对于物联网技术来说，物联网技术为区块链技术提供获取数据的基础技术支撑，同时区块链技术的分布式思想也为物联网提供去除网络单中心节点、提升网络鲁棒性的技术支撑。

（3）对于大数据技术和人工智能技术来说，区块链技术为它们提供安全性、隐私性、透明性、公平性的支撑，并且提供数据的来源。

（4）就安全性而言，区块链将数据分散存储在计算机网络上，提高了数据的难篡改性，这也从一定程度上保证了数据的质量。区块链通过加密手段来保护数据，能够更好地保护敏感数据隐私。

（5）就标准而言，区块链有利于建立多方交互与存储一体化的技术标准，为产业联盟与规模化应用奠定基础。

2.2.2 基于区块链的物联网技术

1．物联网的传统关键技术

物联网技术通过信息传感将世界万物与网络连接，从而实现万物的信息

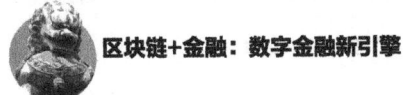

交互与通信。本节将物联网的关键技术分为 RFID 技术、传感技术、NFC 技术、视频采集技术。物联网技术可以在多方面与金融应用相结合，如物联网技术可以打破传统金融的主观信用体系，助力风险防控，解决信息孤岛及逆向选择等问题。同时，为了避免主观判断不准确的问题，物联网通过智能识别手段，对物与物、人与物的信息、资金、实物交互，进行感知、定位、跟踪、监控和管理，从而实现了对企业销售、运营情况的实时性掌握，并以此对企业动态地调整评级结构。因此，物联网技术可以使金融机构尽早地发现风险，做出预警，进而降低运作成本，规避风险，最大限度地提升服务效率。例如，2017 年 12 月，江苏银行通过使用物联网技术和区块链技术，推出了线上物联网动产质押融资业务。

1）RFID 技术

RFID 技术通过无线射频方式进行非接触双向数据通信，从而对记录媒体（电子标签或射频卡）进行读写，也就实现了识别目标和数据交换的目的。RFID 技术可以广泛地应用于金融领域，如在现金款箱交接流程中使用 RFID 技术监控，就可以实现押运、安全交接、人员身份验证的智能监管，从而确保银行钱款出入金库的安全押运。农业银行江苏分行通过使用 RFID 芯片存单，即将 RFID 芯片封装入存单中，通过读取芯片信息实现其与生产系统的结合，进而防止存单克隆，保障存单安全。

2）传感技术

传感技术是一种信息采集技术，可以高精度、高效率、高可靠地采集数据信息。传感技术也可以有效地应用于金融领域，如传统业务模式中，银行往往无法对质押的动产做到全方位监控，而物联网的传感、导航和定位等技术将使物流环节（尤其是仓储和货运环节）变得可视化，从而使银行实现全面感知和监控质押动产的存续状态和变化，提升风险防控水平。

3）NFC 技术

NFC 技术就是提供短距离无线连接的技术，可以实现电子设备间的双向交互通信。例如，手机中携带 NFC 设备，从而实现金融场景中的小额支付。

4）视频采集技术

视频数据采集是一类特殊的数据采集方式，主要是对各类图像传感器、摄像机、录像机、电视机等视频设备输出的视频信号实行采样、量化等操作，从而转化成数字数据。视频采集技术可以有效地支撑金融安全，如通过对采集的监控视频和图像进行分析，从而有效地保障资金安全。

2. 基于区块链的物联网

1）传统物联网与基于区块链的物联网的对比分析

由于当前的物联网采用的是中心化架构，导致如果出现不同的利益主体和信任关系，物联网技术就很难自主协作地互联互通，并且物联网中的设备协作和交易都只能在同一个信任域下进行，这也会降低其应用价值和推广程度。而引入区块链技术就可以解决上述信任难题，弥补物联网存在的缺陷。

如表 2-3 所示，通过区块链与传统物联网技术的融合，解决了传统物联网中存在的诸多痛点问题，提升了系统的安全性、公平性与可靠性。例如，通过区块链中 P2P、分布式身份认证技术和分布式一致性等技术，缓解了无中心验证的可靠性问题。

表 2-3 基于区块链的物联网的技术优势

问题	问题细分	问题描述	解决思路与优势
无法万物互联	可靠性问题	所有设备都需要和物联网平台中心进行交互，一旦数据库崩塌，可能会造成整个物联网系统整机的宕机	基于区块链的网络结构使设备之间保持共识，不需要与单一中心节点进行验证，即使一个或多个节点被攻破，整体网络体系的数据依然可靠、安全
	安全性问题	在不同系统节点间进行数据传输，数据本身可能被非法篡改或者丢失	通过区块链的数据加密技术和 P2P 互联网络保证数据的难篡改性，并且用户隐私保护也将得到进一步提升
	利益分配	物联网服务商之间若想实现资源共享，除需要达成合作协议外，还需要在架构顶层设计双方认同的结算系统。在万物互联的大环境下，这种单个服务商之间的互通所需成本非常巨大，以至于很难实现	在法定数字货币应用后，可以在全网范围内的各个不同的运营商之间按照数据流量实行直接的数字货币结算
成本逐步攀升		在中心化的体系结构下，所有的数据都需要汇总到单一的中心控制系统，随着连接设备数量的几何级增长，中心化服务需要付出的计算、存储和带宽成本也会增加到无法负担的程度，设备的管理和维护将会给生产商、运营商和最终用户带来巨大的成本压力	中心化平台的撤销，低成本地改造数亿台设备，在算力、存储容量和带宽方面都大幅度降低了要求。另外，叠加智能合约可将每个智能设备变成可以自我维护调节的独立的网络节点，省却了很多运维成本

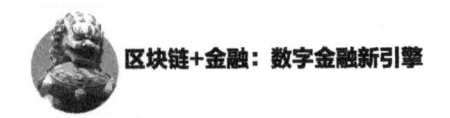

2）区块链与物联网技术结合的价值

区块链与物联网技术结合及其经济价值创造可以从两个角度进行总结：从短期角度来看，优化现有流程并削减成本，从而创造价值。从长期角度来看，价值创造更有可能以提升收入的形式实现。区块链与物联网技术的结合会体现3类经济价值，包括削减成本、提升收入和降低风险。

（1）削减成本。

区块链通过在多个利益相关方间创建集中可信的共享数据集，以减少中间环节，这会促使整个价值链交易的自动化，从而削减成本。

（2）提升收入。

通过区块链来实现原本不可行或不可扩展的功能，从而使物联网的价值得到充分释放。例如，在智能合约的使用过程中，实现跨设备自动交易和支付。

（3）降低风险。

通过区块链与物联网技术的结合，推动企业收集并维护必要的审计跟踪记录，从而满足监管要求，降低风险。

3）区块链与物联网技术结合的未来挑战

区块链与物联网技术的结合创造了巨大的价值，但其应用可能面临3项主要挑战：

一是缺乏有效手段整合区块链与物联网技术来解决复杂的业务问题。区块链和物联网技术都可以为用户创造价值，但是需要寻找有效的手段使两者合理结合才能更好地服务用户，同时需要进一步深入探索其应用场景，并且还需要考虑法律法规和安全性等方面的约束。

二是缺乏标准和统一的规范体系。当前区块链技术与物联网技术的整合方式、方法、途径、机制都尚无统一的标准和规范体系，各个厂商势必依据自身实际技术和应用情况采取不同的整合手段。而这会导致一定程度的市场混乱并难以推广，甚至影响未来的进一步发展，危及企业自身的效益。

三是多方协调合作。因为要充分释放"区块链+物联网"项目的真正价值，需要多方齐心协力地投入时间、资金和精力。因此，企业需要在测试新解决方案时让所有利益相关方参与进来，并投资建设最小可行生态系统，从而确保解决方案对多个参与方均行之有效。

从短期来看，在金融领域，物联网技术与区块链的结合主要体现在物联

网技术对区块链的数据支撑上。因为只要通过现存的、已经成熟的物联网技术就可以从一定程度上提升原始上链数据的真实性，并不需要较大的技术改动。从长期来看，基于区块链技术对物联网技术的改进，可以促进金融领域物联网应用价格的降低、可靠性的提升，间接地为金融领域产生效益。

2.2.3 基于区块链的人工智能技术

人工智能技术是信息科学的一个重要分支，主要研究机器模拟人的思维过程和智能行为而构建的智能技术理论。本节将人工智能技术主要分为机器学习技术、强化学习技术、迁移学习技术、深度学习技术和联邦学习技术。人工智能技术可以在多方面与金融应用相结合。基于人工智能技术打造金融数字助理，可以为用户推荐产品/服务。金融聊天机器人也是利用人工智能技术来实现的，通过语音可以请求余额查询、一般账户信息查询等服务。此外，人工智能模型可以提供客户信用风险的即时评分，银行和保险公司通过该风险评分对客户进行分析，然后制定适合的报价，如加拿大宏利金融集团（Manulife Financial）将人工智能技术应用于承保服务。

1. 人工智能的关键技术

1）机器学习技术

机器学习技术的本质是机器通过模拟人类的学习行为，进而驱动其自身知识和技能的重新组织并得到不断改善。其算法的设计能够通过分析历史市场行为，确定最佳市场策略，也可以检测特殊或异常的行为，使交易更加安全。例如，美国 Renaissance Technologies 公司、Walnut Algorithms 公司就研发了智能交易的产品。

2）强化学习技术

强化学习的本质是让软件智能体通过试错的方法，在特定环境中获得最大化回报的行为技术。强化学习是一种激励技术，如果这种激励对机器有利，则这种行为就会重复出现；若对机器不利，则这种行为就会减弱直至消失。在金融领域，强化学习可以优化股票的投资策略，从而使投资回报最大化。例如，美国贝尔实验室和哥伦比亚大学就提出了基于深度强化学习方法的股票交易模型。

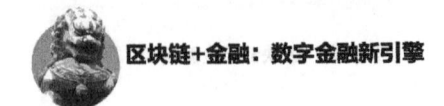

3）迁移学习技术

迁移学习技术是指一个预训练的模型被重新用在另一个任务中，它使用源领域的知识来帮助目标领域的学习。根据迁移学习具体不同的实现方法，迁移学习可以分为基于样本的学习、基于特征的学习、基于参数的学习、基于相关性的学习。迁移学习技术在金融领域应用广泛，可以解决大部分源数据不足的问题。例如，学习部分信贷用户的行为数据，判断另一部分相似特征的用户行为，使金融机构通过迁移学习建立风险防控模型，从而判断客户的信用风险。

4）深度学习技术

深度学习技术通常指深度神经网络技术，比起传统的神经网络拥有更多的网络层、更为复杂的网络结构。例如，可以将蚂蚁金服公司研究的面向海量图数据的深度学习技术应用到金融营销场景，通过用户的历史购买行为来预测用户对金融产品优惠的敏感程度，从而推动个性化优惠，提升营销资金的利用效率。

5）联邦学习技术

一般的机器学习技术是通过收集数据到服务端，并通过相应的机器学习算法训练模型的。但是，部分数据是十分隐私的，难以收集，导致此类机器学习技术和算法难以应对。而联邦学习技术是一个全新的机器学习框架，可以将训练任务放到用户侧，将训练得到的模型参数发给服务端，这样就能保证数据在用户本地，在不会泄露隐私的前提下，有效帮助多个机构进行数据使用和机器学习建模。此外，联邦学习技术可以通过引入更多的用户参与训练，进而拓展训练数据集，提升模型的训练质量。

2. 基于区块链的联邦学习

当前的人工智能算法主要通过一个中心化数据集来训练模型，一般来说，数据集越大，所训练的模型拟合得越准确。为了达到此目的，就需要从用户侧收集更多的数据，这也会增加数据泄露的风险。此外，收集更多的数据本身也是一个难题。因此，如何将区块链技术与人工智能技术相融合，从而通过分布式的手段提升系统整体的安全性与智能程度，是需要重点研究的问题。

由于联邦学习具有分布式、本地计算等特征，与区块链所具有的分散性、分布式计算等特征有诸多相似之处，因此联邦学习较其他人工智能算法更适合与区块链相融合。

1）区块链与联邦学习的结合

联邦学习和区块链都有不足之处，但也有互补之处，主要体现在 3 个方面。

一是**存储能力不足**的问题。区块链中的各个节点的存储能力等都是有限的，上链数据如果过大，就会导致存储不足。通过联邦学习可以只将计算结果存储在节点中，从而节省链上各节点的存储空间。

二是**无法互信与参数虚假**问题。联邦学习的参与方来自不同的组织或机构，彼此缺少信任，而通过区块链技术可以建立不同方之间安全可信的机制。联邦学习中的参与方会提供相应的训练参数，但是这是缺乏质量验证的，如果参与方怀有恶意，那么可能会提供虚假的模型参数，导致学习的失败。而区块链技术通过参数上链可以帮助避免出现该问题。

三是**参数隐私**问题。联邦学习中的参数存在被破解的风险，所以在传输过程中的隐私性也需要保护和增强，因为恶意的用户可以依据联邦学习梯度参数在每一轮中的差异，通过调整输入数据逼近并获得真实的梯度，有可能推测出用户的敏感数据。而上述问题前者可以通过区块链技术的共识机制来解决，后者则可以通过区块链的加密与用户隐私技术来避免。

基于区块链的联邦学习的技术优势如表 2-4 所示。

表 2-4　基于区块链的联邦学习的技术优势

问题	问题描述	解决思路与优势
存储能力不足	区块链节点存储能力有限，存储需求较大	联邦学习对原始数据的处理，仅存储计算结果，可以降低存储资源的开销；对区块链交易的认证计算、传输通信等进行优化，可以提升区块链的运行效率
无法互信与参数虚假	各个参与方（用户）缺乏互信机制、参数造假	通过区块链尤其是联盟链的授权机制、身份管理等，将互不可信的用户作为参与方整合到一起，建立一个安全可信的合作机制。联邦学习的模型参数可以存储在区块链中，保证了模型参数的安全性与可靠性
参数隐私	参数破解	通过区块链的加密与隐私保护技术，对参数予以保密，防止破解

2）区块链与联邦学习技术结合的价值

（1）提升安全性与可靠性。

基于区块链与联邦学习的架构，将区块链安全、可信，以及联邦学习分

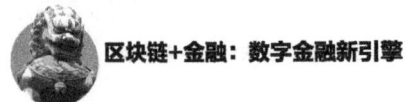

布式智能特点进行了互补,提升了系统整体的安全性,构建了更为可靠的区块链机制。从而实现了在安全、可靠的基础上,大幅节省了系统维护的开支。

（2）降低成本。

数据分散到区块链的各个节点共同存储,会导致各个节点维护成本高的问题,通过联邦学习技术存储计算的结果数据,而非大量的中间过程数据,会使存储的数据量显著下降,从而节省区块链上节点的存储空间,降低经济成本。

（3）提升收入。

区块链与联邦学习技术相融合,可以支撑一种新颖的分布式、强隐私、高可靠的协作数据服务的商业模式,有利于个人、企业与组织挖掘数据潜能、释放数据价值、创新增值服务。

3）区块链与人工智能技术结合的未来挑战

尽管区块链与联邦学习技术的融合可以实现一定程度的互补,但是区块链与联邦学习技术或者人工智能技术的结合也存在诸多挑战。

一是技术挑战。区块链共识机制的效率是限制系统整体性能、影响联邦学习或者其他人工智能技术进一步应用的瓶颈。区块链技术如何与更多的人工智能技术有机结合,发挥各自的优势是值得长期研究的问题。

二是服务挑战。区块链与人工智能技术如何有效结合来服务用户有待探索。区块链与人工智能技术都是新兴技术,各自服务不同需求的用户,即便两者有结合的可能性,但整合后是否对服务群体有积极的影响,如何扩大用户群体还有待探索。

三是市场的适应性挑战。区块链与人工智能技术还处于探索阶段,各自的成熟应用还有待市场检验,其技术发展方向是否与当前保持一致,也尚不确定,因此两者在技术上的融合更加需要市场和用户的进一步适应。

四是缺乏融合的标准挑战。区块链与人工智能虽然都有各自的技术标准,但是两者的融合标准还处于缺失状态,如果不能够提前制定相关标准,势必造成两者不能够顺利地融合,甚至出现不同厂商的融合方法不同导致最终的应用无法相互兼容的问题,这不仅不会带来任何优势,反而会对两种技术的价值带来极大损害。

五是投资与发展的融合挑战。从短期来看,无论是区块链技术还是人工智能技术的进一步优化,都能带来极大的商业价值,也符合短期发展的目标。但是从长期来看,对两者的全面、深入的融合,由于上述的挑战尚不能解决,

2.2.4 基于区块链的大数据技术

大数据的"大"不仅指的是数据量大，而且还意味着数据维度足够多，并且增长快。"数据"不仅指数据本身，还包括数据采集、存储、分析、呈现等环节，每个环节的技术也并非都是全新的，大数据技术是多个环节的技术的业务逻辑形成的集合。针对数据的管理存在数据孤岛、隐私泄露等问题，可利用区块链技术链接多方实现数据的可信共享，充分发挥大数据的应用价值。

1. 关键技术

1）采集环节

数据采集环节是整个大数据技术环节的入口，是通过各种技术手段实时或非实时地收集、存储数据，进而转入大数据的分析环节。与传统的数据采集过程相比，大数据采集的突出特点是数据类型丰富，不仅包括结构化数据，还包括半结构化数据和非结构化数据。在金融领域，大数据的信息载体既有以电子文档形式发布的文件及报告，也有通过感应系统采集的真实世界中的信息流。随着移动互联网、物联网技术的普及，数据的采集更加快捷，产生的数据也更加丰富。

由于采集的数据类型多样且存在无效值和缺失值，因而在对数据进行分析前，还需要进行数据预处理。数据抽取、转换和加载（Extraction Transformation Loading，ETL）是数据预处理的惯用做法。大致过程是先将已经存储在系统中的数据抽取到临时中间层，按照合适的业务逻辑进行清洗、转换、合并，再加载至数据仓库或数据集市中，成为联机分析处理的基础。

2）存储环节

随着人类社会数据总量的指数型增长，传统的数据存储技术也面临着挑战，海量数据的存储是大数据时代必须解决的问题。基于分布式系统的思路，谷歌开发出 GFS（Google File System）系统，使得在廉价服务器集群中实行分布式存储成为可能。随后 Apache 基金会支持的一个开源子项目实现了 GFS，这就是后来的 HDFS（Hadoop Distributed File System，HDFS）。HDFS 和 MapReduce 分别解决了大数据时代的存储和计算的问题，与其他多个组件

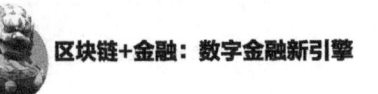

共同构成了大数据的生态圈——Hadoop。与传统数据存储相比，大数据存储的突出特点是需要使用以分布式文件系统和基于 CAP 原则设计的分布式数据库。其中，CAP 原则是指分布式系统具有一致性（Consistency）、可用性（Availability）与分区容错性（Partition Tolerance）。

3）计算与分析处理环节

虽然 CPU 的速度在不断提升，但其制造工艺已经接近物理极限，单纯地增加 CPU 核心数并不能从根本上解决问题，传统的指令执行方式已经无法满足海量数据处理的需求。在这样的现实背景下，谷歌提出了名为 MapReduce 的分布式计算模型，该模型的基本思路是将海量数据切分成多个小规模的数据集，并将其分布到多个服务器上完成并行计算，体现了分而治之的核心思想。MapReduce 的出现使得原本连高性能服务器都难以处理的海量数据的问题可以通过多个廉价服务器解决。

金融行业存在多种不同的应用场景，因而处理过程面临的问题复杂多样，单一技术无法满足不同类型的计算需求。此外，传统的数据处理技术在面临容量为 PB 级别的海量数据时无法满足低延时的需求，因此大数据时代需要更高效的数据处理技术。除 MapReduce 之外，还存在流计算、图计算和查询分析计算等大数据分析技术。从表 2-5 中可以看出，大数据时代丰富的业务逻辑催生了多种分析处理技术，充分体现出技术的进化逻辑——"术业有专攻"。

表 2-5　大数据分析技术比较

大数据分析技术	针对的现实问题	代表性处理技术工具
批处理计算	海量数据处理问题。传统 SQL 型数据库无法迅速处理 TB 级别的海量数据，批处理计算使用分布式的思路使海量数据的统一一次性处理成为可能	MapReduce、Spark
流计算	流数据的计算问题。所谓流数据是指在时间分布和数量上无限，且具有动态性的一种数据，数据价值随着时间流逝而降低，因而对其处理要满足实时性的要求，响应速度要达到秒级或更快	Storm、Spark Streaming
图计算	数据之间的关系错综复杂，难以用二维表的形式表达，而需要用图的结构来表达，代表的应用场景是社交网络分析	Pregel、Graphx、Hama

（续表）

大数据分析技术	针对的现实问题	代表性处理技术工具
查询分析计算	用于 TB 级别数据的并表、排序、聚合，传统 SQL 型数据库不能满足低延时的要求	Hive、Impala
事务型任务计算	解决海量用户同时在线的高并发、大流量的问题	Oceanbase、Gaussdb

4）数据可视化

数据可视化是将数据库中的每个数据项以一定的业务逻辑组织起来，使用图形图像的形式表示，并将数据各个属性值通过多种维度呈现出来，使受众能从不同维度观察数据，为更深入的洞察提供感性认识基础，进而能够形成理性认识并抽象出数据背后的规律，指导后续的研究。数据可视化可以将枯燥乏味的数据转化成丰富生动的视觉效果，使数据变得更易于理解，提升数据的分析效果。

数据可视化过程应该满足以下标准：简洁美观的展示界面、可视化报告在程序中的无缝式嵌入、强大的人机交互性。常用的数据可视化技术框架包括 Tableau、Power BI、Qlikview 等。

2．金融大数据与区块链的结合

大数据的一大核心特征是数据的维度足够大，这意味着数据必然有多个来源，如何进行有效数据共享和数据真实性认证是十分重要的问题。然而，数据孤岛的问题直接制约了大数据的共享和认证。数据孤岛有两种，一是物理性数据孤岛，指的是数据在不同的物理位置独立存储、分别维护；二是逻辑性数据孤岛，指的是相同意义的数据被赋予了不同的存储及处理规范，导致多个数据来源之间难以整合。而区块链与大数据技术的结合可以解决上述问题。

1）区块链与大数据技术的结合

结合分布式存储和分布式账本，可以为数据共享难题提供解决方案，从而实现可信的数据存储、高效的数据利用和安全的数据共享。相对于传统的数据存储及传输，新的解决方案的特点是在部署环境和应用层之间加入一个分布式的基础服务框架，每个节点相当于一个分布式账本，当数据共享方有新数据上链时可向信息自组织（自组织是各节点按照某种规则形成的具有一定功能的组织）请求更新区块链上的数据。在获得授权后，将加密后的数据

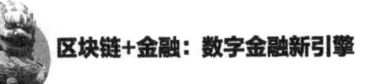

上传至单个节点，再向该基础服务框架的所有节点进行广播。信息需求方可向信息自组织申请查看授权，获得授权后由链上的节点返回结果。在这个过程中，信息自组织虽然是个中心化组织，但其作用仅限于信息更新和查看的授权，信息的存储仍然处于区块链的多个节点上，从而保证了信息的难篡改性。

数据作为一种重要资产，需要流通起来才能发挥更大的作用，而数据使用权和所有权难以分割，会导致产权关系不清晰。因此，要实现数据共享，其中的一个重要环节就是完成数据确权。王海龙等结合区块链和数字水印技术，提出一种新的大数据确权方案，有助于解决大数据确权的问题。该方案先对质量审核通过的大数据和数据提供者的信息嵌入数字水印，形成确权结果，再将该结果上链，完成从传统的中心化存储转向整个生态圈的分布式存储，以上过程除了数据质量审核环节外，其他环节均可自动化实现。在数据交易完成后，为了防止数据使用方转手倒卖，可以结合智能合约技术。在智能合约中记录数据的使用日志，内容包括时间戳、使用者的账户和对数据采取的操作，这些日志内容均实时写入区块链。当数据的使用者只有浏览行为时，智能合约静默，一旦发生复制行为，智能合约立即触发，对复制行为实行阻止或收费。

综上所述，传统大数据技术存在数据质量差、隐私数据泄露、数据作为一种资产难以交易三大问题，而基于区块链的大数据技术则解决了上述三大问题（见表2-6）。

表2-6 基于区块链的大数据技术的优势

问题	问题描述	解决思路与优势
数据质量差	大数据的采集多来源于传感器，但这些数据可能会被事后篡改	将传感器获取的数据实时写入区块链，消除篡改的可能，提高原始数据的质量，并通过API和SDK向访问者提供标准化的查询方式
隐私数据泄露	数据共享和隐私保护之间一直存在冲突	通过多签名私钥等加密技术、安全多方计算（Multi-Party Computation）技术，只允许获得授权的人对数据进行访问。或将数据的哈希值存储在区块链上，实现数据的"可用而不可见"
数据作为一种资产难以交易	数据使用权和所有权难以分割，导致确权困难	区块链技术可在智能合约中记录数据的使用日志，日志内容实时写入区块链。在数据资产中嵌入智能合约，使所有权和使用权分离

第 2 章　区块链与金融科技

2）基于区块链的大数据技术的应用

随着银行间市场对外开放力度不断加大，人民币国际化与"一带一路"的推进，人民币在国际金融市场上扮演的角色势必越来越重要，境内机构对标准化实名认证 KYC 的需求也随之增加。推行 KYC 不仅有助于金融防范身份盗用、欺诈、洗钱等商业风险，也有利于维护整个金融系统不发生系统性风险。目前金融机构之间的 KYC 标准存在差异，机构之间无法大范围共享数据，造成整个金融市场的重复合规成本高、数据利用率低的问题。为了解决以上问题，可考虑使用基于区块链的大数据技术解决方案。

交易中心可以在机构交易行为评分和交易风险提示这个环节进行 KYC 试点，作为发起人，制定银行间市场 KYC 的数据标准，鼓励会员单位将自身数据上链，实现脱敏信息的可信共享和安全可控的 KYC 信息共享数据库。在这一业务场景中，信息需求方（银行间市场会员）同时也要提供自身的数据，发起人对数据的访问和更新进行授权，并部署一定数量的区块链节点。在这样的联盟链上，信息需求方可向发起人申请 KYC 业务的数据，根据彼此之间的授信关系，自主选择是否公开信息共享和隐私数据服务共享，并完成点对点数据交易。整个过程可以实现原始数据不出机构，以加密机制下的参数交换方式实现"数据可用而不可见"。在这样的业务场景下，交易中心作为中心化组织，作用是对数据访问和更新进行授权，信息的存储仍然处于区块链的多个节点上，从而保证了信息的难篡改性。

以上信息表明，基于区块链的大数据技术，可以在一定程度上解决隐私泄露和数据标准缺失导致的数据孤岛问题。首先，在解决方案中，数据的提供者同时也是数据的使用者，这形成了对提供数据的正向激励，使金融机构有意愿提供自身的数据取换取其他机构的数据；其次，区块链的脱敏功能可以消除数据泄漏的隐患；最后，由交易中心牵头制定该业务场景下的数据标准，完成整个业务场景的闭环。

3）区块链与大数据技术结合面临的挑战

区块链与大数据技术结合虽然能够在一定程度上保证数据的真实性，但也只是保证上链后的真实性，而并不能保证源数据的真实性。以 KYC 为例，KYC 的关键在于数据收集阶段，原始数据在上链之前要保证准确性和完整性。在提供机构交易行为评分和交易风险提示的 KYC 服务中，需要收集交易会员的财务报告、经营状况、股权信息、管理层信息、负面信息等数据。其中除了上市公司的财报、管理层和股权信息是公开的，其他数据均属于另

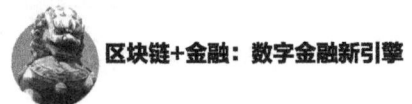

类数据范畴。银行间市场的会员机构有大量为非上市公司，即使愿意提供这些数据，其准确性也难以保证。若数据在源头上就无法保证准确性，则后面环节中区块链的难篡改性也将失去意义。即使原始数据是准确的，数据的完整性也难以保证。以股权信息为例，上市公司可以隐匿股东的关联关系，这就容易出现大股东掏空上市公司的问题，进而引致交易对手风险和信用风险。

由此可见，即使是经过审计的数据信息，也难以保证其完整性。原始数据的准确性和完整性问题直接制约了 KYC 服务的落地，该问题难以通过现有的技术手段解决，需要通过更严格的法律法规进行改善。

4）区块链与大数据技术结合的未来价值

（1）数据价值的转化。

"区块链+大数据"为共享经济的发展指明了方向。共享经济的突出特征是物品使用权发生暂时转移，其本质是整合资源，使资源的所有者获得经济红利。数据作为新时代的重要资源，数据共享在未来的价值甚至会超越有形资源的共享价值。然而，数据难确权、数据隐私保护都会影响数据共享。区块链通过智能合约技术可以对数据资产进行确权，解决数据隐私与信息共享难题，提高数据提供方源源不断地生产数据的积极性，并且存在提交数据用于共享的内在驱动力，从而减少数据孤岛的产生。

（2）数据质量驱动共享经济。

区块链的可追溯性使数据的采集、流通和分析均可实现留痕化管理，使数据的质量更有保障。区块链的技术特性在数据的整个生命周期中均能发挥重要作用，从而为以数据流通为代表的共享经济的发展指明了方向。

2.2.5 基于区块链的云计算

大数据和人工智能时代的到来，对存储和计算能力提出了更高的要求，因而成为云计算发展的重要驱动力。云计算与传统 IT 设施相比的优势在于构建计算和存储资源时无须购置实物服务器和网络设备。云计算作为一种新型 IT 资源使用方式，通过互联网向用户提供硬件、平台及软件服务，通过虚拟化技术满足用户对计算和存储资源的弹性需求，具有动态易扩展的优点。云计算的基础设施是数据中心的物理资源，基于多种软件技术对物理硬件进行虚拟，这为用户屏蔽了大量底层细节，便于在较高的层面进行架构设计和资源使用，提高了开发效率。

云计算是金融机构运用金融科技打造现代化运营的基础，越来越多的金

融机构将实施云计算解决方案作为建立数字金融生态的核心，监管机构也推出了相应的政策。例如，2015 年国务院印发《关于促进云计算创新发展培育信息产业新业态的意见》，原银监会在 2016 年发布《中国银行业信息科技"十三五"发展规划监管指导意见（征求意见稿）》等。IDC（国际数据公司）发布的《全球云 IT 基础设施季度跟踪报告》显示，到 2022 年，亚太地区金融机构公有云服务支出将达到 95 亿美元。以上分析表明，"金融上云"将成为常态。

1. 关键技术与分类方式

1）虚拟化技术

虚拟化是云计算的基石，通过虚拟化，单个服务器可以被分割为多个颗粒度更细的资源，也可以将多个服务器组成分布式系统，满足高吞吐、高并发、低延迟的业务需求，实现资源的高效利用。在物理服务器上安装虚拟化软件，就可以虚拟出多个在逻辑上互相隔离的虚拟机，本质上是对底层计算和存储能力的集成和再分配。

（1）计算虚拟化。

将一台计算机用逻辑隔离的方式划分为多台能同时独立运行的计算机（虚拟机），实现资源的动态分配和灵活调度。核心是虚拟机运行在硬件和操作系统之间，允许多个操作系统共享一套服务器，运行时给每台服务器分配适量的 CPU 算力、内存、硬盘和网络带宽。

（2）存储虚拟化。

存储虚拟化意味着无须对单个物理存储设备进行管理，而是将多个物理存储设备整合为统一的存储空间进行管理。这种技术实现了分布式存储，其优点在于强拓展性，存储服务器可以按用户的需求为其分配所需的空间。

（3）网络虚拟化。

云端虚拟机体现了计算与存储分离的设计思想。传统单一物理服务器资源的虚拟化，是在同一台服务器上对计算、存储、网络等环节进行分割，这种方式的缺陷在于，当物理机的局部出现故障时，也很容易影响到里面的多个虚拟机。云虚拟机的组成则有所不同，CPU 与内存仍整合在一台服务器上，这样的多台服务器就组成了计算集群，每个服务器带有虚拟网卡，通过数据中心的内网共享一个 IP 地址，完成网络接入。在存储方面，云端使用磁盘集群。网络、硬盘等其他部分可脱离于宿主机之外。

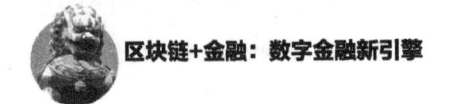

2）分类方式

目前，云计算是由不同业务形态的云服务组成的，业界一般将其分为基础设施即服务（Infrastructure as a Service，IaaS）、平台即服务（Platform as a Service，PaaS）和软件即服务（Software as a Service，SaaS）3 种业态。

IaaS 一般指云计算所能提供的计算、存储、网络等底层服务，同时还提供跟踪服务组件和资源调度模块，一些技术细节对云端开发者而言是封装起来的，使用者无须关心这些底层技术细节。使用者能够在上面部署和运行任意软件，包括操作系统和应用程序。使用者不管理或控制底层云基础设施，但可以控制操作系统、存储和已部署的应用程序，并且还能受限地控制所选的网络组件。IaaS 代表性产品和服务包括云端虚拟机、云磁盘、云网络等，其突出特征是与传统的本地化 IT 设备之间存在明确的对应关系。

PaaS 是指云计算提供的平台类服务，以及面向场景领域的服务，PaaS 相当于云计算时代的"操作系统"，为开发者提供了功能完备的中间件模块，包括集成开发环境和 SDK 等工具，免去了传统软件开发过程中配置开发环境的环节，能大大缩短开发周期。在具体的产品服务类型方面，云端数据库、云容器和云端 AI 平台都属于 PaaS。

SaaS 是指基于云构建可开箱即用的各种业务应用，即在云基础设施上运行的供应商应用程序，应用程序可通过 Web 浏览器或客户端界面访问。传统软件业的商业模式为出售复制，而 SaaS 是在互联网上提供传统软件的功能，精简了软件行业的服务环节。电子邮件、云桌面、在线游戏都属于 SaaS 类型。

3）部署方式

（1）公有云。

公有云的突出特征是资源服务共享，是目前云计算市场最主流的业态。云服务提供商负责系统的所有管理和维护工作，相较于本地 IT 基础设施，公有云还可以更快地部署，且理论上在算力和存储方面具有可无限缩放的拓展能力。

（2）私有云。

私有云是为单一用户而构建的，一般部署在企业自己的数据中心内，或部署在安全等级更高的托管场所。其突出特征在于其计算、存储、网络资源是专有的。与公有云相比，私有云的优点在于能提供对数据、安全性和服务质量的最有效控制，缺点在于安装和运维成本高。

（3）混合云。

混合云是公有云和私有云两种服务方式的结合。出于对成本效率和数据安全的综合考虑，一些企业会选择混合云的服务模式，将敏感数据存储在私有云中，将脱敏后的数据上传至公有云进行计算，计算完成后将结果返回私有云，这种模式体现出极大的灵活性。

2. 云计算与区块链技术的结合

1）云计算与区块链技术的结合概述

从技术特性上看，云计算和区块链同属分布式技术的典型代表，云计算的目标是实现按需分配，区块链的目标是构建一个信任体系。如表 2-7 所示，云计算的问题在于数据安全存在泄漏风险，而区块链的加密特性有助于这一问题的解决；区块链的一个性能瓶颈在于数据存储能力，而云计算可以通过分布式存储，满足上链数据只增不减的业务需求。可以预见，将区块链技术框架嵌入云计算平台，为开发者提供简洁、高效的使用环境，将成为金融科技发展的大势所趋。

表 2-7 基于区块链的云计算技术的优势

问题	问题描述	解决思路与优势
数据安全	传统云计算意义上的安全主要是确保应用能够安全、稳定、可靠运行，但无法确保数据不被篡改	有两种实现路径，一是将数据直接写入区块链，通过云数据库来提供海量的存储空间；二是将哈希值存在云端，用于信息校验，确保其难篡改
系统资源浪费	云计算中算力的扩张需要云供应商不断增加硬件，成本较大，而闲置的个人计算机可以加入云计算的生态圈，避免硬件的浪费，因而问题就在于如何形成激励机制，使闲置的计算资源愿意贡献算力	通过已授权的智能硬件设备收集个人计算机带宽、存储、计算等资源的状态信息，使用虚拟化技术和智能调度技术，整合闲置的 IT 资源实现共享计算。区块链通过贡献证明协议，记录单个节点对算力的贡献，形成奖励机制，"撮合"计算资源的需求与供给

2）基于区块链的云计算技术在客户征信中的应用

由于金融机构在征信过程中存在信息不对称和隐私保护的隐患，传统的系统架构难以满足信息共享和隐私保护的要求，基于 BaaS 模式，金融机构可在有效保护敏感信息的基础上实现重点信息的共享和验证，免除多个金融机构重复的记录和识别工作，有助于以低成本方式识别欺诈行为。随着征信对象数量的激增，征信系统有必要使用分布式架构，公有云可以成为其技术

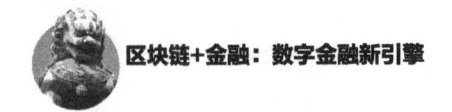

解决方案。但考虑到敏感数据泄露的风险，可借助区块链中的密码学技术实现敏感信息的验证。随着征信数据的积累，金融机构可以构建准确度更高的信贷反欺诈模型，降低坏账率。

3）区块链与云计算技术结合面临的挑战

（1）健壮性挑战。区块链与云计算技术在结合时尽管有诸多优势，但也面临着一些挑战。BaaS利用云计算技术可以便利地实现区块链，但是它会导致区块链部署在一块云上，云的健壮性将直接影响区块链的健壮性，如果云本身的规模很小，部署得不够分散，就会导致部署在此之上的区块链的健壮性弱。

（2）响应性挑战。区块链技术本身是分布式账本，需要大量的分布式空间，而云计算技术尽管将分布式空间进行整合，但是每个节点的存储能力却不同，导致部署在其上的区块链节点的存储能力不同，降低了区块链的响应性能，影响了区块链的实际应用。

4）区块链与云计算技术结合的经济价值

（1）提升技术开发效率，降低成本。

BaaS的价值在于降低开发者的技术门槛，减少开发成本，使开发者能专注于业务逻辑层面的开发，而非区块链的底层技术，从而满足敏捷开发的需求。当前主流的BaaS技术服务提供商均提供了标准化节点，方便开发者调用，并兼容以太坊等多种区块链技术，方便开发者在技术选型时进行切换。

（2）利用激励策略提升经济价值。

区块链还可以在边缘计算的实施中产生价值。边缘计算网络中的不同节点及设备可以提供一定量的计算、存储和带宽服务，区块链的智能合约及分布式账本的特性可以保证对有贡献的单个节点给予激励，实现相应的经济价值，使更多的计算资源得以充分利用。

2.3 本章小结

本章从金融科技的概念、历史、技术体系、各个技术融合的角度全面地介绍了金融科技涉及的技术。从金融科技的发展历程来看，金融的可数字化特性，是金融科技发展的基础；得益于信息技术的发展，金融服务的质量和风险管理都有了质的飞跃。金融业的发展已经和信息系统密不可分，海量数据存储、强大的算力支撑和无所不在的网络通信体现了科技赋能金融的应有

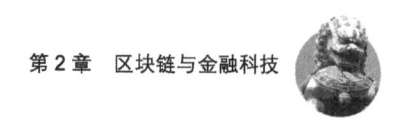

之义。

　　从本章可以看出,金融科技的典型技术体系是一个有机的整体,其各个技术并不是孤立的,而且相互的依赖关系也是不同的。这种关系并非一成不变,会随着技术的发展而发生变化。区块链技术在整个金融科技的典型技术体系中也充当了一个承上启下的角色,其作用在金融科技典型技术体系中是十分独特而关键的。此外,各项技术通过其各自的优势特征予以互补,进而成为独特的新技术,这也是金融科技未来技术发展的主流方向之一,但是这种技术融合是建立在具体的实践应用的需求基础上的。在后续章节,将详细阐述这种技术融合对实践应用的意义。

第二部分
金融应用与分析研究

第 3 章
区块链金融应用概述与分析

3.1 整体概述与分析

3.1.1 应用进展概述

根据 2019 年 9 月欧盟科学中心发布的《区块链当前与未来》(*Blockchain Now and Tomorrow*)，金融领域是全球范围内区块链探索最为广泛的领域，区块链已成为众多金融机构竞相布局金融新科技的重要技术之一。

在支付业，区块链作为一种能够支撑法定数字货币的技术手段，具有构建新兴数字支付体系的潜力，有助于提高支付效率、安全与监管效能。放眼全球，各国央行、金融机构、科技公司等已在零售支付、票据交易、跨境支付等业务场景开展应用探索。

在银行业，区块链有助于优化银行业 IT 基础设施，实现自下而上的治理机制，促进数据互联互通，从而重构银行业现有的技术与应用体系。全球范围内，银行业不仅在供应链金融、跨境贸易、贸易金融、信用证、黑名单共享等场景利用区块链技术提供线上的服务，而且在区块链技术平台方面也取得了一定的成果，如摩根大通 Quorum、微众银行的 FISCO BCOS 等。

在金融市场中，区块链有助于解决金融基础设施与投资机构、监管机构之间的数据共享难、交易效率低、交易成本高的难题，在本币市场（包括货币与资本市场）、外汇市场、有价证券市场等已有诸多应用探索。目前，全球主流的交易所已在全交易生命流程的各阶段开展探索，包括在交易前阶段的信息披露、反洗钱与了解你的客户等场景，交易阶段的股票、债券、衍生品的发行与转账等场景，交易后阶段的登记、清算、股东投票等场景。

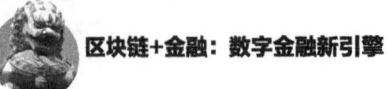

在保险业，区块链有助于提升多方沟通效率、多方协同效率与审计监管效率，促进业务合规发展。目前，区块链技术已应用在保险业的诸多环节，包括保险平台的构建、产品设计、增值服务、保险理赔与监管机构 5 个方面。

在供应链金融中，区块链有助于形成协作式供应链金融生态，缓解供应链信息孤岛、企业信息不完整、履约风险控制难的问题，从而无损地传递核心企业的信用，降低中小微企业的融资成本，提升融资效率。目前，国内银行机构、科技公司主要聚焦于应收账款、存货融资、基于应收账款融资的资产证券化、预付款融资等场景开展区块链应用推广。

3.1.2 应用价值总结

基于数据难篡改、易追溯、多方共同维护的技术特点，区块链技术是一种能够在大规模复杂网络中快速、低成本地建立多方信任关系的数字技术手段，能够在不失业务主权与保护隐私的前提下，实现数据与业务逻辑的可信共享、金融资产交易服务效率的提升和业务公信力的提升，具有较为广泛的金融应用场景。

一是缓解多方之间的信息不对称。例如，贸易融资、金融信息共享、防伪溯源、普惠金融、风险防控等场景适合使用区块链技术，解决中小微企业融资难、融资贵的问题，降低企业整体运行成本，提高专业化分工的协同效率。典型的应用案例如中国人民银行数字货币研究所的湾区贸易金融区块链平台和基于区块链技术的资产证券化信息披露平台等。这类应用的难点是需要保证上链数据的真实性，因此往往需要引入第三方鉴定机构来保证上链源数据的准确性。此外，这种应用往往需要依赖链下治理，因此需要对参与机构的身份与声誉实行严格管控，所以联盟链适合在这类场景中使用。

二是改进金融资产所有权的登记与交易流程。例如，资产证券化、供应链金融、数字票据、清结算、精准扶贫等场景。典型的应用案例是票据交易所探索的数字票据交易平台、摩根大通推出的摩根币和 Facebook 拟推出的 Libra 等。在这类场景中，可以把金融资产（如商业票据）形成数字资产，利用智能合约实现规范化、易审计、易追溯的发行、转让、抵押、冻结、销毁等功能，利用共识算法来保证多方存储的资产状态的强一致性，进而能够优化原有业务流程，提高资金周转率。这类场景的主要难点也是需要依赖链外世界的法律法规对核心机构的强约束能力，这样才能够保证原有金融资产

能够无后顾之忧地转变为链上的资产。

三是提升金融信息服务的透明性与监管的穿透性。例如，众筹、投票、公益捐款等场景使用区块链技术，提升机构服务的公信力，建设可信体系。典型的应用案例是纳斯达克股票交易所推出的股东投票系统、支付宝的爱心捐赠平台等。通过将程序执行、数据存储与特定机构之间的强绑定关系打破，提升应用服务的可监督性，从而提升公信力。一方面，可以通过把业务逻辑与监管规则写入智能合约，提升业务执行的透明度；另一方面，也可以将哈希加密处理后的业务逻辑与处理结果广泛存储在公众拥有的区块链节点中，从而提高公众的监控能力，增强服务的公信力。这类场景的难点是中心机构是否有动力实行业务服务的提升，并且在改造过程中真的对业务实行优化，从而避免出现形式化使用区块链的情况。

为使读者逐步深入了解区块链的金融应用情况、理解区块链的金融应用价值、推进区块链在金融领域大规模应用，本章将在分析我国金融领域区块链应用落地情况的基础上，进一步剖析区块链的应用价值。

3.1.3 应用情况分析

1．应用场景分析

截至 2020 年 3 月，我国的国家互联网信息办公室官网上展示了两批《境内区块链信息服务备案清单》，清单中共有 506 个备案的区块链应用，即这些应用已经投入生产。在 506 个应用中有 66 个区块链金融应用，它们分别覆盖了存证、供应链金融、资产证券化（ABS）、贸易融资、资金资产管理、支付清算、数字身份、保险、证券交易共计 12 个类别。例如，中国工商银行推出的工银玺链区块链服务，银联国际有限公司推出的基于区块链的全球速汇资金追踪平台，上海保险交易所股份有限公司推出的基于保交链的企业区块链服务，等等。

图 3-1 展示了金融场景的区块链应用数量比较，其中资金资产管理场景的应用数量最多，其次是存证、供应链金融场景，它们的数量约占所有应用数量的 63%。由此可见，这 3 种场景最容易进行实际应用落地。反之，资产证券化、支付清算、证券交易场景则占比最小，其总和占比仅约为 9%。这也说明了资产证券化、支付清算、证券交易 3 种场景在区块链落地应用方面存在一定的难度。

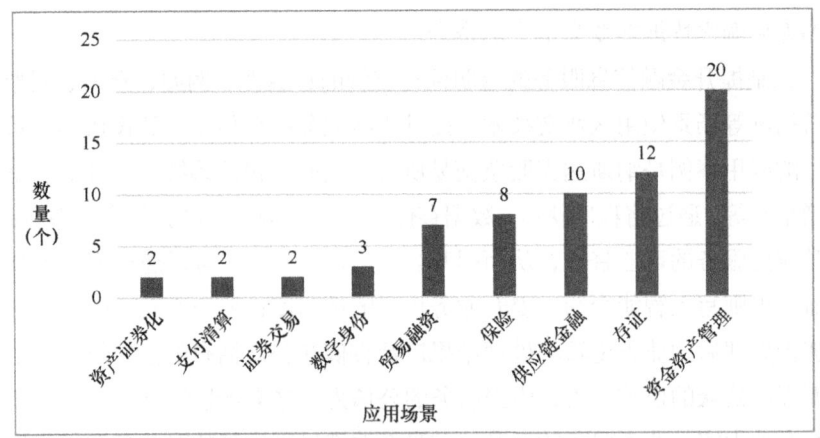

图 3-1　金融场景的区块链应用数量比较

图 3-1 仅从数量的维度反映了各个场景的应用情况，但并不能反映场景应用的广度，即一个场景究竟有多少省份在落地研发。图 3-2 则展示了不同金融场景的区块链应用对应的省份数量。可以看出，应用广度最大的 4 个场景是资金资产管理、贸易融资、存证和供应链金融。图 3-2 也显示了应用广度最小的 4 个场景，即资产证券化、交付清算、证券交易和数字身份，而这 4 个场景在图 3-1 所示的应用数量上也是最少的 4 个。这再次说明了这 4 个场景在区块链落地应用方面存在很大的难度。

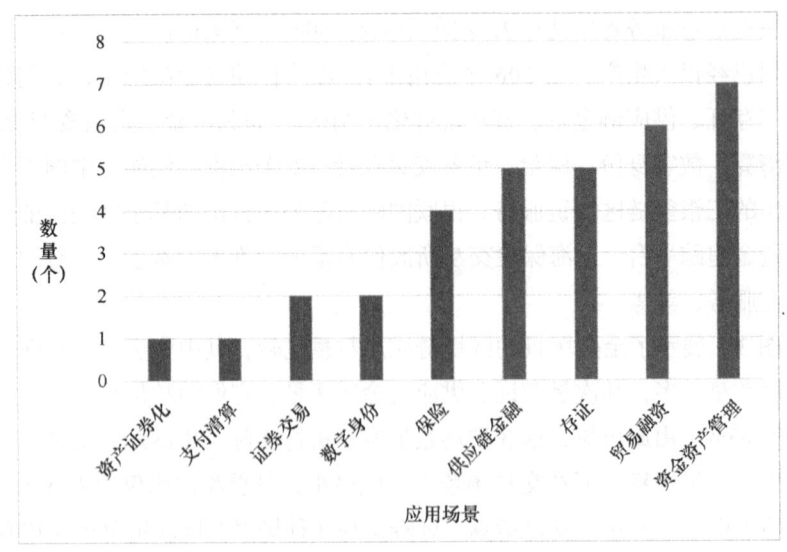

图 3-2　不同金融场景的区块链应用对应的省份数量

2. 应用地域分析

上节提到的 12 个应用场景主要集中在全国 12 个省份，如图 3-3 所示。其中，应用数量最多的前三名省份分别是北京、广东和上海，其数量总和约占金融应用总数的 71%，由此可见，区块链金融应用的分布是极不均衡的。从区域发展的角度来看，可以将上述 12 个省份划分为长三角地区（上海、江苏和浙江）、珠三角地区（广东）、京津冀地区（北京、天津、河北）和其他地区。其中，京津冀地区的区块链金融应用数量总和最多，也从侧面反映出京津冀地区的金融区域合作水平与金融模式创新能力较强。而其他地区的区块链应用数量很少，说明我国中西部地区的金融不活跃，金融创新能力相对很弱（见图 3-4）。

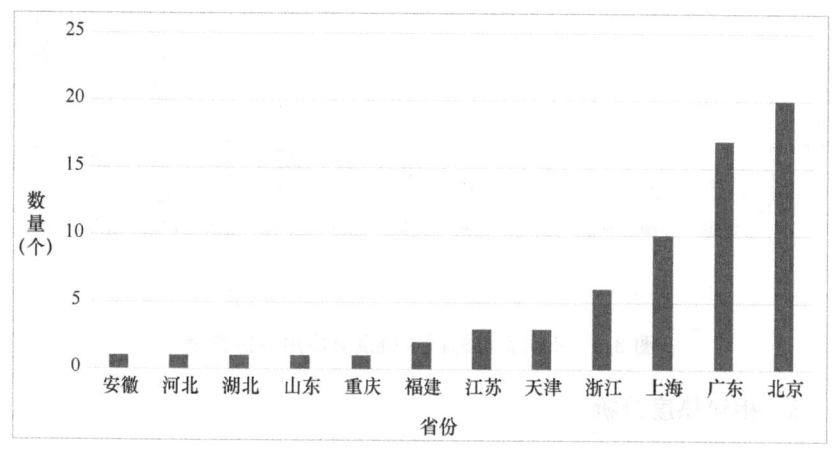

图 3-3　不同省份的区块链金融应用数量

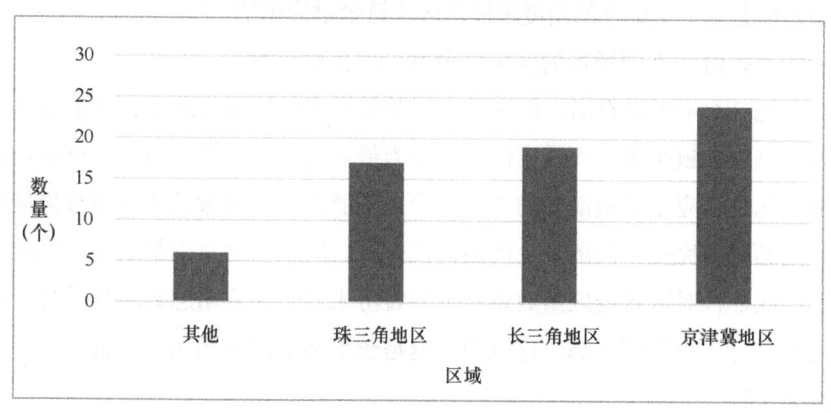

图 3-4　不同地理区域的区块链金融应用数量

图 3-3 和图 3-4 仅从数量上反映了区块链应用的情况，但是并没有反映出丰富性，因此图 3-5 展示了上述 12 个省份的区块链金融应用类别的数量。可以看出，北京、广东和上海的区块链金融应用类别数量最多，它们的类别数量占比为 57%。特别是北京占了 9 个类别中的 8 个。从上述分析可以得出结论，一般区块链应用数量较多的省份或区域，其类别数量也会较多，也就是说区块链金融应用的丰富性也很好。此外，也可以看出，我国东部地区的金融活力和区块链应用情况要远远好于西部地区，因此，西部地区也应该是未来区块链金融应用发展的重点。

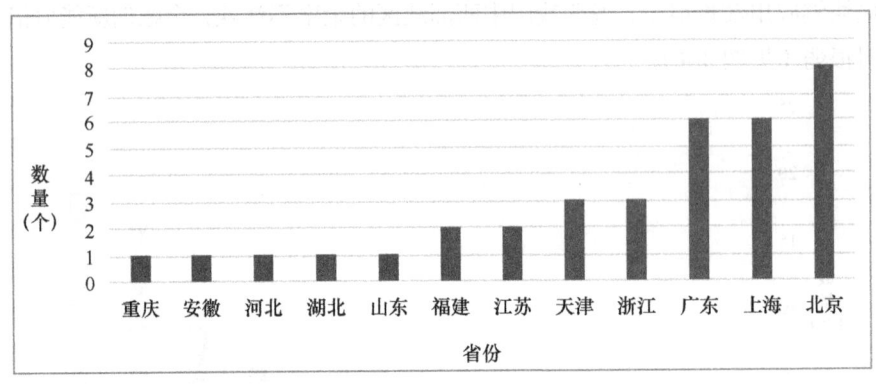

图 3-5　不同省份的区块链金融应用类别数量

3. 相对热度分析

前两节分别从应用场景和地域两个角度反映了区块链金融应用的情况，但是并没有从一个综合的角度来展示区块链金融应用的情况。因此，图 3-6 展示了各个省份和不同场景的区块链金融应用相对热度。

从图 3-6 中可以看出，区块链应用数量最多的地区为北京，它的最热应用场景是供应链金融。而供应链金融作为最热的应用，在广东的占有率是最大的。此外，应用数量最多的 3 个省份，其最关注应用领域即应用数量最多的应用领域是完全不同的。上海最关注保险，广东和北京则都最关注供应链金融。此外，对区块链应用数量较少的省份来说，在应用总数较小的几个应用场景中是零应用的状态。这说明，越是较难落地的应用场景，越是很少有地区去尝试。

第 3 章 区块链金融应用概述与分析

应用场景/省份	山东	河北	安徽	湖北	重庆	福建	江苏	天津	浙江	上海	广东	北京
资产证券化	0	0	0	0	0	0	0	0	0	1	0	1
支付清算	0	0	0	0	0	0	0	0	1	0	0	0
证券交易	0	0	0	0	0	0	0	1	0	1	0	0
数字身份	0	0	0	0	0	0	0	0	0	0	1	2
保险	0	0	0	0	0	0	0	0	4	2	1
供应链金融	1	0	0	0	0	1	0	0	0	0	4	3

图 3-6　各个省份和不同场景的区块链金融应用相对热度

3.2　区块链对金融应用的改变

区块链不仅仅是一种技术，更是一种合作理念、治理观念与商业价值观。区块链将会与人工智能、物联网、云计算、大数据等技术形成数字技术体系，将有助于构建新颖的金融价值体系，有效赋能更开放、更规范、更公平、更透明、更安全的数字金融。下面从认知方面、组织方面、管理方面和实施方面介绍区块链技术对金融应用的改变。

3.2.1　认知方面：区块链成为一种数字金融信任载体与渠道

2015 年，《经济学人》杂志将区块链称为"创造信任的机器"，因为区块链的共享账本能使人们在互不信任的环境、无第三方机构背书的情况下实现可信的协作。虽然这听起来并不那么具有创造性与革命性，其主要改变也仅仅像把软件的数据存储机构由一家机构变为多家机构那么简单，但区块链却具有改变多方合作方式的潜力，从而成为一种数字金融信任载体。

1．为什么区块链具有成为数字金融信任载体的能力

从技术层面，区块链的逻辑架构能够支撑多方参与的分布式网络中程序的可信执行，就像冯·诺伊曼设计的现代通用计算机的基础架构支撑一台单机程序的可信执行，实现了"貌离神合"分散式的统一效果。换句话说，只要上链的源数据是真实有效的，区块链技术能够在由多个计算机所构成的网络中，支撑链上数据的后续状态是可信任的，使独立分散的物理实体间可通过区块链获得业务开展所需的数据与服务，从而有助于缓解多方之间的不信任而开展高效协作。

具体而言，一方面是智能合约的透明执行，由于根据业务规则设计、部署在多个参与方节点的智能合约，其计算逻辑透明、执行过程标准，使得链上数据的处理过程具有可信性；另一方面是数据的难篡改性，通过时间戳验证、哈希加密算法、首尾相连的块链式数据结构、共识算法等技术应用，使得多方存储的链上数据具有极高的篡改成本与强一致性，提高了链上数据的可信程度。

在应用层面，利用区块链技术将物理世界中产生的信任，进行了可信的数字化转化，从而实现了影响力的无限延展，达到了降低信任成本、提升协作效率、加速经济交互信息高效流动的目的。具体而言，区块链模式与传统模式的对比如图 3-7 所示。

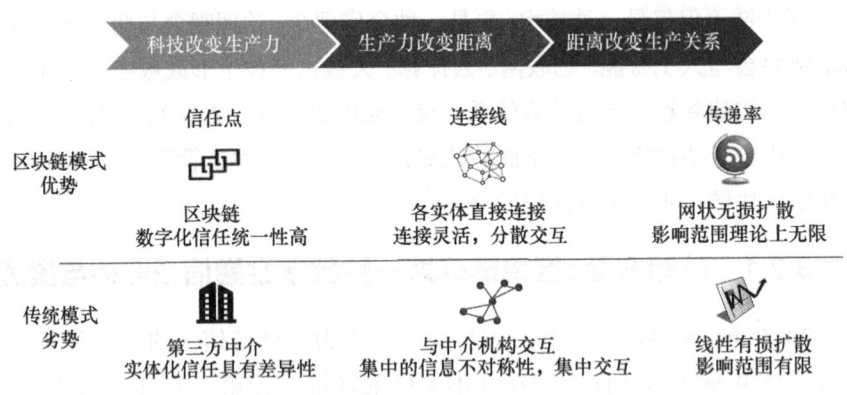

图 3-7　区块链模式与传统模式的对比

一是"信任点"的改变，达到了科技改变生产力的效果。通过商业合作与产业联盟，区块链能够将各参与主体在区块链中的交互，技术化呈现为难伪造、难篡改和易追溯的全流程多方位信息，由过去对单一来源机构所提供信息的完全信赖，转变为对多方维护的各方业务活动信息的凭证信赖，使信任更加有理有据。

二是"连接线"的改变，实现了生产力改变距离。将与第三方中介的信息转发连接，转变为各实体之间通过区块链技术实现直接连接，大幅扩大有效信任的触达范围。依托信任点的改变，各实体间可有效连接资金、交易、物流等多方面信息，提升原交易链条中末端中小微企业的信息可信性与可用性。

三是"传递率"的改变，实现了距离改变生产关系。区块链作为一种数字化技术的信任锚点,可帮助各参与方快速地构建信任关系,大幅降低了整个联盟生态的合作边际成本,将物理世界单个实体信任线性传递,转变为数字空间的多个实体的信任网状扩散,有效降低跨机构、跨市场、跨区域的业务合作门槛。

2. 为什么数字金融需要这种技术性的信任载体

利用区块链技术可以把大家对金融机构的无形信任,转化为易监督的有形数字信任,从而实现金融机构信任的数字化转型。当前,随着金融市场的开放、人民币国际化进程的加快,需要持续加强跨市场、跨部门、跨地域的金融合作,形成金融业的竞争合力,提高金融服务的效率,降低金融服务成本,增强金融风险防控能力。

在过去,传统技术无法非常出色地解决金融交易的信任问题,交易成本相对较高,交易效率相对较低。由于很多金融产品的交易需要根据国家制定的法律法规划分为不同的执行阶段,并委托不同的机构或组织各司其职地执行阶段性任务,才能维护金融市场秩序。在金融交易过程中,由于各机构彼此不信任,而且都独立管理各自的金融资产,因此需要与法律赋予中介职能的机构实行互动,以更新金融资产的状态数据,或与多方进行信息核实,以避免信息不对称而带来的交易风险。在这个过程中,交易流程与金融系统交互较为复杂,往往需要人工核验与信息交叉验证,提升了交易成本,降低了交易效率,如图3-8所示。

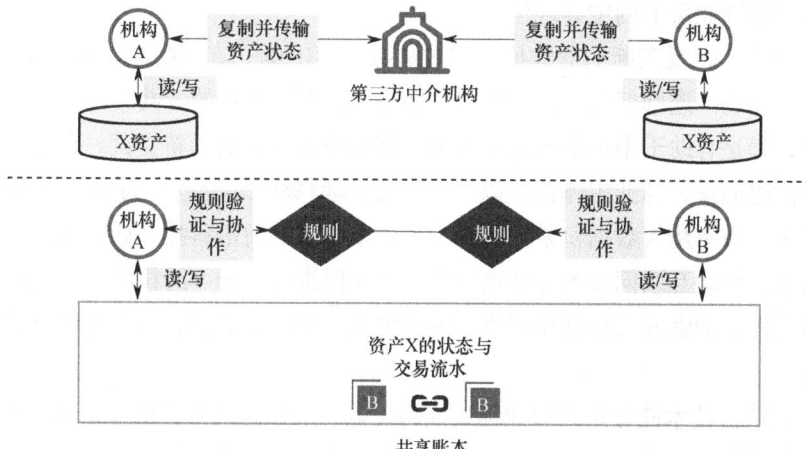

图3-8 区块链对第三方中介服务的改变

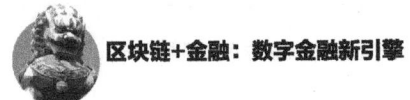
区块链+金融：数字金融新引擎

当下，随着区块链、物联网、人工智能等数字技术的诞生与发展，金融资产的交易可以实现数据流与价值流的"双流合一"。这使得金融交易不仅可以依赖制度安排的无形信任，还可以依赖数字化金融资产全生命周期的状态信息。各机构可以将区块链作为机构间互联互通的技术协议的一部分，从而可在保持金融资产所有权不变的情况下，根据业务规则在与相关方共享的账本中对金融资产进行状态更新。这种改变将缩减金融交易的中间环节，降低金融机构部与多系统的交互复杂性，减少人工核验和信息交叉的时间，从而降低交易成本，提升交易效率。正如曾任中国证券登记结算有限责任公司总经理的姚前在《基于区块链的新型金融市场基础设施》中指出的，"区块链打开了传统分布式系统的围墙，使金融服务变得更加自由开放，更有活力，而且它还基于可信技术，容错性强，更有韧性。"例如，基于区块链技术能够将中央证券存管、证券结算、支付系统融为一体，能基于智能合约、共识算法、加密算法等在开放的区块链系统中协作。

3.2.2 组织方面：区块链形成了促进中小微企业发展的生态联盟模式

从 15 世纪现代商业萌芽于意大利至今，数百年来的商业组织一直追求做大做强的集中式和垄断式商业模式。尽管第一部《反垄断法》已设立 100 多年，中小微企业也被各国政府普遍认为是提升经济增长、拉动社会就业、促进产品和服务创新的重要驱动力，但大型企业及其集中式的商业模式仍然始终占据商业价值的主导地位。

事实上，反垄断的商业模式在过去数十年中也一直在酝酿。无论是 20 世纪后期的"连锁经营"商业模式，还是 21 世纪兴起的"共享经济"商业模式，都是有助于中小企业破壁垄断、夹缝中求生存的创新尝试。在过去相当长的时间里，商业主体都是以"集中式管理+集中式经营"为主。自 2015 年以来，在海量大数据积累的基础上，越来越多的前沿科技，如区块链、人工智能、移动互联网技术等逐渐成熟，从而促进跨市场、跨机构、跨地域的商业合作，加强分工精细化程度，提高创新产品的敏捷性，重构价值链条的分配。

区块链技术使分布式商业模式成为可能。通过区块链中的非对称加密、隐私保护算法、共识机制、智能合约、点对点通信技术、分布式存储和安全多方计算技术等，可以让商业模式中的参与各方都享有对等的地位。企业与

第3章 区块链金融应用概述与分析

金融机构可构建相对平等互信的区块链网络，便捷、安全、点对点地共享数据，有助于精准务实地解决中小企业融资难、普惠金融服务难、金融消费者保护难等问题。可采用共享的分布式账本记录业务数据，避免数据被篡改、被伪造或产生一致性差异，还能实现全业务流程的可追溯、可审计；可通过智能合约功能实时、自动地生成相关文件，自动执行业务逻辑及商业契约等。由此，机构间的合作与连接变得更加简化，未来多个机构建立区块链网络共同开展业务甚至可能像现在建立"聊天群"一样高效便捷。这不仅降低了机构快速试错的成本，有效提升了系统的容错能力，也促进商业社会朝着可信化、透明化的方向深化发展，全面降低合作的操作风险、道德风险、信用风险、信息保护风险等。

此外，人工智能技术也推动商业社会朝着智能化、自动化的方向发展，促进商业中的智能协同合作。业务流程全面转向智能化之后，多方合作的规则与执行可交由算法实行自动化处理，从而提升商业合作的公平性与效率。例如，基于 AI 的联邦迁移学习技术就能够在有效保护各参与方数据隐私的基础上解决信息孤岛问题，促进商业中的各方协同合作，实现价值最大化。

移动互联网技术仍在持续推动商业社会朝着移动化、场景化方向发展，可让业务场景更加"无处不在、无时不在"。产品和服务可通过 SDK 或 API 等方式渗透至电商、出租车、租房等各行各业的 App 和生活场景中，无限贴近用户需求，发现或重塑客户关联，同时提高有效资源的周转效率和服务客户频次，实现客群、渠道、产品、交互及周转频次等多维度相互叠加的全面价值发掘，最终形成实现双方甚至多方共赢的下一代商业模式。

立足当下，紧紧围绕经济高质量发展与现代金融体系建设要求，通过将区块链、人工智能、移动互联网等数字技术与实体经济深度融合，才能激发数字经济的发展潜力，增强金融服务实体经济的能力。

3.2.3 管理方面：区块链提升广泛的数字化监督能力

区块链技术的显著优势是能够使应用的监督权、存储权、使用权3种权利精细化地分离，以支撑各参与方更加专业化的业务分工。如表 3-1 所示，对于监督权，区块链技术一方面能够通过把上链数据加密处理或哈希函数处理后，由多实体在本地存储。这样当上链信息异常变动时，相关方都能及时识别异常情况，从而有效监督链上数据。另一方面多实体部署并执行智能合约，可有效保证业务的规范性，监督业务执行过程。对于数据存储权，联盟链的应用可根据联盟治理规则，由一些授权机构存储所有区块链数据，而业务相关方则存储与自身相关的数据。在公有链应用中，任何希望存储应用数据的个人或机构都可以存储数据，实现了数据存储权的极大开放。而在传统的分布式或集中式应用中，往往只有此应用软件的运营管理机构拥有应用数据的存储权。

表 3-1　不同区块链形态与传统应用对比

	传统应用	私有链	联盟链	公有链
监督权	单实体	多实体	多实体	多实体
存储权	单实体	单实体	授权的多实体	多实体
使用权	多实体	多实体	多实体	多实体

通过监督权与存储权的开放，区块链技术不仅能将数据的所有权还给用户，更能广泛提升公众对"中心化"业务服务的信任，形成有效的业务协同与监督合力，从而提升金融服务水平。

例如，传统中心化业务应用程序主要面临难以自证清白的问题，即使业务主管方严格履职却难以打消公众对其"表里不一"的疑虑。主要原因包括两个方面，一方面，由于业务执行过程不透明，公众或相关方可以怀疑主管机构的业务执行结果。例如，在传统股东投票程序、选举程序、抽奖程序中，主管方难以自证已严格地执行其允诺的业务处理流程，参与方仍然可以质疑业务结果。另一方面，由于数据存储权与业务管理权完全集中于主管方，公众或相关方对历史业务的执行结果仍可怀疑。因为当主管方肆意修改数据时，相关方很难即时觉察伪造行为，即使发现数据有问题，也难以证明其伪造行为。

区块链技术可有效支撑中心化业务的自证清白，提升业务的公信力。一方面，可以将关键业务逻辑写入智能合约并部署在相关机构中，多方业务执行的一致性结果才是最终业务结果，从而保障业务执行过程的透明性和执行的规范性。另一方面，对于链上数据，相关方可以本地存储相关数据，无关机构可存储加密处理后的证据数据，从而实现数据的分散式监督。当主办方未经允许修改相关数据时，参与方既可以即时比对发现，也可以通过多方共同维护的区块链获得数据状态变更的所有记录，从而很方便地获取伪造证据。

第 3 章 区块链金融应用概述与分析

3.2.4 实施方面：区块链支撑赋能生态联盟的中台 2.0

在系统层面，相较于传统互联网金融应用程序或通过开放 API 实现的系统间互联互通，区块链技术带来的最大改变是实现了跨主体应用后端的相同业务逻辑与数据的共享，如图 3-9 所示。这种改变就像针对某类业务领域，搭建了一个包含业务共享、技术共享、数据共享的跨机构互联互通的"超级中台"。各方在这个"超级中台"的数据（链上数据）和业务处理程序（智能合约）通过互联网连接实现联通，根据联盟治理规范和共识算法实现数据与处理程序的强一致性。在保持各机构主营业务分工与职责不变的情况下，将分散的不同物理机构凝聚成逻辑统一的同一个组织，从而有助于优化整体业务流程、降低整体开发成本、提升整体风险防控能力。

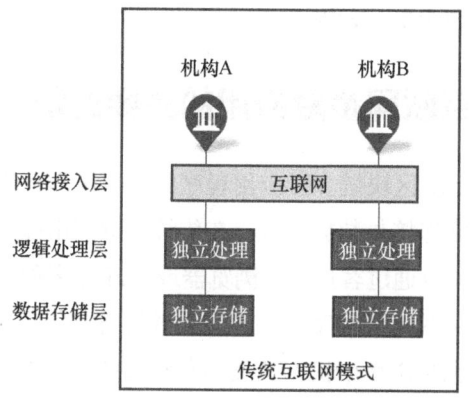 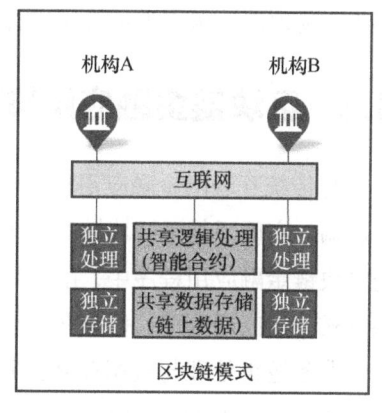

图 3-9 传统互联网模式与区块链模式对比

在整体业务流程方面，区块链深入打通了多个系统孤岛，通过可信的业务执行与数据，大幅提升信息确认效率、缩减信息核对过程，从而有效支撑优化整个业务流程。一方面，利用区块链的链式数据存储结构、数字签名、共识机制、加密算法与隐私保护等技术，使链上数据难篡改、业务操作难抵赖，大幅提升多方交互数据的可信度和数据的安全共享，为流程优化奠定基础。另一方面，针对相同的业务逻辑与基础服务，相关方在形成规范的业务规则的基础上，通过智能合约标准化、分布式地执行业务，大大提升了业务执行的透明度与自动化程度。

在整体开发成本方面，通过抽象、提取、构造可跨系统共享的智能合约、技术构件与工具，将最大限度地避免"重复造轮子"，降低整体开发成

本。同时，通过调用轻量级的服务实现组装式开发，将大幅降低应用开发难度、提升整体的开发效率，为即时抓住市场机遇、响应市场需求奠定技术基础。

在整体风险防控方面，区块链可提升事前防控规范性、扩大事中感知范围、提高事后审计效率。在事前阶段，区块链分布式的组织方式、共同存储业务逻辑与数据的系统运行特点，有利于监管机构的快速介入，既可满足信息审计与披露的要求，也有利于按需查询、分析特定业务数据。在事中阶段，既可以将监管要求写入智能合约强制执行，又可以通过同态加密、零知识证明等隐私保护技术实现各机构安全共享多维的风险数据，有助于实现即时的风险识别与预警，全面感知风险态势。在事后阶段，区块链采用时间戳来记录各种业务操作，并通过链式存储结构与多方存储方式保障了链上的数据难篡改、易追溯，极大地提高了审计的质量与效率。

3.3 区块链金融应用与互联网金融应用的主要区别

与传统互联网金融应用程序相比，区块链金融应用程序的主要区别在应用后端，实现了基于区块链的系统间连接与数据交互。在传统金融应用程序与区块链金融应用程序中，用户都可以通过客户端、浏览器或 API 等多种前端方式使用应用程序。但是在传统金融应用程序中，即使针对同类业务，其后端业务逻辑处理与数据存储服务也是由单个机构负责运营管理的，各方通过各系统对外提供的 API 实行交互。而区块链应用程序是由多方通过智能合约共同执行相同的业务逻辑，由多方通过共识算法将一致性的数据存储在共同的分类账本中，而不是管理各自的独立账本，如表 3-2 所示。

表 3-2　传统金融应用程序与区块链金融应用程序对比

	传统金融应用程序	区块链金融应用程序
前端接入	客户端、浏览器、API 等	客户端、浏览器、API 等
逻辑处理	单机构	多机构
数据存储	单机构	多机构

如图 3-10 所示，在传统金融应用系统程序中，机构需要通过 API 实现多方信息的交互，整体的开发成本高，交易效率低。以简化的证券交易为例，用户 A 以 10 元每股的价格购买了用户 B 持有的 100 股股票 X，证券交易平

第 3 章　区块链金融应用概述与分析

台、A 用户开设股票账户的证券公司、B 用户开设股票账户的证券公司这三方都需要在各自的系统中记录这一笔成交单的股票代码、每股单价、成交数量、成交金额、对手方情况等相关信息，并通过 API 集成的方式进行相互对账，以确保交易信息正确。在进行券款兑付时，结算公司、A 用户资金账户的银行机构与 B 用户资金账户的银行机构将在各自系统中记录交易对手方、金额、交易类型等相关信息，并通过 API 集成的方式进行交互确认。

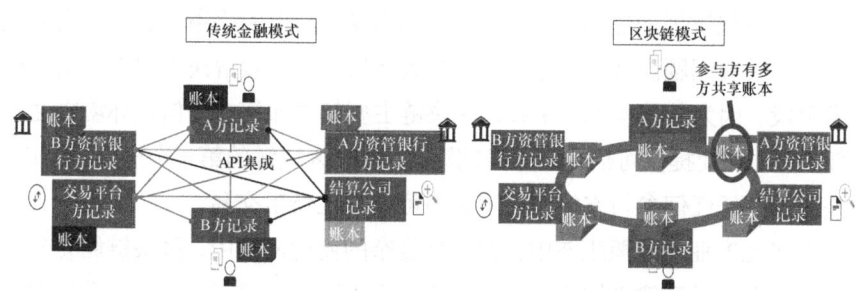

图 3-10　传统金融应用与区块链金融应用对比示意

而基于区块链技术的证券交易应用，可通过多方共享账本的方式实现交易信息的同步，减少了多次信息核对环节，大大降低了整体的开发成本，提升了交易效率。即当交易发生时，通过点对点数据传输方式，使交易的相关方几乎同步地将股票交易相关信息记录在共享账本上。需要说明的是，虽然称为共享账本，但这种共享账本可采用交易隔离、加密等隐私保护技术，保证只有交易相关方才能获知相关信息，依然保持交易信息的隐私性。在交易过程中，智能合约根据交易规则对账本中的信息与资产状态进行维护。

3.4　区块链金融应用理念

区块链的创新应用需要坚守求真务实的发展理念。笔者根据实践经验，总结了一些行之有效的区块链原则。

3.4.1　加强合作共赢的联盟生态建设

从金融行业信息化发展的历程来看，已进入平台化的产业生态发展阶段。从电子化到信息化和网络化，再到移动化和智慧化，单体金融机构已完成很多数字化工作。从继续发展的视角来看，金融机构需引入平台化的生态发展战略理念，以"升维"的视角打破传统垂直价值链条，形成产业闭环，才能发挥企业的网络规模效应，最终实现飞跃式增长。所谓"升维"是指打破认知局限，站在更高维度去思考商业发展趋势，从而选择更佳的发展路径，对其他竞争对手实现"降维打击"。例如，阿里巴巴除了淘宝、天猫电商之外，还同时打造了担保交易（支付宝）、社交产品（旺旺）和卖家培训（淘宝大学）3款产品，通过打破传统垂直价值链条，形成互利共赢的商品交易闭环。

在平台化发展的过程中，如何在大规模复杂商业网络中快速建立商业关系是一个关键问题。以区块链为代表的数字技术是有效解决上述难题的一种技术手段。因为从技术本质来看，区块链主要解决如何在弱信任环境中建立信任关系，从而提供可信的服务问题。例如，区块链的第一个应用比特币，就是在不信任任何参与方的情况下实现可信的比特币交易。

在多元产业的联盟生态中，尤其是复杂的商业网络中，区块链能充分发挥其低成本、灵活建立信任的技术优势。基于区块链善于改进"关系"的技术优势，区块链可以成为各方可信赖的获取数据和服务的技术代理，即"创造信任的机器"，从而使各方都能够在数字世界中建立起高效的点对点直通式业务协作，大幅降低业务交互的复杂性，降低业务合作的成本，如图3-11所示。这是因为区块链既能够将各参与主体提供的信息，技术化表达为难伪造、难篡改和易追溯的全流程、多方位信息，又可以形成可透明审计、程序化执行的智能合约，通过数据与逻辑执行两个方面，有效保证数字世界中链上信息的可信度，降低甚至消除各方对第三方中介背书的信息依赖，从而使链上信息成为新型的信任凭证。

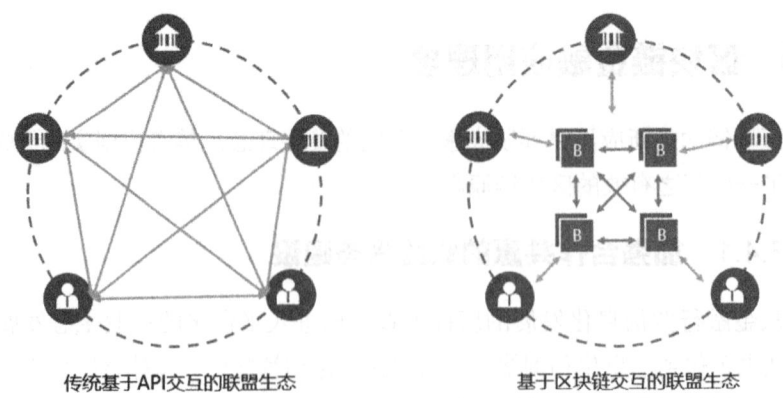

图3-11 传统互联网与区块链技术建立联盟生态对比

3.4.2 坚持技术中性应用原则

作为一种科学技术，区块链本身是中性的，其本身无所谓"好"与"坏"，只是不同的使用方式会产生不同的效果。例如，将区块链用在非法公开虚拟代币融资方面，向投资者筹集比特币、以太币等虚拟代币，在中国属于非法金融活动，严重扰乱经济金融秩序。而运用区块链技术发行资产证券化债券，能够将涉及基础资产的交易记录和风险变动情况向参与方进行更新和传播，大幅提升底层资产的透明度，提高全流程协同效率。

使用区块链技术应趋利避害。在区块链应用场景探索时，既不盲从市场舆论搞形象工程，也不轻视技术价值因噎废食，应冷静分析、客观对待，在充分认识区块链的技术本质、核心特征与适用范围的基础上，扬长避短地发挥技术优势，才能牢牢把握区块链金融创新应用的正确方向，才能充分发挥区块链技术在发展数字金融、服务实体经济等方面的技术优势。

区块链技术是一种善于处理大规模复杂商业网络问题的技术。区块链可作为多元数字商业生态中的"消息总线"与各方建立可信的通信方式，从而大幅降低各方之间的数据交互复杂性、缓解信息不对称性、优化业务流程等，在供应链金融、精准扶贫、跨境支付、资产证券化、场外市场交易等场景，具有巨大的应用潜力。但如果在完全信任的环境中，业务参与方只有两方或很少，或是业务追求很高的计算效率，那就不适合使用区块链技术。例如，证券市场的高性能撮合交易。

3.4.3 保障金融应用安全可靠

在区块链探索应用中，要把金融安全发展放到应用创新的首要位置。

一是构建安全评估体系。从数学原理角度，与密码算法深入融合的区块链技术是较为完美的。但从工程应用角度，它的安全性仍然受到基础硬件、基础软件、节点通信、系统开发、系统操作、智能合约、共识协议等多方面的制约。因此，在着手开展区块链金融应用时，需要根据区块链技术及其金融应用相关法规政策、标准规范的要求，围绕上述方面逐步建立完善的金融应用安全评估框架，并定期开展安全评估，以持续保障区块链金融应用的安全水平。

二是权衡隐私保护与开放共享的关系。虽然区块链技术有利于建立开放共享的商业生态联盟，但是并不意味着可以泄露隐私数据。事实上，在这种

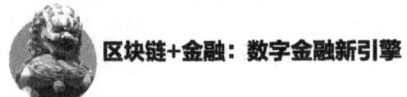

跨主体的生态联盟中，只有切实保护数据所有权在应用创新中不受侵害，才能达成商业合作。例如，如何保护隐私与数据所有权，明确哪些数据适合上链共享，采用什么样的共享形式，如何控制数据共享范围，在什么情况下有权访问数据等。另外，在实现隐私保护的同时，也应具有支持穿透式监管的能力。

三是强化风险态势感知。充分依托金融应用风险监测平台，提取风险特征信息，对区块链技术潜在的网络风险、数据风险、应用风险、信用与共识风险等实行穿透式监测分析和识别，准确评估风险影响范围、危害程度等。深入分析不同风险特征间的关联关系，通过排查及时发现风险趋势与潜在隐患，全面感知区块链技术金融应用安全态势。

3.4.4 辩证看待集中式与分散化

区块链技术常常被贴上"去中心化""去中介化"的特征标签，常被误解为无须监管，无须银行、保险公司、交易所等金融中介机构，消除业务主权与数据所有权，所有业务功能都需要写入智能合约以分布式执行，所有业务数据都需要全量地存储在区块链节点中，等等。事实上，区块链技术能够消除的是一些金融业务的中间环节，而不是中介机构。这些可以消除的中间环节往往是为了缓解信息不对称性、确保信息准确性、降低金融风险而设计的操作流程，如开立银行账户时的信息重复核实，证券化资产信息的重复验证、证券交易对手方的组合对账等。由于金融中介机构还会提供很多专业性的金融服务，而这些金融服务往往是在信息不对称性存在的情况下，金融从业人员根据其自身专业理解进行分析判断的，如理财、投资等。因此，区块链并不会取代这些金融机构。

相反，区块链是一种非常适合金融治理的技术，将会助力金融机构提供更优质的金融服务。区块链是一种可支持精细化、灵活组织的技术，业务主权集中与分散式处理并不是水火不相容的，而是可以通过应用设计实现有机的统一，不应"先入为主"地将制度层面的中心化管控与技术层面的分布式处理简单地对立起来。例如，为更好地实现精准扶贫资金的发放与运用，可由监管机构、政府部门制定资金发放、运用与监管规则，由平台运营机构形成智能合约并部署在区块链节点中，从而实现分布式、透明的精准扶贫与监管。

总体来说，应用区块链技术要实事求是，不要拘泥于乌托邦式的理想场

景。再以解决问题为出发点，不要认为只有"无政府""无中心"的应用才能发挥区块链的价值，否定任何有中心机构存在的应用场景。事实上，完全无中心的应用场景极为罕见，而且区块链技术只能解决数字世界中的数据可信问题。较为普遍的场景是由物理世界可信任的中心化机构来提供真实可信的源数据，利用区块链技术来保证此数据在数字世界的状态转变是可信任的，从而降低多方之间的协作成本，提高数字协同效率。

3.5 本章小结

本章首先从细分领域、地域和应用热度等方面分析了我国区块链金融的应用情况，其次进一步分析解答了常见的金融领域应用区块链的问题，如区块链能够解决什么样的金融问题，区块链将从哪些方面改变金融应用，区块链与互联网技术相比的显著区别是什么？最后，提出在金融领域使用区块链应保持的应用理念，以充分发挥区块链的技术优势与应用价值。

第4章
区块链+支付

4.1 支付业发展现状

4.1.1 基本概念与运行方式

支付系统是保障交易活动正常进行的资金传输管道，也是维持经济运行的系统性重要基础设施。商品经济时代货物的交易直接以物物交换的方式进行，支付清偿活动没有形成独立的发展模式。随着商品经济发展到货币经济时代，交易的频次和交易范围不断增加，多种支付形态的支付媒介相继出现。伴随着支付体系的建设与完善，支付媒介相继经历了商品货币、纸币、电子货币与数字货币等多个阶段。为满足经济活动中客户对于降低交易成本、提高交易效率和透明度的实际需求，支付系统不断建设和完善，经历了电子化、信息化和数字化的发展历程。

1. 支付过程

支付关系起源于买方和卖方的商品交易活动，支付过程即支付工具从买方向卖方转移，同时完成债权和债务关系清偿的过程。支付的具体过程包含支付发生、形成支付关系和支付完成3个步骤。支付过程的关键是商品交易中形成的债权和债务关系，需要通过支付资金进行清偿。形成支付关系后，债务方需要选取符合交易规则的支付工具和支付方式清偿债务，商品售出方确认支付后实行清偿债权。随着交易双方债务和债权关系的解除，一个完整的支付过程结束。

商品交易活动的不断发展促使形成了多方债务关系，涉及多方债务清偿

第 4 章　区块链+支付

的支付过程趋于复杂化，因此在经济系统中就出现了专营货币资金清结算服务的金融中介。银行等金融中介机构利用信息网络等技术手段，将现金支付方式转变为支付网络中账户间的划转，特别是随着第三方支付平台的迅速发展，支付工具也从单一的货币演变为信用卡、票据和电子货币等多种形式。

2. 支付工具

支付工具是资金清算、结算过程中使用的载体，在商品交易中是提高资金周转效率的保障。支付工具具体可以是授权传递支付信息的证件，也可以是支付发起方签署的资金凭证，这些证件或者凭证均需要符合所在管辖区的规定并被清结算机构所认可。

随着商业活动的发展，为满足商品交易中客户对于资金使用效率的需求，支付工具也在不断地顺应经济活动发展规律。支付方式相继经历了实物支付阶段、信用支付阶段和电子支付阶段。随着区块链技术的融合应用，未来将逐步进入数字支付阶段。实物支付工具主要是以贵金属商品为代表的一般等价物，信用支付工具主要以替代金属货币的价值符号为主，具体以票据类支付工具为代表。电子支付工具整合了移动支付和互联网支付等多种技术，主要依托于第三方支付平台，在我国比较有代表性的电子支付系统是支付宝和财付通。数字支付工具主要以加密算法、隐私保护技术、账本技术、数字钱包技术等数字技术为依托的新型支付方式，以法定数字货币为主要代表。

3. 支付系统

支付系统是将支付工具与支付终端和账户相连接的通道，由提供清结算服务的金融中介和传输信息流或资金流的网络共同组成。支付系统随着社会经济活动的发展不断建设完善，对于联系宏微观经济体和实现货币政策的有效传导均起到重要作用。现代支付系统以电子化、网络化技术为依托，利用一系列的软硬件基础设施，并配套健全的支付清算法规来实现经济系统中整个支付链条的顺利运转。

支付系统根据其关联对象可划分两层。上层系统为中央银行和金融机构之间的资金划转清算系统，这是支付系统的核心部分，关系着整个金融系统的流动性。下层系统为商业银行或者第三方支付平台与客户间的资金清结算系统，这是支付系统的基础部分。中央银行支付系统、金融市场交易系统和其他特许清算机构是我国支付系统的重要组成部分，与各机构支付业务有机融合才能实现社会经济层面的资金清结算操作。中国支付清算系统总体架构如图4-1所示，包括中央银行支付清算系统、金融市场交易系统和其他特许清算机构。

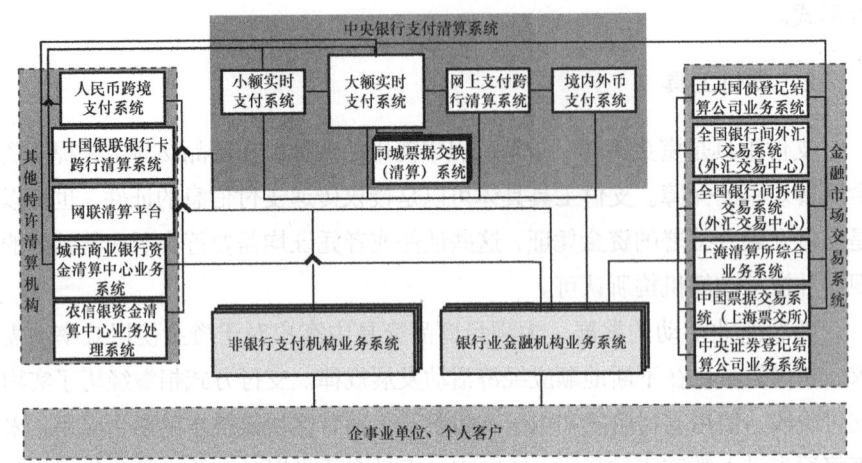

图4-1　中国支付清算系统总体架构

资料来源：中国人民银行支付结算司。

1）中央银行支付清算系统

中央银行支付清算系统主要包括大额实时支付系统、小额实时支付系统、网上支付跨行清算系统和境内外币支付系统，其中大小额实时支付系统是中央银行与各商业银行实行资金清算的枢纽，在支付系统中是核心支持模块。大额实时支付系统处理各项支付业务时采用逐笔实时方式全额清算资金，大额实时支付系统结算流程如图4-2所示。

小额实时支付系统通过轧差处理的方式处理多笔支付业务，采用净额清算资金，小额实时支付系统结算流程如图4-3所示。

2）金融市场交易系统

为有效支持金融市场交易系统中的资金支付业务，中央国债登记结算公司业务系统、全国银行间外汇交易系统、全国银行间拆借交易系统、上海清算所综合业务系统和中国票据交易系统分别通过接口与中国现代化支付系统数据处理中心相连接。其中，公开市场操作系统和中央债券簿记系统通过接口与中国现代化支付系统国家处理中心连接，处理债券或者回购交易中的资金结算。全国银行间外汇交易系统和全国银行间拆借交易系统则与中国现

第 4 章 区块链+支付

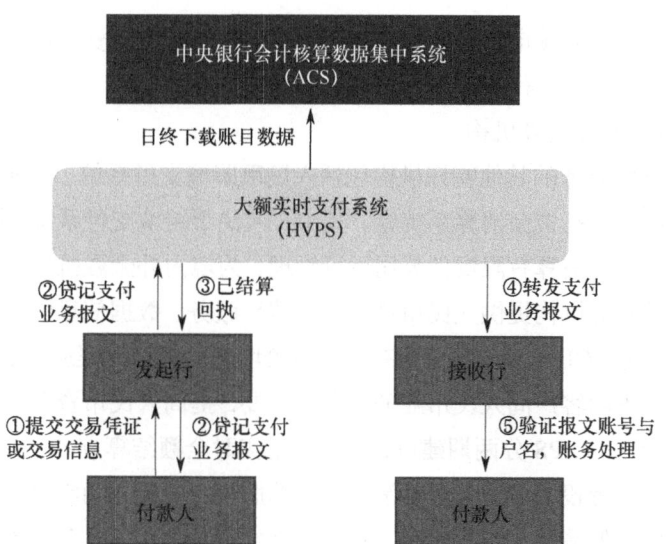

图 4-2 大额实时支付系统结算流程

资料来源:《中国人民银行办公厅关于修订支付系统相关管理制度的通知》附件 2:大额实时支付系统业务处理手续(2016);广发证券发展研究中心《DCEP 或有运行机制》。

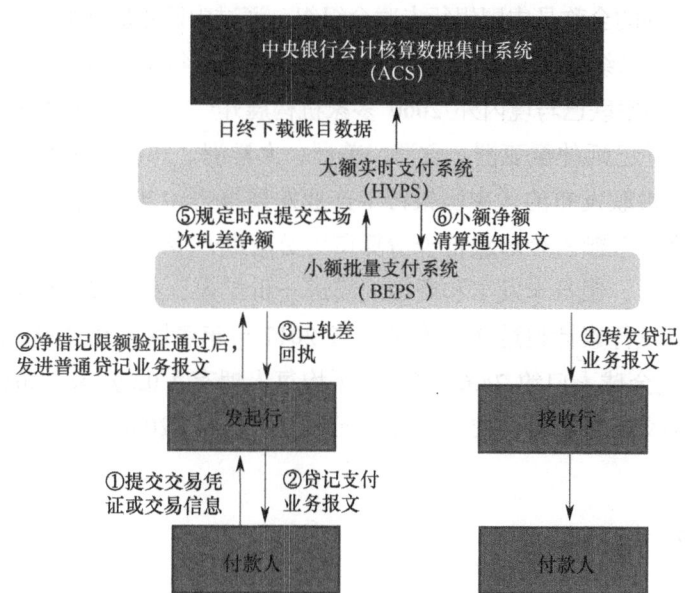

图 4-3 小额实时支付系统结算流程

资料来源:《中国人民银行办公厅关于修订支付系统相关管理制度的通知》附件 2:大额实时支付系统业务处理手续(2016);广发证券发展研究中心《DCEP 或有运行机制》。

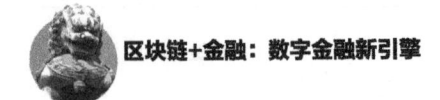

代化支付系统上海城市处理中心连接，处理外汇交易中的资金清算，同时对银行间的拆借业务进行清算。

3）其他特许清算机构

开展支付业务的其他特许机构包括人民币跨境支付系统、中国银联网联清算系统和城商行资金清算系统等。其中，人民币跨境支付系统（CIPS）由跨境银行间支付清算有限责任公司运行管理，为境内外金融机构和中国人民银行允许的其他机构提供人民币跨境支付清算服务、数据信息服务和投资人其他委托业务。CIPS 可以整合现有人民币跨境支付的结算渠道和资源，满足各主要时区不同客户间人民币业务的发展需要，提高人民币资金清算服务的效率和安全性。CIPS 分两期建设，一期采用实时全额结算方式，可以为跨境人民币贸易或者投融资业务提供清算、结算服务；二期采用混合结算方式，主要提高资金的清算、结算效率，为客户节约流动性。2019 年，人民币跨境支付系统处理业务 188.43 万笔，涉及金额 33.93 万亿元，同比分别增长 30.64%和 28.28%。截至 2020 年 2 月末，CIPS 共有参与者 941 家，其中直接参与者 33 家，间接参与者 908 家。

中国银联的全称是中国银行卡联合组织，通过中国银联网联清算系统，实现商业银行系统间的互联互通和资源共享，保证银行卡跨行、跨地区和跨境使用。中国银联已与境内外 2000 多家机构展开广泛合作，银联网络遍布中国城乡，并已延伸至亚洲、欧洲、美洲、大洋洲、非洲等 170 个国家和地区。中国银联发布的《中国银行卡产业发展报告（2019）》显示，银联网络转接交易金额占全球银行卡清算市场份额进一步提高，并继续保持全球第一。同时，银行卡发卡和受理规模进一步扩大，截至 2018 年年底，银联卡全球发行累计超过 75.9 亿张，较 2017 年年底增长 9 亿张，而截至 2018 年年底全球人口约 74.65 亿人，平均每人拥有 1.02 张卡。2018 年银联网络转接交易金额首次突破百万亿元大关，达到 120.4 万亿元，同比增长 28.1%。

4.1.2 运行特征

商品交易或者资金借贷活动会使得经济主体之间产生债权和债务关系，支付系统的主要作用就是清偿这种债务关系。在特定司法管辖区内，支付系统需要遵循公正、透明和标准客观的实施原则，具备符合市场经济的运行特征。

1. 支付安全性

支付系统中传输的信息指令或者资金流对于清偿经济活动中的债务关系起到关键作用，无论采用何种支付工具、支付方式，支付系统的安全性是维护整个社会经济资金脉络正常运行的基石。现金支付的安全性主要体现在货币交易过程中面临的欺诈、抢劫等行为，欺诈问题主要指支付中出现的假钞或者假冒身份等现象。网络支付的安全性具体包括支付数据安全性和传输指令安全性。首先，支付系统从应用层到技术底层各个环节都要确保数据的安全性。在应用层面存在支付额度的操作风险，包括多付或者少付资金的风险。在技术层面，要防范服务器的漏洞风险，确保安全访问，并避免受到网络攻击。传输指令安全性，主要指通过代理支付系统进行指令传输时，可能会面临指令被第三方系统限制、监听或者篡改等风险，因此确保传输指令的安全性就是要加强传输通道的独立通联性能。

2. 支付高效性

支付系统的高效性关系到我国经济金融能否健康发展，特别是数字经济蓬勃发展的时代，网络支付等新型支付方式对支付系统的效率提出了更高的要求。支付系统效率主要指资金从发起账户到接受账户的速度或者时间，或者体现在支付系统占用在途资金的规模。支付系统清算资金的速度越快，或者占用的在途资金越少，则表明支付效率越高。

3. 支付保障性

支付系统中的资金往往涉及跨交易平台或者跨司法管辖区，支付保障性则体现在资金支付结算的保证和承诺。随着新型网络支付工具的出现，不同的支付工具在支付系统中清结算时首先需要有健全的法规制度作为保障，当系统出现支付风险时也需要配套的赔偿措施。当涉及跨交易平台的转账支付时，需要考虑到不同支付系统的兼容性和保护条款，让使用者对清算规则、支付成本和支付进度有事先知情权。以跨境支付为例，由于国际主要货币的支付系统对某些国家或地区的限制支付或者监测的行为，使用方可能面临支付资金冻结的情况，这种不公平的条款就是支付系统缺乏保障性所致。

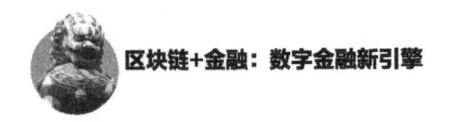

4.1.3 发展需求

1. 移动支付市场互联互通

2019 年 8 月，中国人民银行发布的《金融科技（FinTech） 发展规划（2019—2021 年）》提出，统一支付条形码的编码规则，消除不同支付服务商之间的服务壁垒，实现不同应用、支付服务商之间的条形码互认互通。这不仅减少了实体店商家与不同互联网应用服务商之间的沟通复杂度，也提升了消费者支付的便捷性，大幅改善消费体验。

2. 安全高效的跨境支付

基于代理行的跨境支付链条长，增加了与跨境支付相关的显性和隐性成本，降低了支付效率，许多国际组织纷纷开展跨境支付结算体系研究，解决当前外汇交易清算过程中的复杂性问题，以加快处理逐渐增加的外汇交易业务，促进跨国贸易发展。2009 年，世界银行成立了全球汇款工作组，以提高外汇市场的效率及降低成本。G20 在 2010 年启动了汇款发展行动，以优化当前的外汇清算系统，俄罗斯建立了自己的金融信息系统 SPFS，欧洲建立了 INSTEX 贸易结算系统。其中，INSTEX 可以绕过美元开展贸易结算服务，而这些钱是由本地进口商支付给出口商的，并可仅在本国国内流动。

3. 数字技术赋能便捷支付方式

通过生物特征识别技术、物联网、区块链技术实现自然、智能与渐变的支付方式。首先，用户识别技术改变。通过生物识别技术识别人们的指纹、虹膜、声纹、脸等生物特征，作为支付的电子身份标识，实现支付授权。其次，交易记录改变。通过物联网、电子栅栏等技术，准确记录交易发生的细节，实现物理世界与数字世界支付记录的一一映射。最后，交易支付改变。通过法定数字货币这种支付工具，结合区块链技术应用记账，最终实现点对点的安全交易结算。

4.1.4 行业痛点

1. 支付成本高、效率低

在现金、票据等实体支付方面，实物的印制发行、流通管理的成本较高，需要投入一定的人力与物力。在跨境支付方面，虽然在境内支付业务中，受益于电子支付技术的发展，银行与支付基础设施基本实现直连，支付效率已大幅度提高，基本可实现实时到账。但对于仍主要依托传统代理支付模式的跨境支付业务，由于需经过开户行、境外代理行、支付基础设施等更复杂的支付链条，支付环节中的各机构都有自己的账务系统，彼此之间需要建立代理关系，并且有授信额度；每笔交易需要在本银行记录，还要与交易对手方对账与清算等以保证交易记录的一致性，这导致传统跨境支付业务存在到账速度慢、信息不透明、成本较高等问题，如图4-4所示。

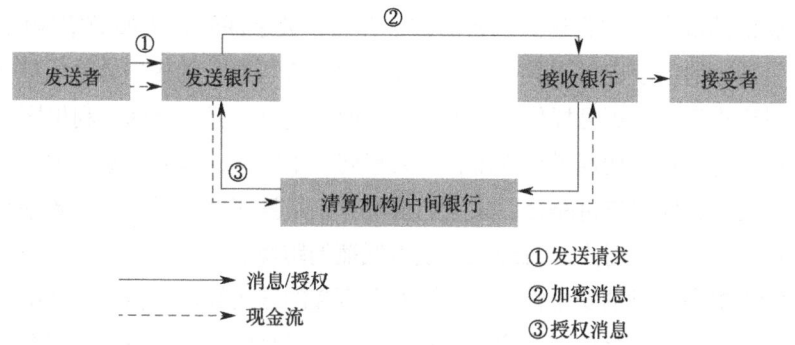

图4-4 传统银行间市场支付流程示意

2．支付安全风险高

一是对于现金、票据等支付工具，受制于纸质票据实物，存在易伪造、易污损、易损坏等问题，需要投入额外的人力与物力处理此类问题。二是在网络电子支付中，一些病毒程序如木马病毒，可能将用户的信用卡号和密码等身份数据盗用，从而导致个人用户的财产损失。三是现行的电子票据交易，主要依托于电子化商业汇票系统（ECDS，2017年从清算总中心移交切换至上海票据交易所），各接入机构采用前置机的方式接入，由于系统报文规则设置较旧等问题，仍有极少数利用报文漏洞的假票风险事件，因此存在一定的操作风险和道德风险。

3．监管难度大

一方面，对于具有匿名性的现金支付，以及网络电子支付，无法有效追踪资金流转的全生命周期过程，这对于监管部门和其他金融机构在反洗钱、

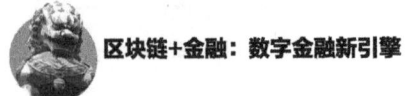

反恐怖融资和反逃漏税等方面带来巨大挑战；另一方面，政府及监管部门对于专项资金（如扶贫、教育、投资等）的发放、使用与管理的监管难度大、审计成本高，难以监控资金流向，无法保证专项资金精准地用到实处，难以实现穿透式监管。

4.2 区块链解决方案

（1）研发基于区块链的新一代支付工具及其应用系统。一方面，新一代数字支付工具的形态可以是标记明确归属实体的一串由特定密码学与共识算法验证的数字，并且这些加密的数字存储在数字保险箱（如数字钱包）、运行于特定的数字支付工具网络中，在流通环节与原有的账户体系松耦合，从而以更难篡改、更易操作、渠道更广的形式运行。另一方面，利用区块链技术使得各金融机构通过协作维护、共享同一本账本，有助于减少中介机构的信息转发，优化支付路径，大大加快清算、结算速度，提高交易效率及资金利用率，实现点对点、直通式、成本低廉的跨境支付。

（2）提高支付的安全性。一是以安全可控的国密算法为核心，在网络层面建立端到端的安全加密信道，在应用层面实现身份认证、报文数字签名和关键字段加密，并根据各类接入者情况，提供基于硬件密码设备或安全接入软件的不同级别的安全方案，保障支付报文在不同网络环境下传输的保密性和完整性。二是解决市场中的违规交易问题。采用区块链的分布式结构，可有效开展多方的数据共享，消除传统金融市场中的信息不对称性，增加交易透明度，降低全市场信息传递的成本。三是通过分布于全网的多个节点可实现实时全同步的账本数据记录和处理，相当于构建了一个多地多中心的灾备架构，可有效规避中心化处理方式下的"单点故障"。

（3）提供高效的监管服务。通过创建监管节点和实现看穿机制，为监管部门穿透式监管提供便利。一是通过共识协议、加密技术、分布式存储等技术，保证法定数字货币、数字票据的交易记录的难篡改性、易追踪性与高一致性，有效实现交易的全链条追踪，大幅提高反洗钱、反恐怖融资等工作效率。二是通过智能合约实现业务规则，以有效管理和约束市场参与者的行为，为市场监测模式探索新的实现方式；三是通过跨链技术将各应用联合在一起，有助于在各方不失数据所有权的情况下，实现数据的共享与业务的协作，联合防范金融风险。

4.3 区块链应用进展

4.3.1 应用概况

1. 国际应用研究进展

在国际金融市场中，一些央行和金融机构已经着手开展基于区块链的数字货币、支付结算工具的研究与应用探索，以期提升支付效率，尤其是在跨境支付领域，如表4-1所示。在跨境支付中，区块链技术的使用方法可以概括为如下两种，一种是以数字支付工具的形式，作为法定货币兑换的中间媒介，从而实现不同币种之间的快速兑换；另一种是将区块链作为不同机构之间支付指令、报文传输的渠道，实现多方之间的信息协同，大幅提升支付效率。

表4-1 国际基于区块链技术的支付领域应用研究

时间	机构名称	区块链应用研究
2016年4月	英国央行	英国央行联合伦敦大学进行受央行控制的加密法定货币实验项目Rscoin
2016年6月	加拿大央行	Japser项目利用区块链探索大额支付、清算、结算而发行的CAD Coin
2016年9月	欧洲央行	欧洲央行联合日本央行，启动开展基于区块链的跨境支付项目Stella
2017年3月	新加坡金管局	Ubin项目一阶段研究成果发布，研究如何将新加坡货币数字化，并将其数据存储在区块链平台
2017年11月	新加坡金管局	Ubin项目二阶段研究成果发布，探索如何基于区块链技术实现银行间支付转账，推进即时结算
2018年8月	新加坡金管局	Ubin项目三阶段研究成果发布，探索跨不同区块链平台实现两种数字资产的券款对付结算的计划
2018年11月	新加坡金管局	新加坡金管局与加拿大银行、英格兰银行联合发布了《跨境银行间支付和结算：数字化转型的新机遇》，研究基于区块链的银行间市场的大额支付
2019年2月	摩根大通	基于区块链技术的结算工具JPM Coin
2019年6月	瑞银集团	联合巴克莱、纳斯达克等数十家金融公司发行基于区块链技术的结算系统，以促进跨境交易
2019年6月	Facebook	发布数字支付工具Libra白皮书1.0，Libra的价值稳定取决于其锚定的一揽子短期国债和银行贷款
2020年4月	Facebook	发布数字支付工具Libra白皮书2.0，Libra的价值稳定也可以锚定单一币种，并增加支持监管合规的内容

资料来源：根据公开网络新闻报道收集汇总，截至2020年5月。

除传统的金融机构利用区块链技术解决支付领域的难题之外，科技巨头公司 Facebook 推出适用于全球中小客户的 Libra 受到了全球范围的关注。2019 年 6 月 18 日，美国科技巨头 Facebook 发布加密数字支付工具 Libra 白皮书 1.0，希望提供无国界、锚定一揽子主权货币、一种低波动性支付工具和一个智能合约平台，通过安全、可拓展的区块链平台，建设普惠金融和廉价资本的金融基础设施，并先由联盟链的形式逐步向公有链系统过度。然而，这种"超主权支付工具"的宏伟蓝图引起了美国金融监管部门、全球诸多国家政府的广泛关注，也由于缺少合规方面的设计，美国金融监管部门多次与 Facebook 高层展开对话。2020 年 4 月 16 日，Facebook 发布 Libra 白皮书 2.0，此版白皮书主要有 4 个方面的重大改变，一是增加了金融合规方面的设计，提升 Libra 的安全性，如建立反洗钱、反恐怖融资的措施；二是放弃未来向公有链发展的目标；三是增加锚定单一法定货币的稳定支付工具的设计，如对应美元的 LibraUSD，对应欧元的 LibraEUR，对应英镑的 LibraGBP 等；四是为 Libra 的资产储备建立强大的保护措施，如 100%风险准备金、限制协会对 Libra 准备金资产的使用、建立应急制度等。

2．国内金融机构对区块链技术的研究应用进展

我国央行、金融机构和金融科技公司在法定数字货币和基于区块链的支付领域也开展了大量研究，如表 4-2 所示。2017 年，区块链数字票据交易平台成功测试，法定数字货币也在该测试平台成功运行。该试点应用得到了国家层面的支持，2019 年 8 月发布的《中共中央国务院关于支持深圳建设中国特色社会主义先行示范区的意见》中提出，"支持深圳开展数字货币研究与移动支付等创新探索项目"。

表 4-2　国内基于区块链技术的支付领域应用研究

时间	机构名称	区块链应用研究
2016 年	中国人民银行	开展数字货币应用研究和发展规划，筹备数字货币研究所的成立
2017 年	中国人民银行	成功测试基于区块链技术的数字票据交易平台，2017 年 7 月正式成立数字货币研究所
2017 年	中国银行	上线基于区块链的电子钱包（Bocwallet）的 iOS 版本，该钱包地址由 32 位的数字+英文字母组成，用户可绑定个人在该行的银行卡号

（续表）

时间	机构名称	区块链应用研究
2017年	中国银联、中国银行	在国内商业银行业中，推出首个基于区块链的个人跨境汇款应用
2018年1月	上海票据交易所	数字票据交易平台实验性生产系统于2018年1月投产并成功运行
2018年6月	蚂蚁金服	首个基于区块链的电子钱包跨境汇款服务在香港上线
2018年9月	中国人民银行数字货币研究所	成功测试区块链贸易融资平台
2019年	中共中央和国务院	发布了支持深圳建设先行示范区并开展数字货币研究与移动支付等创新探索项目
2020年4月	金融监管局	法定数字货币在苏州试点
2020年5月	中国宝武、澳大利亚力拓集团	实现首单利用区块链技术的人民币跨境结算

资料来源：根据公开网络新闻报道收集汇总，截至2020年5月。

按照中国人民银行副行长范一飞关于我国法定数字货币 CBDC 运行框架的选择论述，我国法定数字货币将采用"中央银行-商业银行"的双层体系。不同于以往发布的区块链货币，CBDC 采用中心化或部分中心化技术，使用层级架构的联盟链，并允许监管节点参与到分布式账本中合作记账。目前，我国法定数字货币 CBDC 设计为 M0 范畴，为保证第二层机构不超发数字货币，代理发行机构需要向央行全额缴纳准备金。当前支付系统主要处理广义货币中的活期存款部分（M1-M0），数字货币便捷的支付结算速度将使存款（M2-M0）向现金（M0）转变更加迅速。为避免产生流动性风险，在特定条件下需要设置限制性措施，防止对存款产生挤出效应。

4.3.2 应用分析

区块链的技术特点如能有效应用于金融基础设施的支付体系建设，将在一定程度上解决市场分割问题。例如，应用于需要大量人工操作或需要多回合清算的资产（如支付体系、中央托管、证券结算、中央对手方和交易报告库等领域）将可能进一步提高业务处理效率。

SWIFT 报告分析了区块链技术和传统记账方式的差异性。一是区块链的分布式账本技术可以实现不同地点按顺序记录数据；二是开放式的数据共享模式支持不同参与者参加；三是区块链技术支持简单的单一关系，而不是多重关系，有助于改变分层的金融体系。

区块链技术具有开源、透明的特性，系统参与者都能充分了解系统的运行规则，利用区块链交易技术后，录入区块的交易数据不可撤销且能在短时间内被复制到每个数据块中，录入区块链的信息实际上产生了公示的效果，使得每个数据节点都能验证账本内容的真实性和完整性，保证了系统的可追责性，从而提高整个市场的透明度，对传统中心化的交易数据库功能起到一定的替代作用。

4.3.3 新兴数字支付模型

随着电子货币、法定数字货币（Central Bank Digital Currency，CBDC）和 Libra 的出现，新兴数字货币和加密支付工具存在着一定的区别与联系。为描述不同数字货币和支付工具间的差异，IMF 发布的《数字货币的兴起（2019）》通过构建树形结构图来区分数字货币与加密支付工具的类型、价值、信用背书和支付技术，货币树形结构图如图 4-5 所示。

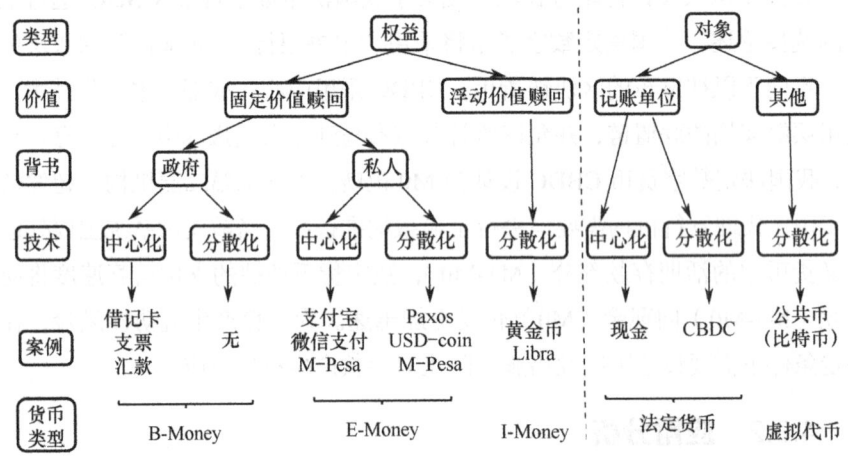

图 4-5　货币树形结构

资料来源：IMF Fintech Notes 发布的 The Rise of Digital Money。

第一层次：区分支付方式的第一个特征是支付类型，可以将数字货币与支付工具分为基于权益（Claim）和基于对象（Object）两种。基于权益的支付涉及账面价值的转移，即交易时资金从一个账户转移到另一个账户；基于对象的支付在交易时双方认为物品有效即成交（现金实物交易），不涉及信息交换。基于权益的支付方式简化了交易流程，但是需要复杂的金融基础设

第4章 区块链+支付

施网络作为支撑，要求付款人提供拥有权益的合法证明，且交易双方账户都要登记转让信息。

第二层次：区分支付方式的第二个特征是价值，依据货币赎回的债权是按固定价值还是浮动价值计价可将货币形式分为两类。固定价值权益类似债权工具，可以确保以某种计价单位按照预先设定好的面值赎回债务，具体应用包括 B-Money（如商业银行存款）、E-Money（如支付宝）；浮动价值权益类似于股权工具，即以市价支持的资产来赎回求偿权，具体应用是 I-Money（如 Libra）。

第三层次：第三种支付形式依据固定价值权益的赎回是公有机构背书还是私营机构背书来区分，即债权赎回是由政府背书还是依据发行人的商业行为和抵押资产进行赎回背书，两种背书的区别直接影响用户的信任程度和监管政策。

第四层次：第四种支付形式依据中心化还是分散化的清结算技术类型区分。

通过货币树呈现的 4 个层次的属性差异，可以区分出 5 类数字货币形式——B-Money、E-Money、I-Money、法定货币、虚拟代币，如表4-3所示。其中，B-Money 即银行现金存款或者商业票据，这种金融工具可以根据需求按面值赎回，如借记卡、电汇和支票。E-Money 即电子货币，作为固定价值的债权工具，它的赎回需要由企业信用并附加法定抵押资产背书，如支付宝和微信支付等。I-Money 与 E-Money 相似，区别在于提供了可变价值的赎回模式，类似于股权类工具对 I-Money 的背书，包括黄金、一揽子货币、投资组合等浮动资产，如基于黄金背书的瑞士数字黄金 DSG 和基于一揽子货币支持的 Libra。法定货币即各国央行发行流通的现金和法定数字货币。虚拟代币即非银行机构在区块链上创建并发行的虚拟支付工具，常见的有比特币、以太币。

表4-3 数字货币的形式及其属性概述

属性	B-Money	E-Money	I-Money	法定货币	虚拟代币
类型	权益	权益	权益	对象	对象
价值	固定值赎回	固定值赎回	可变值赎回	记账单位	其他
背书	政府	私募	N/A	政府	N/A
技术	中心化&区块链	中心化&区块链	区块链	中心化&区块链	区块链

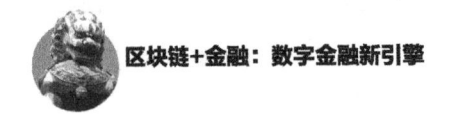

4.3.4 跨境支付区块链模型

为实现数字货币点对点支付结算的功能，一种解决方案是由传统的银行账户支付体系（Bank-Account-Based Payment）演变为基于未花费交易输出（Unspent Transaction Output，UTXO）模式。银行账户支付方式涉及不同类型的技术，包括直接银行转账、支票、信用卡、借记卡和手机移动支付程序。UTXO 模式通过链上数字资产直接转移进行，在分布式账本上可以做到交易即结算，数字货币的应用将促进形成新型跨境支付体系。SWIFT 的报文系统是电报电话时代的产物，数字经济时代需要构建与之相适应的新型国际支付清算系统。依据加拿大央行、英格兰银行和新加坡金管局联合发布的《银行间跨境支付与结算报告》，下述案例以国家间的跨境支付架构为例，分为三种模式介绍通用型数字货币 W-CBDCs 在银行间交易清算中的应用。考虑的应用场景是，两国存在中央银行 A 和 B 及多家商业银行（A1，B1，C1），A 国的商业银行 A1 作为发起行向 B 国的商业银行 B1 付款，B1 银行最终接收到货币 B。

模式 1 是各国央行发行基于批发的数字货币 WCBDC（Wholesale Central Bank Digital Currency）仅能在各国管辖区内流通。各国央行只提供本国货币计价的数字钱包，商业银行利用本国货币向央行购买 WCBDC 存放在数字钱包以用于银行间的支付。在图 4-6 中，A1 银行和 B1 银行都可以在 A 国保留 W-CBDC-A 钱包，在 B 国保留 W-CBDC-B 钱包。涉及银行间跨境支付时，将主要依赖代理行在各个国家开设的多个数字钱包。例如，银行 C1 分别在 A 国和 B 国拥有 W-CBDC-A 和 W-CBDC-B 钱包，并为 A1 和 B1 提供相应服务。当 A1 银行需要向 B1 银行开展跨境支付业务时，首先需要向 C1 银行支付 W-CBDC-A，中介银行 C1 在 B 国的数字钱包再向 B1 银行支付 W-CBDC-B，通过中介代理完成跨境支付。尽管使用了 WCBDC，代理行需要确保 W-CBDC 钱包有足够的资金来履行支付款项义务，中介代理过程中的信用风险与流动性风险仍然存在并将影响跨境支付的效率。

模式 2 与模式 1 类似，不同之处在于基于特定货币的 W-CBDC，可以在其本国司法管辖区之外传送和交换。模式 2 中 A 国和 B 国央行通过协商协议，允许两国参与银行相互持有和交换各自央行发行的 W-CBDC，即各国商业银行可以持有不同货币的 W-CBDC 钱包。在图 4-7 中，A1 银行将 WCBDC-A

和 W-CBDC-B 保存在一个或多个钱包中，以不同货币计价的 W-CBDC 可以通过专用数字货币交易所进行交易。以 A1 银行向 B1 银行跨境支付为例，既可以从 W-CBDC-A 钱包直接支付给 B1 银行，也可以兑换为 W-CBDC-B 支付给 B1 银行，B1 银行收到后再向 B 国央行兑换本国货币。W-CBDC 平台可以设计为 7×24 小时全天候交易模式，并可以与现有的 RTGS 平台并行，可以方便央行与商业银行之间以及跨管辖区的商业银行之间进行 W-CBDC 汇兑交易。因此，各国央行将需要同意为新平台设定明确的资格标准，包括对货币供应的控制、汇率风险敞口和 WCBDC 与储备之间的关系。

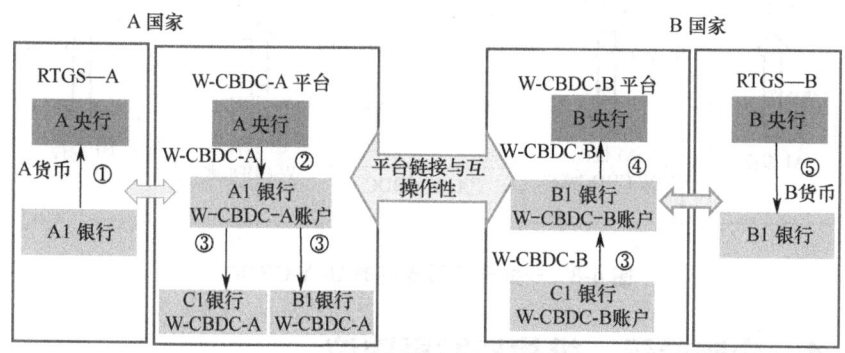

图 4-6 境内流通的 W-CBDC

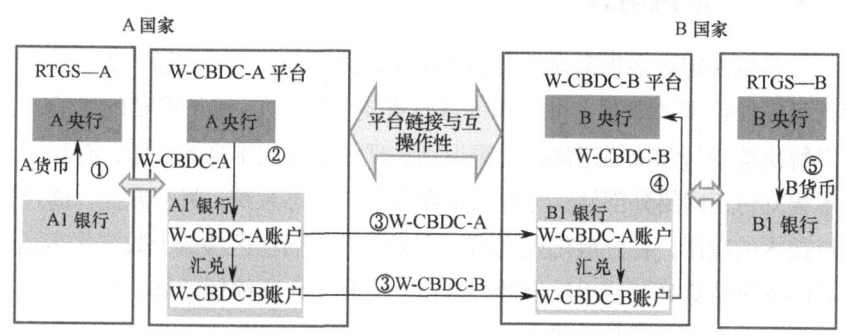

图 4-7 商业银行多个数字钱包的跨境支付案例

模式 3 建立在通用 UWCBDC 的基础上，它由参与国的一揽子货币支持，如图 4-8 所示。通用数字货币通过专门创建的交易所发行和赎回。各参与国央行可以用本国货币通过联合交易所进行 U-W-CBDC 交易，各国商业银行则向央行兑换 U-W-CBDC，并对客户出售的 U-W-CBDC 实行点对点跨境交易结算。这种跨境支付的优点是各商业银行不需要相互开立往账和来账，也不需要经过代理银行，极大地简化了跨境支付链条并降低了流动性成本。但是在交易 U-W-CBDC 的过程中，将在各国货币和 U-W-CBDC 之间产生一种汇率，为避免货币汇兑方面的争端，各国央行需要共同参与管理数字货币交易所内的货币交易等问题，因此基于数字货币交易的汇兑机制尚需审慎评估。

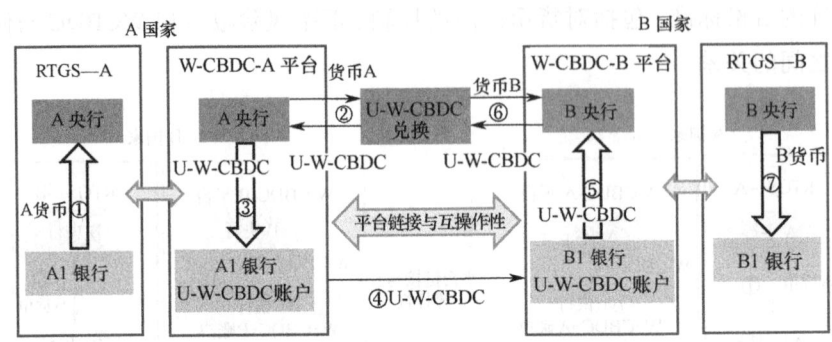

图 4-8　一揽子货币支持的 U-W-CBDC

4.4　应用前景、挑战与发展建议

4.4.1　应用前景

一是以法定数字货币为代表的创新支付结算方式。一方面，法定数字货币既可以保持现钞即时支付结算（点对点支付结算）、保护隐私的优势，又可以解决洗钱与漏税等违法行为难识别、现钞发行成本高等难题，有利于发挥零售支付正网络外部性，培育法定数字货币生态系统；另一方面，通过区块链技术的应用，在分散化程度高的金融资产（已在区块链上数字化表达）交易的支付结算环节使用法定数字货币，有利于大幅缩短结算周期，提升整个交易的效率，节约社会成本。

二是提高跨境支付效率。区块链技术在资金转移，尤其是跨境支付结算业务上的潜在优势格外突出。在跨国买卖方和收付款人之间建立直接交互、简化处理流程、实现实时结算、提高交易效率、降低业务成本，有助于推动跨境微支付等模式的发展。通过消除银行间独立记账、通信核实的成本，简化多余的中介流程，从而实现点对点的直通式支付。通过允许市场主体

第4章 区块链+支付

协作维护及共享同一个数据库中的资产信息，区块链技术有望移除当前市场基础设施中效率极低和成本高昂的部分，甚至有可能在未来代替传统的资本市场系统，变革公共与私营服务的实现方式，并通过广泛的应用来提高生产力。

三是为解决票据、纸币的伪造难题提供技术支撑。尽管所有国家都严厉打击伪造货币、伪造票据的行为，但依然很难完全消除伪造。将区块链技术运用于数字票据、数字货币等领域，在交易相关方之间建立共享账本，一方面形成难篡改、难伪造、易追溯的交易信息，另一方面通过数字签名、共识机制、跨链技术、智能合约等技术自动完成"账证相符、账账相符、账实相符"，使虚假交易无处遁形。

4.4.2 应用挑战

（1）计算效率不高。现代金融活动本质上是以信用为基石开展的，信用越高，效率越高。以支付业务为例，传统的支付结算中末端是以具备最高信用的央行提供的大额实时支付系统来完成最终的支付结算流程，提升支付效率。对于以区块链作为底层技术的分布式记账来说，因为没有单一结点可以信任，需要通过计算来换取信用。所以对于共享账簿的任何一个简单的操作均需要大量的计算参与进来。

（2）区块链支付标准不统一。全球目前已形成多个探索区块链与分布式记账技术，研发概念性产品的联盟组织，包括 R3 区块链金融联盟、Hyperledger 等，分别吸引了众多金融机构加入。各联盟间推动的开放性平台往往采用不同的技术标准建设，同时需要与目前市场尚未统一的各类应用标准如 ISO20022 等结合，推出的概念性产品不可避免地存在标准壁垒问题。例如，需进一步推动区块链应用首先解决从底层技术标准到应用标准的融合统一问题。

（3）对金融系统整体稳定性可能产生的冲击。区块链技术使得每笔交易都会形成一份分散式账单，因此交易双方也就不再需要依靠商业银行和央行对交易负责，从而使得传统的依靠银行而达成的支付业务受到影响。而当前，银行支付服务是其盈利来源的重要一环，主流银行余额 40%～50%的利润来自支付清算，区块链技术的推广必将使得银行支付业务利润受到侵蚀。银行系统作为中国金融系统中最重要的组成部分，其盈利若面临巨大冲击也必然会对整个金融系统的稳定性产生负面影响。

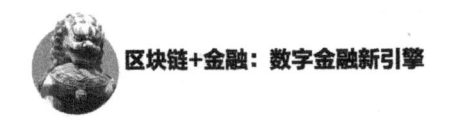

4.4.3 发展建议

1. 建立分布式数字身份认证

数字身份认证是基于区块链技术的支付应用关键环节之一，也是区块链技术大规模应用的一个重要条件。在区块链支付系统中，既需要保护用户隐私交易，也需要在发生信用风险时监管部门能够即时地追查到负责人，即实现"前台匿名，后台可控"。在这个过程中，可充分发挥区块链多方分布式存储的技术优势建立"分布式数字身份"，使得主体标识符与主体属性松耦合，从而实现用户主体享有身份信息的管理权，而应用方或联盟方并未拥有用户的身份信息。

2. 开展多领域的深度合作

基于不同标准的孤立的区块链技术会带来技术融合的挑战。很多研究报告中都指出全行业应该合作共同推进区块链技术的试验，重新架构核心流程和操作规范，以保证行业的标准化运行。国际金融市场基础设施运营商及部分商业机构可采用多种手段来开展合作。一是跨机构和行业的合作，区块链技术的试验需要金融市场基础设施的前台、后台及市场参与者的支持，这样才可以保证区块链技术实实在在地改变交易处理流程。二是与金融科技公司合作。金融市场基础设施机构可以向金融科技公司提供资本和市场运行专业知识等，而金融科技公司有现成的系统进行试验，不会影响机构的正常运行。

3. 提高区块链风险治理能力

在"监管沙盒"中，金融机构、金融科技企业可以测试其创新的金融产品、服务等，实现金融科技与风险管控同步进行。随着区块链生态网络的发展，目前各国沙盒机制已经不能满足大规模跨国跨领域的区块链产品测试需求，世界各国监管机构需要国际多边"监管沙盒"和区块链风险管理工具。我国监管机构可以依托中国人民银行数字货币研究所的研究成果，在"国际监管沙盒"和区块链风险管理工具等方面进行技术输出，在参与国际区块链治理的同时，提高本国区块链风险防控能力。

4.5　本章小结

区块链技术通过允许市场主体共同维护及分享同一个数据库中的资产信息，可实现分布式、直通式的支付交易流程，从而提高支付交易效率、降低支付交易成本、提升防伪效果，如跨境支付、数字票据。但是，区块链技术在带来无限可能的同时，也存在效率、监管和标准统一方面的难题，需在深入理解区块链技术适用性的基础上，再开展具体的业务应用探索。

第5章

区块链+银行

5.1 商业银行业发展现状

5.1.1 基本概念

银行的雏形——从事存贷业务的神庙早在公元前就已出现，公认现代型的银行则产生于文艺复兴时期的意大利，发展至今，现代银行的形态已经非常丰富，其中最典型的就是商业银行。根据《中华人民共和国商业银行法》的定义，"商业银行是指依照《中华人民共和国商业银行法》和《中华人民共和国公司法》设立的吸收公众存款、发放贷款、办理结算等业务的企业法人。"并且，《中华人民共和国商业银行法》中还规定了商业银行的业务经营范围，例如，包括负债类业务如吸收公众存款、办理国内外结算、发行金融债券、从事同业拆借；包括资产类业务如发放短期、中期和长期贷款，办理票据承兑与贴现，买卖外汇；以及包括中间业务如代理发行、代理兑付、承销政府债券、提供信用证服务及担保、代理收付款项及代理保险业务等。

5.1.2 运行特征

从以上定义和业务范围可以看出，商业银行最大的特殊性是可以合法地吸收公众存款并发放贷款，获取中间的利差收入。这也决定了商业银行资产负债结构的特殊性：资产是固定期限的债权，流动性较差；而负债则是流动性很强、可能随时被要求支付的债务，一旦出现挤兑现象或其他的营运危机，所危及的往往不只是单个银行，还会累及其他银行乃至整个银行体系，引发

系统性金融危机。因此，商业银行必须是特许设立，并由央行和银保监会等监管机构实施宏观审慎和微观审慎监管，在市场准入、经营范围、经营安全等多方面也都有较多约束，这是商业银行与其他企业的根本区别。

5.1.3 发展需求

2008年金融危机后，全球银行业的发展逐渐遇到瓶颈，大多数地区银行的利润率在下降，净息差下降和不良率上升同时存在。而除了宏观经济增速整体放缓拖累了业务增长、监管约束趋紧增大了资本压力、利率市场化压缩了利差空间外，来自互联网等数字技术大潮的冲击也是形成这种长期趋势的重要成因。金融科技公司、大型科技企业等以惊人的速度切入银行传统的消费金融、支付、财富管理等业务市场，以更低的服务价格、更便捷友好的服务体验、更丰富和标准化的产品服务选择在短短几年内赢得了大量客户。客户流失、存款流失、息差减少、中间业务收入减少、替代产品多样化，都严重挑战了银行的生存根基，尤其是中小银行的形势更为严峻。因此，银行机构要谋求自身发展，就急需实现自身的转型，具体而言，银行机构存在以下几点发展需求。

1. 发展金融科技，驱动"三升两降"

银行的创新转型要服务于提高经营绩效、实现经营目标。鉴于EVA（Economic Value Added）和RAROC（Risk-adjusted Return on Capital）这两项指标分别有效衡量了银行在风险管理中创造价值的规模和能力，是银行业很重要的两项经营指标，所以创新的路径应着眼于设法改善与之相关的各项数据，最终提高EVA和RAROC。例如，拆解EVA，在投资人的资本成本既定的情况下，必须提高营业收入，降低营业成本。而营业收入分为传统贷款的息差净收益和中间业务收入，提高收入的关键就是扩大客户规模、扩大利差水平，并持续增加中间业务收入；营业成本主要包含销售和管理费用及资产减值损失，必须降低这两项成本。类似地，拆解RAROC，除了提高税前利润外，减少违约概率、违约损失率所带来的预期损失也同样重要。由此可见，创新转型的着力点需放在扩大客户数量、提高利差水平和中间业务收入，降低销售和管理费用、资产减值和违约损失上。概括而言，银行业创新转型的方向就是实现"三升两降"——提升规模、体验和效率，降低成本和风险，即通过提升规模和客户体验以扩大客户数量、创造中间业务机会，通过提升

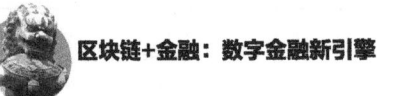

经营效率和降低成本以提高利差水平、减少销售和管理费用，通过降低风险以控制资产减值和违约损失。

"三升两降"为银行尤其是暂时发展落后的中小银行勾勒出创新转型的方向，而实现路径就是拥抱以人工智能、区块链、云计算、大数据、生物识别等新技术为代表的金融科技。第一，以金融科技导流，从而扩大规模，一方面可以移动 App、小程序、精准营销等新分销渠道增强自身黏住存量客户、捕捉新客户的能力；另一方面可以打造 B2B2C 或 B2B2B 的批量获客模式，通过打造开放式平台，将银行 API 或 SDK 嵌入各类场景端来扩大客户触达面，并通过场景端数据实现更为精准的转化。第二，以金融科技提升用户体验，充分应用人工智能、大数据等技术，能使银行随时随地、无缝流畅地服务客户，并提供个性化、定制化的服务，提高服务客户的能力。第三，以金融科技提升效率，通过更可靠、更高效、更有能力的技术来替代传统的人力和渠道，如采用线上精准获客、数字化渠道、OCR 自动处理文档、量化模型自动审批、智能运维等应用都能提高经营效率。第四，以金融科技改变成本结构进而降低成本，如除用机器替代人力外，对银行 IT 架构实行改造，拥抱云化和分布式架构，逐步改变对 IOE 架构的依赖，变得轻量级、高容错、强扩展性、自主可控，并在此之上支撑模块化、轻量级设计的应用服务。第五，以金融科技防控风险，如通过深入和大规模的数据搜集和分析，充分洞悉客户的特征，调整产品和价格，或实现定制化的贷前快速准入和贷中贷后全流程风控及监控等功能，做好风险管理。

2. 打造敏捷组织，实现快速创新

部分银行已经具有金融科技技术较为扎实的 IT 团队和一线经验丰富的营销团队，能够自主开发应用一些金融科技创新项目。但要通过金融科技推进创新转型，银行还需要能驾驭技术应用和产品迭代、响应需求多样性的组织机制，形成既能保持业务稳定、高效运转，又具有很强的适应性和灵活性的敏捷组织。

在发展需求方面，一方面，可以从组织结构、管理机制、组织文化、组织机制 4 个方面入手对现有组织进行敏捷化改造。在组织结构上，可视项目情况构建扁平化管理、分布式的网状组织，让员工便于跨部门组成灵活项目组，项目结束后再视情况调整该团队，保持结构的灵活性。在管理机制上，管理层定位则要由"管控式"向"服务式"领导模式转变，下放决策权。在

组织文化上，要鼓励员工自下而上的创新，包容试错，通过小步快跑不断总结调整。在组织机制上，建立配套的考核与激励措施，鼓励员工主动提出并执行有价值、有创意的举措。

另一方面，可以拓宽思路，设立金融科技子公司、直销银行和创新实验室等新型组织。这些子组织具有相对灵活、高效的治理结构和经营模式，与母行风险隔离，能承担银行探索新型技术和业务的使命。例如，金融科技子公司既可以对内服务母行，推动母行的科技转型和数字化发展，又能够将母行所积累的技术、业务、资源、经验等对外输出积累。另外，需要指出的是，直销银行绝不是简单的运营直销银行 App，而是全新的思维和运营模式，是母行向数字化、零售化转型，融入客户生产生活场景的重要载体。

3. 拥抱开放银行，场景无处不在

从银行业竞争的本质分析，不难发现，传统业务同质化竞争现象严重，且越来越多的非银行甚至非金融机构跨界切入银行传统的支付和贷款业务，银行"闭关自守"边界将越来越难。此外，银行业务越发碎片化、移动化、即时化、场景化，银行品牌逐渐隐形到支付公司、商户、平台公司背后。为此，对于资源和品牌有限的商业银行机构而言，一个发展需求是拥抱开放银行，跳出行业边界，找准定位，明确优势，将自身的资源和能力嵌入一个合适的生态系统中，与其他产业和企业实现共赢。

具体而言，第一，需要与具备金融应用经验的科技公司和业内领先机构合作，采纳新兴技术，帮助自己加快整体系统或局部业务应用的升级迭代，推进创新。第二，需要通过开放 API 和 SDK、参与开源框架等形式输出有价值的数据和技术能力，加入其他机构搭建的生态系统中，成为特色伙伴、特色平台。第三，需要与外界机构联合构建适用于探索性业务、专门性业务的新机构，如创新实验室等。第四，需要与专业机构联合设立金融科技孵化器、加速器，从而高强度地孵化创业公司，服务于银行需求。这样既可以提升金融机构的敏捷度和试错力，降低创新风险，避免陷入"创新者窘境"；又能结合自身情况，有针对性、定制化地扶持适合自身的创新创业项目，避免同质化竞争。

可以看到，商业银行在近几年来逐步加强了关于金融科技、数字化转型、互联网银行、智能金融、数字普惠金融、开放银行、敏捷组织等创新理念和实践的探索，这也体现了行业内在的发展需求正在走进现实。

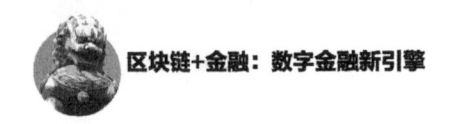

5.1.4 行业痛点

尽管未来的发展趋势和目标已然清晰,但实现之路从来不易。银行业的从业者经常发出感慨:想努力打造金融科技的数字化经营能力,却发现技术基础设施的"筋脉"还不通畅;想让组织更加敏捷轻盈,却发现文化不够开放而让转型步履维艰;想跟随客户走入开放银行的新生态场景,却发现自己对场景非常陌生。具体而言,往往存在以下发展痛点。

1. 对金融科技的风险治理能力欠缺

金融科技的本质是以科技技术赋能金融业务,技术提高了业务的效率、扩大了业务规模,这容易使流动性风险、信用风险、操作风险等传导速度加快,从而加大风险识别、防范和处置难度。

同时,大数据作为金融科技的核心资源,成为各机构竞争获取的目标。但部分机构的个人信息数据保护能力不足,泄露风险高度集中,个人信息容易被滥用,引发隐私保护风险。

此外,各机构的金融科技应用能力参差不齐,其信息安全的防控水平差异也较大,由于很多金融科技产品安装在移动智能终端,还容易出现病毒木马入侵、用户密码被破解、诈骗及恶意营销、窃取转移用户资金等信息安全风险。

针对这些风险,除需要相应的法律法规、风险评估应急体系、内控管理制度等之外,如何"以子之矛攻子之盾"更是关键,即运用科技工具形成监管科技解决方案,以应对金融科技的风险。监管科技作为实现穿透式监管技术的有力支撑,如果应用得当,也可提升合规效率,降低成本,提高监管的规范性和风险监测识别能力。

2. 金字塔型管理架构或不能适应"敏捷银行"要求

目前来看,大部分银行的组织架构都是自上而下的金字塔型,难以实现敏捷组织的架构转变。原因之一,银行原有科技部门主要支持中前台业务,缺乏足够的精力和能力来从事金融科技创新工作,且人员编制受限、激励模式单一;原因之二,银行往往内部层级臃肿且难以打破部门间的管理孤岛,业务上产品研发流程繁冗且缺乏协同,信息流通效率低下,部门间信息交流和数据打通较难;原因之三,成本和合规压力使得创新业务开展较为谨慎。这些因素使得研发应用金融科技的组织包袱较为沉重。针对这个痛点,或可积极探索学习科技企业的管理方法，转为扁平化的管理架构，在开展创新产品时，采用由包括产品经理、技术经理、风险经理等职能组成的敏捷团队开发模式，共同保证快速开发和交付业务解决方案。

3. "开放银行"场景中与合作伙伴缺乏连接效率、存在连接风险

银行机构探索开放银行之路并非总是一帆风顺，作为新型的商业模式，其面临着信息安全、合作伙伴连接、业务连续性、数据隐私保护、组织文化适配性、行业标准化等方面的挑战和痛点。

第一，信息安全的木桶效应。传统模式中银行系统是个闭环，银行只需保障自身的信息安全及风险防控能力。然而，开放银行促使银行与诸多合作伙伴建立连接，风险易在信息安全技术及风险防控能力较弱的节点暴露，安全挑战随之而来。

第二，合作伙伴的连接效率。在开放银行的模式中，银行与合作伙伴共同为用户创造价值，合作伙伴的连接效率成为开放银行运行效率的关键。当银行合作伙伴数量增多时，合作的实施进度难免因企业文化和技术水平上的差异而滞后，影响合作的效率。

第三，业务连续性风险。银行在与合作伙伴联合开展业务时，各环节的推进及最终的成果都依赖于双方的共同协作。因此，当合作方经营出现问题或因故终止业务合作时，容易引发业务连续性风险，不仅影响银行整体的业务发展，还可能因业务终止损害消费者的利益。

第四，数据的隐私保护。数据共享是开放银行运作的基础，也是其价值所在。银行的数据相较于其他行业来说更加敏感，因此在隐私保护方面需要实施更严格的要求。

5.2 区块链解决方案

由于区块链技术具备安全可信、简化流程、提高效率、降低成本与风险等优点，针对以上银行业发展的三大痛点，基于区块链的技术方案可以发挥以下几点优势，重构银行业现有的技术和应用体系。

5.2.1 优化银行业 IT 基础设施

首先，区块链具备分布式架构的特点，区块链节点可分布在不同的机房

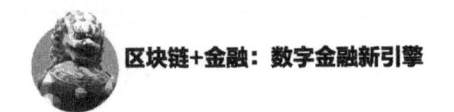

或地域，共同维护网络和数据，具有较高的网络互通能力和数据冗余度，可达到"多地多中心"的金融系统等级的安全性要求。

区块链技术强调引入密码学的应用，因此，数据在网络上传输、在节点上存储都由密码学保护，避免出现信息泄露。此外，在资产管理上，采用公私钥体系对资产的归属权实行控制，所有对资产的操作都会留下数字签名，在非匿名的联盟链上，可起到确权和追溯的作用。

区块链以共识机制为核心，这是保障多方协作关系的核心模块，不同的参与者作为链上节点组建区块链网络后，共识机制可确保其达成信任关系。此外，共识机制可以进行多重验证和反复博弈，鉴别少量恶意节点，对其实行排除和惩戒，保障诚实记账的参与者的应得利益。

区块链的智能合约模块可以使得银行等机构在区块链上定义公开、透明的商业协作关系，并确保快速达成共识，这有助于数字资产管理等功能的实现。

区块链独特的技术特性为银行业进行创新业务探索提供了良好的基础。例如，对商业银行而言，可在KYC、反洗钱、联合风控等方面与同业建立协作关系，降低风险和避免重复建设；在账务管理方面，可减少清结算流程的时间和计算开销，提高中后台运营效率，提升流程自动化程度与降低经营成本；在诸如跨境金融的同业合作场景中，不同地区的金融机构通过区块链建立分布式账本，可以克服因法律、政策、监管等不同所造成的不便，从而提升效率、降低摩擦成本。

从与监管科技的配合来看，通过预留监管节点接口，区块链可以为监管机构提供完整、全局一致、易于审计的数据，通过对机构间区块链的数据分析，能够比传统审计流程更快、更精确地监管金融业务。例如，在反洗钱场景中，每个账号的余额和交易记录都是可追踪且不可否认的，任意一笔交易的任何一个环节都不会脱离监管的视线，这将极大地加强反洗钱的力度。而且监管机构可以向区块链网络发出监管指令，基于区块链全网共识的特性，可起到一点接入全网生效的效果。

5.2.2 实现自下而上的治理机制

区块链作为一种分布式技术，其共识机制、激励机制、智能合约等模块有助于推动银行业在具体业务或产品的创新过程中，实现自下而上的治理机制。

通过区块链激励机制的设计，可以调动更大范围的协作，激发个体自主创造的积极性。区块链技术的完全可追溯特性可以使得群体行为变得信息透明，信任的建立和权责的划分更加便捷。

5.2.3 促进数据互联互通

针对开放银行场景中银行与合作伙伴的连接效率过低问题，部分区块链平台可以实现群组架构快速建链等特性，使企业间建立多方协作的商业关系像建群聊天一样灵活轻松，有助于银行机构提高与合作伙伴的连接效率，快速地丰富业务场景和扩大业务规模，而系统的运维复杂度和管理成本也将线性下降。

开放银行场景中不可避免地需要实现跨行业、跨企业的数据互联互通，而通过区块链技术的数字身份管理模块，搭建可信的数据传输与交换系统，可助力银行在保护个人数据隐私且获得用户授权认可的前提下，完成数据的互联共享。

5.3 区块链应用进展

5.3.1 应用概况

银行是区块链最早的应用领域之一，国内外诸多银行业机构约从2014年即已开始布局，投入的方式包括底层技术研究和平台构建、基于区块链的应用构建和生产验证、行业技术和应用标准制定，以及对区块链领域的投资等。经过行业参与者几年的努力，目前国内外均出现了可用于生产环境的区块链+银行解决方案。

各银行在区块链应用方面，所面向的创新应用场景覆盖面很广，以具体的银行为例，多个国有商业银行、股份制商业银行、地方性商业银行、民营银行等上线的应用探索如表5-1所示（按落地时间排序）。

表5-1　银行的区块链技术应用探索

银行名称	区块链应用	应用探索时间	突出成果描述
微众银行	开放开源的区块链底层平台FISCO BCOS；上线机构对账平台、仲裁链、区块链供应链金服平台、区块链物管、分布式身份标识管理及可信数据交换等应用	2016—2019年	底层平台已有数百家企业使用；机构间对账平台累计真实交易数据8000多万笔；仲裁链累计存证量超过10亿条

（续表）

银行名称	区块链应用	应用探索时间	突出成果描述
平安银行	黑名单共享、供应链金融、小微企业贷款平台、资产平台、区块链破产清算等	2017—2019年	覆盖交易额超过12万亿元
招商银行	区块链跨境清算平台、区块链跨境支付业务、区块链产业互联网协同平台等	2017—2019年	区块链产业互联网协同平台已存证供销资料超过29.3万个，发起融资申请290余笔，累计融资金额5.36亿元
中国银行	贸易金融、公益、跨境金融、票据等	2017—2019年	区块链抵押贷款估值平台已处理超过2500个物业估价案例
中国建设银行	区块链信用证、福费廷交易平台、区块链贸易金融平台等	2018—2019年	福费廷交易平台累计交易金额逾2000亿元，区块链国际保理应用累计交易金额逾千万元
中国邮政储蓄银行	福费廷交易平台	2018—2019年	完成基于区块链的二级市场福费廷跨行交易500多亿元
宁波银行	跨境金融	2020年	出口融资交易超过5000笔，金额约5.6亿美元，融资企业近460家

资料来源：根据公开网络新闻报道收集汇总，截至2020年4月。

5.3.2 应用分析

从现有银行的区块链应用本质来看，主要是将区块链技术作为一种新型的IT基础设施来优化原有的应用场景。在应用场景方面，由于我国金融业是混业经营，因此存在大量的银银合作、银证合作、银保合作、银信合作、银期合作等跨行业场景，这与区块链本身适合多方合作的优势相吻合，因此大量的落地应用都与这类场景相关。在后续章节中，我们将重点挑选区块链对账、区块链信息共享、区块链监管科技等几个场景进行详细介绍。

此外，国内也有少数银行不局限于探索区块链应用，更在区块链的底层技术层面耕耘，研发自主可控的核心技术，并取得了大量的专利，与全球科技巨头并肩齐驱展开竞争。全球知识产权产业媒体Iprdaily与Incopat创新指数研究中心联合发布的"2019年全球区块链发明专利排行榜（TOP100）"显示，微众银行的全球区块链发明专利申请累计396件，2019年列全球第5位；

中国人民银行的全球区块链发明专利申请累计 127 件，2019 年列全球第 84 位；中国工商银行的全球区块链发明专利申请累计 60 件，2019 年列全球第 37 位，这都是中国的银行机构积极探索区块链核心技术的印证。

5.3.3 区块链对账

1．业务背景

对账即相关参与方对账簿中的数据、资金、交易等进行检查和核对。对账的目的主要是确保信息流、资金流的正确性和一致性。由于银行间的业务合作通常需要频繁地进行数据交换和资金支付，因此对账也是银行机构之间最普遍的需求之一。

举例而言，在一个多银行合作的联合贷款场景中，合作银行会在牵头银行开立备付金账户及存入资金作为贷款发放头寸，并订立书面协议确保双方的出资比例、合作规模、合作期限、客户筛选标准等，牵头银行给可信客户发放贷款后，在日终会生成对账文件，合作银行与牵头银行将在 T+1 日实行对账，确保账实相符。

在传统方式中，银行间的对账流程都是依靠人工处理的，这不仅时间较长、劳动强度较大，还容易出现操作风险，如果一个业务的合作方众多，就会导致效率低下，影响合作效率并容易出现摩擦成本，如图 5-1 所示。

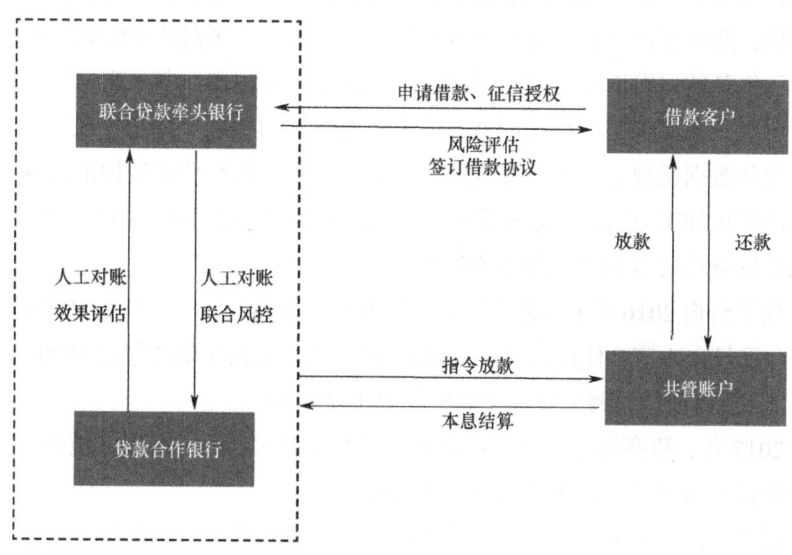

图 5-1 传统联合贷款的业务流程

2. 区块链解决思路

各方通过共建一个区块链账本及对账系统，可以实时地了解金融业务及资金交易信息，进行实时的头寸监控，提升运营效率；并可预先编写好智能合约以实现具体业务逻辑，减少人工环节与操作误差；此外，还可按照金融监管机构的要求，为监管机构部署监管节点，实施穿透式监管。

3. 案例介绍

1）微众银行：机构间对账平台

2016年8月，微众银行联合多家合作银行共同搭建了国内首个金融级的区块链应用——面向微粒贷业务的机构间对账平台。

在未使用区块链技术之前，往往通常需要T+1日才能核对T日的数据，且数据分布在不同机构，需要确定以谁的数据为准，很难确保数据的一致性。而区块链作为一种分布式技术手段，很好地解决了系统归属和数据归属问题，由多个机构共同建立一条联盟链，每个机构均拥有自己的节点，节点之间互联，每个节点都拥有全量数据，由区块链技术保证数据的最终一致性。

该平台将部分微粒贷业务的资金信息和交易信息等作为副本旁路上链存储，与合作行建立起公开透明的信任机制，优化了微众银行与合作行的对账流程，降低了合作行的人力成本和时间成本，提升了对账的时效性与准确度，且每条数据发送都会留下数字签名，便于明晰权责。考虑到隐私保护与监管合规，该平台与原有银行核心系统在逻辑层和物理层完全独立、互不影响，业务数据脱敏之后才会发送到区块链系统上，所有业务数据的传输、存储也均采用加密方式，严格遵循银行业信息技术的强监管与高安全度要求，确保数据全程安全运行，如图5-2所示。

该平台自2016年8月底上线，始终保持零故障运行。截至2019年年末，该平台已接入3家合作行，在生产环境中运行的交易记录笔数超过8000万笔。

2）招商银行：跨境直连清算区块链报文平台

2017年，招商银行总行联合香港分行和永隆银行，在两岸三地间，通过区块链技术搭建了跨境直连清算区块链报文平台。

过去，跨境直联清算系统只支持国内总行与海外分行的数据交换，而分行之间却没有办法直接进行数据和信息交换；并且，全过程中的手工审批环节多，容易出现操作风险；如果有新的海外分行需要加入，其系统对接周期也较为漫长。

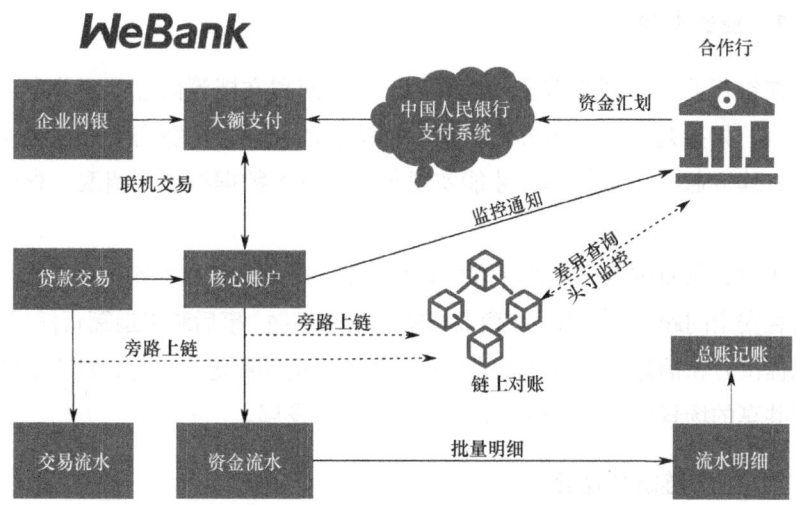

图 5-2　微众银行区块链对账平台业务流程

通过区块链技术，招商银行总行与 6 个国内外机构都接入了区块链，且任意两个机构（节点）之间都可以发起清算的请求，从而实现了高效率（报文秒级传递）、高安全（报文难篡改或伪造）、高可用（单节点故障不影响全系统）、高扩展（新的海外机构可以快速部署和加入）等优势，如图 5-3 所示。

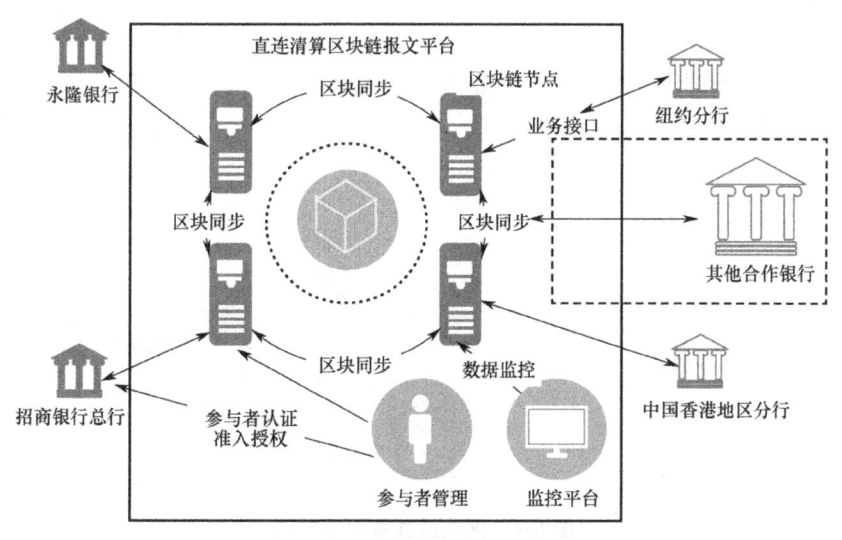

图 5-3　招商银行区块链报文平台示意

5.3.4 区块链信息共享

1. 业务背景

在银行业务中通常涉及大量的数据、合同和文档等信息需要共享。一般而言，如果是双方或多方对等共享资源的情况下，往往需要通过独立的第三方建立起一个数据库，才能实现各参与方的数据报送、调取、查询等操作。

不过，在通过第三方共享信息的模式下，容易出现数据库被攻击或篡改等信息安全问题、数据隐私和商业机密的泄露问题、事后难以追溯责任问题、信息提供方和信息需求方之间的权利义务不平衡问题等。因此，真正落地的信息共享的场景偏少，阻碍了业务合作需求的发展。

2. 区块链解决思路

通过区块链技术，不仅可以建立分布式的信息共享平台，实现数据加密传输，同时还可以利用智能合约等技术，量化各方的贡献与使用需求，实现透明公正的信息共享场景。对于存储在链上的信息，还可以在未来任意时间对其原始性和真实性进行验证，从而减少摩擦，提高业务效率并降低相关成本。区块链共享网络示意如图 5-4 所示。

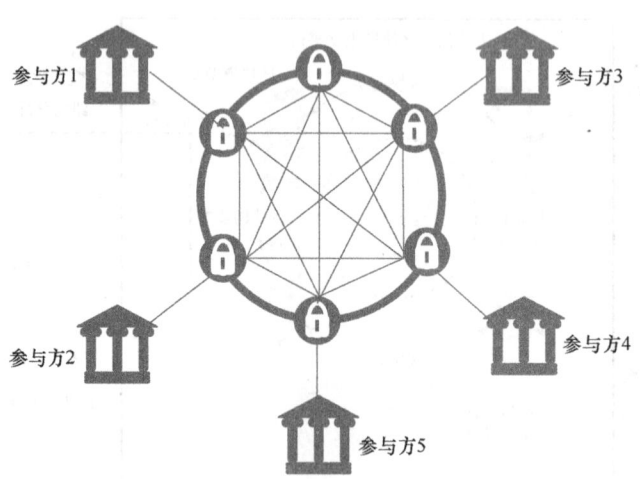

图 5-4 区块链共享网络示意

3. 案例介绍

1）中信银行+民生银行：区块链信用证信息传输系统

在传统方式下，银行间的信用证业务采用书信方式开立和邮寄方式送达，并需同时发送 SWIFT 加押电报进行确认，在效率和安全性方面都存在瓶颈。并且，客户只能查询到开户行内的业务进展，而无法及时了解交易对手方银行的处理进度。对于银行而言，也缺乏工具对业务的贸易背景真实性进行确认，难以防范发票等纸质凭证造假和重复使用的可能性。

为了改变传统方式下的不足，2017 年 7 月，民生银行与中信银行联合推出了区块链信用证信息传输系统。首先，流程从纸质邮寄转到线上进行，降低了时间成本和邮寄成本；其次，客户可以实时查询完整的业务记录，透明度大大提升；再次，区块链网络中有机会引入物流、税务等机构，从而可以对发票等单据的真实性进行验证，降低欺诈风险；最后，监管机构可以作为监管节点加入区块链网络，便于全流程的监督和责任追溯，有利于系统性风险的防范。区块链信用证信息传输系统架构示意如图 5-5 所示。

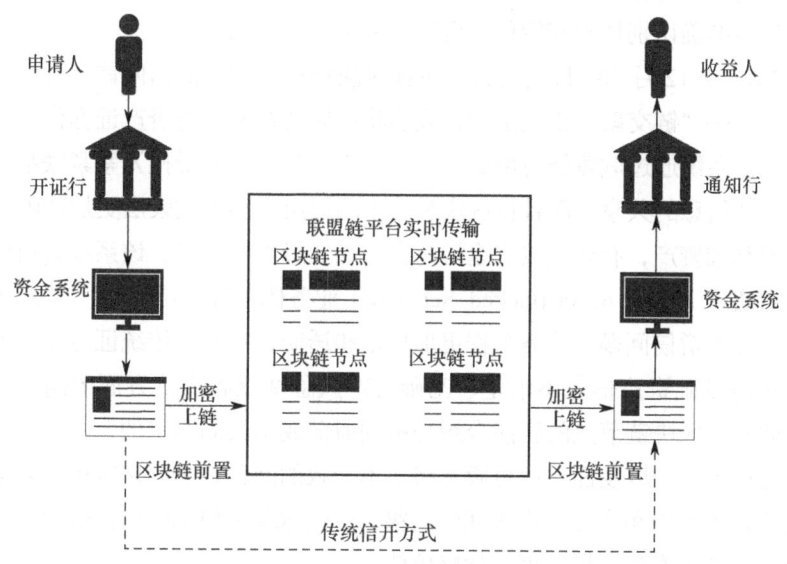

图 5-5　区块链信用证信息传输系统架构示意

2）中国银行：区块链债券发行系统

在债券发行过程中，涉及大量的信息、文件等的记录和存证。2019 年 12 月，中国银行推出国内首个基于区块链技术的债券发行系统，并成功实现

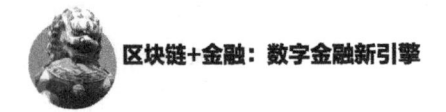

了小微企业专项金融债的发行。

该系统的运作主要包括 3 个主要环节。第一步，颁发 CA 证书。债券的发行人、承销商、投资人等多个参与主体，可在注册过程中就自动获取 CA 证书，该证书可用于未来的数字签名认证和信息加密传输。第二步，链上组建承销团。当多个参与主体组建承销团时，系统将使用其 CA 证书进行签名认证，确保签名记录可信。第三步，关键信息链上存证。通过智能合约功能，相关的债券内容详情、公告详情、配售结果等可以实时同步上链，从而提高可信力和公信度。

从效果来看，该系统可以提高效率、降低信息不对称风险和发行成本，且便于后续开展审计和监管。

3）交通银行：资产证券化系统"链交融"

2019 年，资产证券化市场的发行规模共计 2 万多亿元，总体来看，资产证券化产品的发行规模继续扩大，具有很好的前景。但目前资产证券化依然还存在较多痛点，如参与方多、业务环节复杂、入池资产多、底层资产难以穿透、信息不对称、文本协议缺乏标准化、人工环节较多、系统标准不统一等，较难准确识别风险和定价，合作效率也相对较低。

2018 年 12 月 20 日，交通银行依托区块链技术打造的国内首个资产证券化系统——"链交融"正式上线，成功将区块链技术赋能资产证券化。具体来看，该系统通过联盟链将融资人、持有人、管理人和受托人紧紧联系在一起，实现信息的共享，而且在区块链技术的运用下能透过表层更加清晰地看清底层基础资产，有效连接资金端与资产端。最重要的是，该系统利用区块链技术实现 ABS（Asset-Backed Security）业务体系等信用穿透，解决 ABS 当中存在的增信问题，业务流程更加规范和透明；突破了传统证券化业务中投资者对基础资产信息不清楚、基础资产风险衡量和定价方面的问题等瓶颈。此外，区块链节点的智能合约是由联盟链成员共同制定的，不存在相互之间还得磨合，以及面对信息版本格式不一致的问题，透明化等规则熨平了传统项目中理论和实际操作之间的沟壑，这也体现了利用区块链这项科技创新引领资产证券化市场发展的战略价值。

5.3.5 基于区块链的监管科技

1. 业务背景

金融科技在推动金融产品和服务创新的同时，也相应地带来一些新的风险防范要求，带来了新的监管挑战。新形势下，金融监管机构对如何通过科技来监管创新业务的应用需求越发凸显。

金融危机之后，全球监管机构开始着重研究功能监管和行为监管的理论方法，但在实践过程中却面临一个共同的难题，即金融机构在分业经营的情况下，部分金融业务或金融行为具有跨行业、跨市场交叉性特征，特别是还有部分产品经过了多重嵌套，如此一来，判断其功能和行为并进行监管的难度就大大增加。

对此，央行等监管机构提出了穿透式监管的原则和基本框架，即将产品背后的资金来源、中间流转环节与最终投向穿透式地连接起来，对金融机构的业务和行为实施全流程监管，最终实现监管全覆盖，避免监管空白。

2. 区块链解决思路

在穿透式监管的原则之下，区块链技术可以发挥其全流程追溯、难篡改、多方共建分布式账本等优势，一方面，可以帮助监管机构作为节点加入，获取全流程信息，从而及时识别不真实的业务和行为。另一方面，区块链具备传递信任的能力，信息经权威机构认证后上链，有助于提升信息的真实性，基于这些数据有利于监管机构判断系统性风险，兼顾实现宏观审慎和微观审慎的监管目标。

3. 案例介绍

1）深圳市地方金融监督管理局：网贷平台投票系统

2019年6月，在深圳市、区两级地方金融监管部门的指导和推动下，由深圳市互联网金融协会联合微众银行共同搭建，推出网贷机构良性退出统一投票表决系统（以下简称网贷平台投票系统），使涉及出借人重大利益事项的投票表决成为可能。

网贷平台投票系统运用区块链技术解决网贷机构清退流程中的互不信任问题，通过微众银行自主研发的 Weidentity 解决方案，为投票人建立唯一身份标识，综合运用人脸识别技术解决身份验证问题，并为投票人分配证书及密钥，对投票数据进行加密后使用私钥加签，作为投票的安全认证机制，防止抵赖和冒充。同时，平台引入基于区块链的存证鉴证体系，对待表决文件和投票内容、结果进行链上存证、鉴证，形成有效证据链，防止因信任问题导致的法律纠纷。网贷平台投票系统流程示意如图5-6所示。

图 5-6　网贷平台投票系统流程示意

目前该系统已在福田、南山试点，并取得积极成效，为防范化解金融风险做出了积极贡献。据深圳市地方金融监督管理局披露，截至 2019 年年末，该系统已在深圳市 27 家网贷机构投入应用，服务出借人 39 万余人，覆盖待收本金 214 亿余元。

2）北京市地方金融监督管理局：基于区块链的 Ekyc 系统

新冠肺炎疫情发生之后，小微企业的经营受到了较大影响，为了帮助小微企业顺利申请信贷业务，北京市地方金融监管局联合中关村银行、华夏银行、百信银行等共同推出了区块链的 Ekyc 系统，于 2020 年 3 月正式上线。

在该系统中，多个参与主体组建联盟链网络，推动多元化的数据共享，从而便于各个银行结合其企业客户的需求，整合多个可信数据源，并实现开户信息的自动填报功能，大大节省了过去客户身份核实和信息核验的时间，提高了银行的尽职调查效率和客户开户效率，进而提高了小微企业贷款的可触达范围。同时，多元化的数据源也有助于银行降低不良率，减少贷款风险。

对监管机构而言，也能及时监控辖区内的小微企业的融资情况，有助于制定或进一步调整相应的扶持政策及措施。

5.4　应用前景、挑战与发展建议

5.4.1　应用前景

从以上案例不难发现，银行业的区块链应用非常丰富与多元化，除了联

第 5 章 区块链+银行

合对账、信息共享、穿透式监管等场景之外，银行机构还大量探索了基于区块链的供应链金融、跨境贸易金融、资产证券化、资金存管等场景。尤其是在支持小微企业发展、实现普惠金融方面，区块链技术有望成为最佳工具。

在新冠肺炎疫情暴发之后，银行业进一步加大对中小微企业的政策倾斜和支持力度，以缓解中小微企业融资难、融资贵的问题。不过由此为银行带来的信贷风险隐患也可能随之上升，如何利用区块链技术实现数据资源的共享，打破银行、征信、政务、产业等数据孤岛，消解信息不对称难题，同时降低数据的获取成本，提高数据的真实性、数据的质量等就成为银行业技术探索的方向。

更进一步地，中小微企业融资还面临参与主体众多、信息来源分散、底层资产信息庞杂等难题，导致中小微企业无法真正利用资产证券化工具盘活资产，有效获得金融支持。如果通过区块链技术对传统的线下资产实行确权并转化成链上的数字资产形态，就能赋予传统资产高度的流动性，并提高业务的效率和真实性，为银行机构及投资机构等建立起完整可信的信息披露机制，从本质上解决资产盘活的难题，同样可以化解融资难、融资贵的困境。

5.4.2 应用挑战

尽管未来前景广阔，但在具体落地层面，抛开技术能力不谈，银行业发展区块链应用还存在不少的特殊性挑战。

第一，业务合规性挑战。区块链技术本身适用于多方合作场景尤其是跨境、跨界、跨行业的业务合作，但这就可能面临多国监管或多头的监管。同时，对于从无到有的创新性多方合作业务，在过去没有监管先例的情况下，如何寻求不同国家、地区、行业的监管机构的支持或者豁免、协调多方诉求、兼顾遵循复杂的法律法规环境，将是真实应用落地的最大挑战。

第二，信息安全与数据隐私保护挑战。区块链应用往往涉及多方的数据共享，如果缺乏相应的数据分级管理制度、授权使用原则、高性能的隐私保护技术解决方案等，就有可能造成客户敏感信息泄露、隐私得不到保护等问题，触及银行业的监管红线，导致业务发展不可持续。

5.4.3 发展建议

由于银行的高安全、强监管属性，建议从业者应始终保持合规发展的治

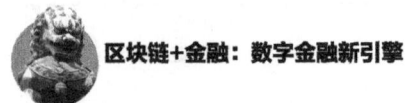

理原则，选择联盟链的技术发展方向，积极与监管部门保持沟通，在具体应用系统中预留监管接口，支持监管节点接入以监督管理全业务流程的风险，努力探索区块链技术在监管科技和合规科技领域的应用，并遵循国家互联网信息办公室发布的《区块链信息服务管理规定》的有关指引，积极备案，有序发展。

5.5 本章小结

在当前金融科技蓬勃发展、区块链技术应用不断涌现的技术趋势下，以联盟链为代表的区块链技术和金融业务具有大量的结合点，可有效帮助银行机构扩大业务规模、提升运作效率、改善用户体验，以及降低资金风险、操作风险、信用风险，控制建设和运营成本，同时为监管提供更全面的可追溯和审计能力。展望未来，在区块链技术逐渐成熟、行业标准已经成型的前提下，银行机构将基于区块链基础设施持续进行业务探索，完成从原型验证到生产阶段的演进，所涉及的业务场景也将越来越广泛。

第6章

区块链+金融基础设施

6.1 金融市场基础设施发展现状

6.1.1 基本概念

在金融体系中，除了靠近"前端"、更加贴近个人客户与政企客户的金融中介机构（例如，商业银行、保险公司）外，还包括靠近"后端"、普通投资客户较为陌生的金融基础设施。作为现代金融系统的核心组成部分，金融基础设施是支撑金融系统高速运行的底座，在金融政策传导、金融资产交易、资金流通、资源配置等诸多方面发挥着不可替代的重要作用。

目前，大家对金融基础设施的范围理解不同。狭义而言，金融基础设施是指侧重于金融市场交易的硬件设施，主要职能是为金融产品提供交易、登记、存管、清算、结算平台并实行自律监管，如支付系统、清算所、交易所、证券结算系统、中央证券存管等。从广义来看，金融基础设施是指为所有的金融活动提供基础公共服务，以维持金融市场持续、稳健、高效运行的制度安排，如监管制度、法律法规、信息披露原则、会计准则、信用环境、定价规则，以及金融市场交易的硬件设施等。

2020年3月，中国人民银行、国家发展和改革委员会等六部门联合印发的《统筹监管金融基础设施工作方案》提到，"中国金融基础设施统筹监管范围包括金融资产登记托管系统、清算结算系统（包括开展集中清算业务的中央对手方）、交易设施、交易报告库、重要支付系统、基础征信系统六类设施及其运营机构。"基于此方案，我国典型的金融基础设施机构如表6-1所示。基于我国"分业经营、分业监管"的金融机构经营管理体制，金融市

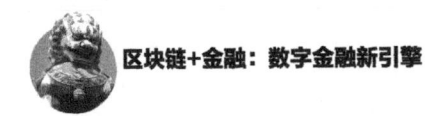

场基础机构分别归属央行、证监会、银保监会主管。

表6-1 我国典型的金融基础设施机构

机构名称	类别	主要职能	涉及金融品种	主管机构
中国证券登记结算有限责任公司	资产登记托管系统、清结算系统	登记、托管、结算、信息服务	股票	中国证券监督管理委员会
中央国债券登记结算有限责任公司（以下简称中央结算公司）		登记、托管、结算、信息服务	债券	中国人民银行
银行间市场清算所股份有限公司（以下简称上海清算所）		登记、托管、结算、信息服务	债券、同业存单等	中国人民银行
中国金融期货交易所股份有限公司		上市交易、结算和交割、信息服务	股指期货、国债期货	中国证券监督管理委员会
中国外汇交易中心	交易设施、报文库	交易、交易后基础服务	债券、场外衍生品、外币	中国人民银行
北京金融资产交易所		交易	仅限非金融机构债券	中国人民银行
上海证券交易所	交易设施	发行和交易服务	股票、债券、股债结合品、衍生品	中国证券监督管理委员会
深圳证券交易所		发行和交易服务	股票、债券、股债结合品、衍生品	中国证券监督管理委员会
机构间私募产品报价与服务系统		私募债发行、转让、登记、结算服务	私募股权、衍生品	中国证券监督管理委员会
上海票据交易所		票据报价交易、登记托管、清算结算、信息服务	票据	中国人民银行
中国银联股份有限公司	重要支付系统	交易清算、数据处理服务	银行卡	中国人民银行
跨境银行间支付清算有限责任公司		支付清算服务、数据处理服务、信息技术服务	人民币跨境支付	中国人民银行
中国人民银行征信中心	基础征信系统	信用信息采集、管理	企业信用信息、个人信用信息	中国人民银行

在金融市场中，上述金融基础设施机构通过不同组合的协作分工，为细分市场的交易成员提供透明、即时的信息服务，可以遏制投机行为，降低信息传递障碍，助力交易双方快速建立交易信任，提高金融交易的安全性。例如，如图 6-1 所示，在银行间市场的债券交易市场中，中国外汇交易中心作为市场交易的组织者与运行者，通过本币交易系统为交易成员提供前台报价交易、中台风险管理和后台交易后服务。中央结算公司、上海清算所为交易市场的后台，提供债券托管和结算服务。交易会员为所有参与银行间市场的银行类金融机构、非银行金融机构及众多非法人机构投资者，如政策性银行、中资商业银行、外商独资银行、城市信用合作社、金融租赁公司、证券公司、保险公司、港澳人民币清算行、境外机构等。

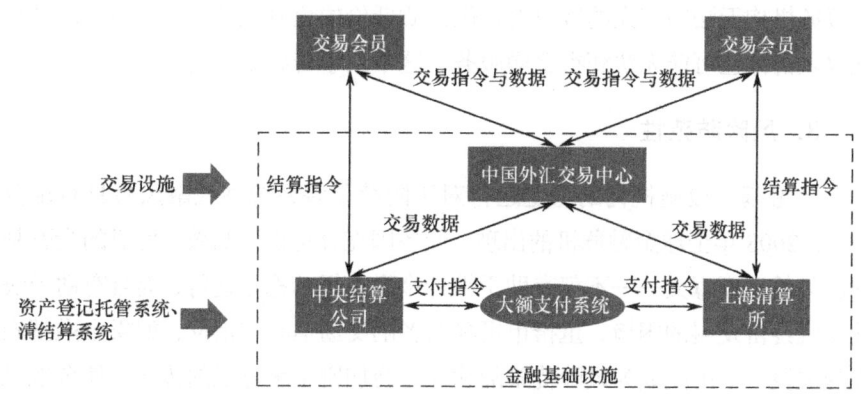

图 6-1 银行间市场的债券交易市场的组织结构示意

6.1.2 运行特征

相较于一般金融机构，金融基础设施机构需要提供跨机构、跨市场、跨地域的基础金融服务，具有更明显的网络外部性、规范公平性、风险防范性。

1．网络外部性

金融基础设施具有更为基础的外部性，其运行效率对金融体系的影响更为广泛。例如，如果大多数投资者都在某交易所中买卖金融产品，那么其他投资者为了能与这些投资者交易，也会加入此交易所。随着参与金融机构的日益增多，金融基础服务的不断提升，规模效应逐渐形成，交易成本也随之减少。由于这些金融基础设施具有较强的垄断性与不可替代性，各国的监管部门、政府机构往往对其进行重点管理。

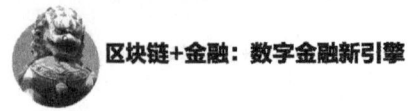

2. 规范公平性

金融基础设施作为一般金融机构提供服务的承载者，其服务的规范性、准确性和有效性对其他金融机构的影响更为普遍。在信息传递方面，金融基础设施通过提供及时、有效、规范、可信的信息服务，能够缓解市场信息的不对称性，提升金融市场交易效率。例如，证券交易所在发行股票时，需要对上市公司的财务与经营数据进行严格审核，以降低投资者的交易风险。在商业模式方面，金融基础设施机构往往不能凭借自身业务的规模优势与垄断地位，单纯以追求商业利润为目标展业经营，而是需要以服务整个金融市场为己任提升服务质量。如果只追求经济回报提高服务价格，则会导致其他金融服务机构无法向广大的客户群提供优质低价的金融服务，一些偏远地区和低收入群体也可能无法获得金融服务，这不利于普惠金融的大力发展。

3. 风险防范性

金融基础设施机构的稳定运行对于防范化解系统性金融风险具有重要作用。2008 年全球金融危机的出现，使各国充分意识到高效、可靠的金融基础服务的重要意义——不仅有助于维持金融市场的稳定运行，而且有助于快速摆脱经济发展的困境，重拾市场参与者的交易信心。相反，如果金融基础设施失灵，则可能成为风险传染的途径，会加剧金融危机的传导，使金融机构更加脆弱，如流动性错配、信贷中断等。

6.1.3 发展趋势

1. 加强协调发展

随着金融市场的不断开放和全球金融一体化的不断加深，需要协调统一、分散的市场与机构，提供更便利与公平的金融市场基础服务，才能维持整个金融市场的稳定与安全，若协同效应未能有效发挥作用，将严重影响市场效率。例如，2018 年 8 月 24 日召开的国务院金融稳定发展委员会专题会议上明确提出，要建立统一管理和协调发展的债券市场。2020 年 7 月 19 日，中国人民银行、中国证券监督管理委员会联合发布《中国人民银行 中国证券监管理委员会公告〔2020〕第 7 号》，"同意银行间债券市场和交易所债券市场相关基础设施机构开展互联互通合作"。

2．加强金融科技应用

金融科技是推动金融市场快速、健康、平稳发展的重要力量。据 2019 年国际货币基金组织发布的《金融科技：迄今为止的经验》，多数受访国家和地区正在积极建设开放的数字与金融基础设施，实现核心数字化基础设施服务的全方位覆盖。而且，约三分之一的受访国家和地区正在积极探索区块链在金融市场基础设施领域的应用。

3．加强数据治理

党的十九届四中全会首次将"数据"列为生产要素参与分配，标志着以数据为关键要素的数字经济进入了新时代。在保证数据一致性、准确性、完整性和安全性的基础上，完成对核心数据资产的管理，实现对数据的可用性管理和可控性增长，提高金融市场基础设施的运营效率和管理水平，降低系统运行风险。2019 年国际货币基金组织发布的《金融科技：迄今为止的经验》显示，多数国家和地区已清楚地认识到建立现代化数据治理框架的重要性。一半的受访国家和地区表示，现有的银行保密法和个人隐私法等可能只解决了部分当前金融应用在数据所有权、隐私保护、完整性和伦理方面的问题。

6.1.4　行业痛点

1．信息共享难

金融基础设施的协同发展有利于提升金融市场的风险防控能力、提升市场运行效率，但是整个金融市场的数据分散化、碎片化，形成了若干个数据孤岛，并难以通过集中式建设数据共享系统来解决数据孤岛问题。主要包括以下 3 个方面的原因：一是隐私泄露风险。由于一些数据比较敏感，涉及客户隐私、商业机密甚至国家安全等方面，金融机构不敢共享数据。二是数据所有权难保护。由于数据具有易复制、易修改的特性，如果将数据统一存储在中心化平台，共享数据的机构对数据的掌控能力低，存在数据丢失而导致客户流失的风险。三是存在道德风险。由一方统一管理数据，既会引发数据管理权限与责任归属的纠纷，又由于无法全生命周期地展示、跟踪和监督数据使用过程，存在潜在的服务不一致问题，往往会引发信任危机。

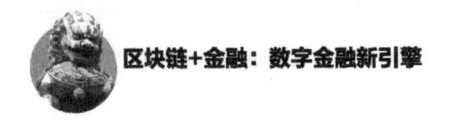

2. 交易效率低

在金融市场中，为保证金融交易的安全性与可靠性，往往需要多个专业化分工的主体机构参与。由于参与方较多、处理标准不统一、信息不对称导致处理流程烦琐，交易整体效率低，交易成本高。以传统的证券交易为例，一笔证券交易往往需要通过证券公司、银行、交易所、清算所、中央结算机构等机构的协调工作，经过开设证券账户和资金账户、委托买卖、受理委托、执行交易、交易达成、清算与交收等环节才能完成。与此同时，由于各机构运营维护的系统之间异构性、处理事务方式与标准各异，当一笔交易涉及多个参与方时，为确定并统一各方准确的交易意见，可能还需要人工实行交易核对与记录调整等工作。

3. 交易成本高

在金融交易中，往往需要通过金融机构提供信息代理服务、人工核对服务来达成交易，以降低信息不对称而导致的风险。例如，在传统的证券结算与交收过程中，交易双方要在核对证券交易数目和资金往来情况后，才会实行证券转移和相应的资金划拨。在这个过程中，由于交易对手方众多，各对手方机构的技术标准不统一，往往需要人工干预，且人力成本较高。而这些费用往往会最终转嫁到投资者身上，增加投资成本。

4. 规避风险难

虽然建立了制度性的信任机制，金融基础设施"尽责履职"，但是在金融市场中，依然存在信息不对称现象和不确定性事件，无法规避道德风险。这一方面是由于一些金融产品的内生特性所致，另一方面是由于交易对手方之间对事物的认知、所处的环境不同所致。例如，在回购交易市场，由于非银行类金融机构及其资管产品（如券商资管计划、基金专户等）持有的信用债较多，且个别信用债存在潜在违约风险，受此影响部分机构滚续融资杠杆难度增大。如果违约方杠杆较高，守约方追偿资金难度较大，将会面临风险敞口，进而可能导致更多机构相继违约。

6.2 区块链解决方案

概括地说，可采用分层或相对扁平的组网结构组成联盟链，并在联盟链应用中发挥区块链多方强一致性、交互过程易追溯、数据状态难篡改、密码学深度融合、可编程智能合约等优势，通过多方共同维护，运用数据隔离、安全多方计算等技术加强隐私保护，访问控制自主化、业务规则程序化和点对点交易等方式解决上述难题。区块链应用逻辑示意如图 6-2 所示。

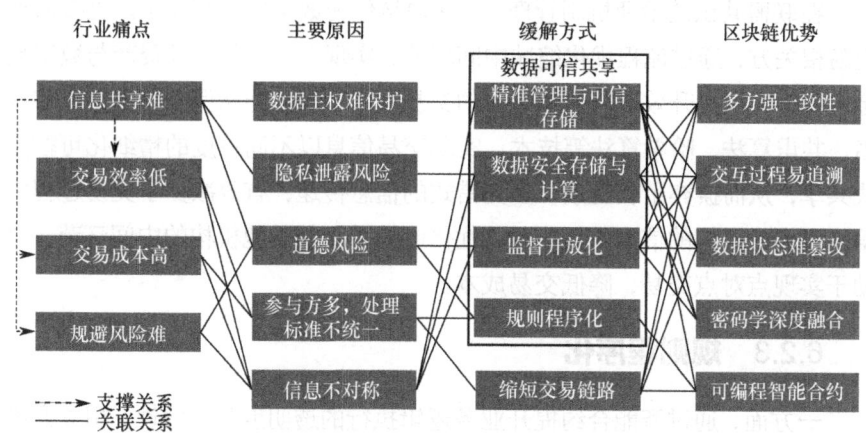

图 6-2　区块链应用逻辑示意

6.2.1　数据可信共享

首先，数据共享全过程精准管理与可信存储。在联盟中，建立数据确权、使用授权、利益分配等管理制度，利用时间戳、数字签名、共识机制、智能合约等技术，将数据的产生、收集、更新、使用与交易等数据全生命周期的使用情况存储在多方共同维护的区块链中，形成易追溯、难篡改、难抵赖的数据流转与收益分配的共享记录，便于审计。

其次，数据安全存储与计算，避免隐私泄露。一是通过对数据分区、通道隔离等数据隔离方式，在网络传输层面实现部分数据的共享。二是采取技术手段对数据实行加密保护和授权访问，并通过联盟治理保证隐私政策明确各方权责，控制信息的访问范围。三是利用联邦计算、安全多方计算、零知识证明、同态加密等隐私保护技术，解决各机构之间数据合作过程中面临的安全与隐私保护问题，实现"数据可用而不可见"。

最后，监督开放化与规则程序化，缓解道德风险。一方面，通过将共享数据的摘要信息上链，记账的参与方通过共识算法与点对点传输技术都能获得一份摘要副本，有效地保证了共享数据的一致性；另一方面，通过智能合

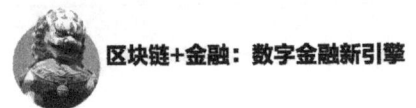

约对数据授权访问、利益分配的自动化执行，保证了数据共享服务过程的一致性。

6.2.2 缩短交易链路

在联盟共识的治理机制管理下，区块链作为数字信任媒介可以直接联通交易相关方，通过流程优化缩减中间环节，实现点对点的债券资产与数字现金转移，大幅提升效率，节省巨大的交易成本。利用隐私保护算法、数字签名、共识算法、哈希算法等技术，实现交易信息以不同粒度的精细化可控方式共享，从而摒弃了长链条、多交错式的信息传递，有效减少了交易过程中第三方金融机构的信息重复核对，优化或缩减了与其他机构的中间环节，有助于实现点对点交易，降低交易成本。

6.2.3 规则程序化

一方面，通过智能合约提升业务逻辑执行的透明度与一致性。相关方都可以部署可基于预定的时间、事件及结果自动执行的智能合约，通过多方保证交易执行的一致性，从而实现交易逻辑自动执行，降低人工的操作风险及道德风险。例如，金融资产的买方和卖方能够通过智能合约直接实现自动配对，并在登记系统中记录，实现"信息即交易"，缩短资金占用时间，降低风险敞口期，节约交易成本。

另一方面，监管机构可作为特殊用户加入区块链应用中，并将针对不同交易要素的合规要求写入强制执行的智能合约中，实现对信息交互的细粒度管理，使监管层能够及时把握市场的交易动态和整体状况。利用智能合约、隐私保护、密码学算法等技术将金融资产升级为多方共同维护的链上资产，对于存续期长、波动大、杠杆倍数大的金融资产开展定时、定量、定性的精细化监控，可以提升风险防范的即时性与有效性。此外，通过在链上记录数字化表达的金融资产的全生命周期信息，也能提高资产的可追溯性，便于审计与取证。

6.3 区块链应用进展

6.3.1 应用概况

近年来，金融监管机构、金融基础设施机构、银行、科创公司对区块链

第6章 区块链+金融基础设施

技术在金融市场中的应用充满热情,积极拥抱新兴技术,探索应用场景。例如,2016年4月至6月,日本交易所集团与我国6家金融机构合作,共同检验了在区块链环境下是否可以实现证券市场、证券发行、交易、结算、清算和所有权注册流程的精简化。2019年5月,伦敦证券交易所总裁Nikhil Rathi指出,可利用区块链技术开展证券发行。换句话说,未来公司发行的债券或是其他凭证都将完全电子化,并且股权结构信息将被记录在区块链中。

下面从金融市场交易的交易前、交易与交易后3个主要阶段,梳理区块链应用情况。需要说明的是,根据交易阶段归类梳理是为了突出传统业务的侧重点,一些应用探索充分发挥了区块链善于优化流程、精减中间环节的特点,以交易清算一体化发展思路使用区块链技术。例如,日本证券交易所在2016年1月发布研究报告 *Applicability of Distributed Ledger Technology to Capital Market Infrastructure*,介绍了证券发行、交易、清算与结算等利用区块链开展研究的情况。

在交易前阶段,利用区块链技术解决信息分散、交易合规成本高昂、监管难执行等问题,可在了解你的客户、反洗钱、信息披露等场景中加强风险管理与控制,如表6-2所示。例如,2017年IOSCO发布的研究报告中明确指出,监管机构可利用区块链技术获取更完整、更易追溯的交易记录。

表6-2 交易前环节区块链应用

类型	机构组织名称	交易前	
		相关实践	状态
国外金融基础设施	日本证券交易所集团、思佰益、日本电气股份有限公司	2017年9月发布研究报告 *The Trend of Exploring the Use of Distributed Ledger Technology in the Capital Market*,指出在KYC领域运用区块链	原型
国内金融基础设施	中国外汇交易中心、中汇信息技术(上海)有限公司、杭州趣链科技有限公司	2019年完成了基于区块链的机构间KYC信息共享原型系统的建设	原型
	深圳证券交易所、中关村股权交易服务集团	2017年11月,针对区域性股权市场,发布中介机构征信链产品	上线

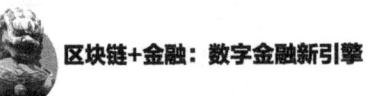

（续表）

类型	机构组织名称	交易前相关实践	状态
监管机构	微软	2019年7月，富士通实验室利用区块链开发了分布式身份网络	上线
	R3区块链金融联盟、法国巴黎银行、招商银行、德意志银行等30家机构	2018年6月，在微软Azure上部署和运行了45个节点，尝试KYC应用软件Leia II试用版，共在全球8个时区的19个国家进行了300多笔交易	原型
	国际证监会组织	2017年2月，发布研究报告 *Research Report on Financial Technologies*，建议将区块链应用在KYC/AML领域	研究
	美国金融业监管局	2017年1月，发布研究报告 *Distributed Ledger Technology: Implications of Blockchain for the Securities Industry*，建议将区块链应用在KYC/AML领域	研究
	剑桥区块链、IHS Markit	2017年1月，组建"电子识别联盟"（Digital Identity Alliance），对Markit现有的KYC业务予以区块链技术支持	上线
	世界证券交易所联合会	2016年8月，发布研究报告 *Financial Market Infrastructures and Distributed Ledger Technology*，建议将区块链应用在KYC/AML领域	研究

资料来源：根据公开网络新闻报道收集汇总，截至2020年3月。

在交易阶段，区块链主要用于解决在股票、债券、衍生品的发行和转让等金融交易场景应用中信息透明度低、信息传递链条长、交易成本高等问题，如表6-3所示。例如，2015年11月，在满足SEC监管合规要求的情况下，纳斯达克推出基于区块链的私募股权交易平台Linq，将未上市公司的股权融资信息、股权交易信息和需要人工处理的纸质股票凭证、律师手动验证的电子表格等存储在区块链上，实现纸质信息的电子化、数字信息的可信化，进而优化私募股票发行与申购流程，大幅提升交易与管理效率。

表6-3 交易环节区块链应用

类型	机构组织名称	交易执行 相关实践	进展
国外金融基础设施	德国证券交易所、加拿大帝国商业银行、德国商业银行、瑞士银行、瑞士信贷、HQLA^{X}等超过15家机构	2019年12月，基于区块链的证券借贷平台，瑞士联合银行集团和德国商业银行交换了一揽子德国政府债券和一揽子企业债券的所有权	上线
	日本证券交易所集团	2017年1月，发布研究报告 Study on Applicability of Distributed Ledger Technology in Trade Matching Processes，开展基于区块链的撮合交易原型探索	原型
		2016年1月，发布研究报告 Applicability of Distributed Ledger Technology to Capital Market Infrastructure，开展证券发行、交易、清算与结算等原型探索	原型
	纳斯达克股票交易所	2015年11月，上线基于区块链的私募股权交易平台Linq	上线
国内金融基础设施	上海证券交易所	2019年12月，"天风证券-华福-前交所集合保理区块链资产1~50号资产支持专项计划"获批100亿元储架额度	计划
		2017年8月，对"百度-长安新生-天风2017年第一期资产支持专项计划"出具无异议函，发行规模为4亿元	上线
	中央国债登记结算有限责任公司	2018年9月，首单基于区块链技术的信贷资产证券化项目交银2018年第一期个人住房抵押贷款资产支持证券簿记建档发行，总规模为93.14亿元	上线
	深圳证券交易所、杭州趣链科技有限公司	2018年8月，在证券发行、证券交易和资金结算等方面开展区块链应用安全管理与技术研究	研究
	上海证券交易所、国泰君安证券股份有限公司、你好现在（北京）科技股份有限公司、杭州秘猿科技有限公司	2018年，发布研究报告《基于区块链技术的场外交易及监管应用研究》，对场外市场期权交易、清算进行探索	原型

（续表）

类型	机构组织名称	交易执行	
		相关实践	进展
国内金融基础设施	香港交易所	2018年，发布研究报告《金融科技的运用和监管框架》，探讨在证券、资产证券化、私募股权三大业务上的应用	研究
	上海证券交易所、杭州趣链科技有限公司	2017年3月，发布研究论文《高性能联盟区块链技术研究——以分散化主板证券竞价交易系统为例》	原型
	中国外汇交易中心、中汇信息技术（上海）有限公司	2016年8月，开展基于区块链的X-SWAP交易系统原型探索	原型

资料来源：根据公开网络新闻报道收集汇总，截至2020年3月。

在交易后阶段，区块链有助于降低交易对手方风险，解决清算效率低、交易后成本高、流动性差等问题，可在包括登记、存管、清算、交割、股东投票、分红付息、担保品管理等方面应用，如表6-4所示。例如，2019年12月，德国证券交易所与初创公司$HQLA^X$基于Corda平台研发并上线了证券借贷交易系统，在此系统中完成了同个托管方和跨托管方的一揽子德国政府债券与企业债券的借贷交易。2019年，前中国证券登记结算有限责任公司总经理姚前指出，区块链技术能够将中央证券存管、证券结算、支付系统、中央对手方融为一体并实现原有业务的形式改变，如中央对手方承担的担保交收业务可使用区块链实现，一旦满足条件将自动触发智能合约执行，由原本基于账户余额的证券形式转变为未花费交易输出（Unspent Transaction Output，UTXO）模式等。

表6-4 交易后环节区块链应用

类型	机构组织名称	交易后	
		相关实践	进展
国外金融基础设施	日本证券交易所集团、日本证券存管中心有限公司	2020年3月，启动试点测试基于区块链的证券交易后信息共享平台，该测试在2020年4月至10月实行	研发中
	美国证券托管结算公司	2019年，美国证券托管结算公司提出数字证券的交易后处理原则	研究

第 6 章 区块链+金融基础设施

(续表)

类型	机构组织名称	交易后 相关实践	进展
国外金融基础设施	纳斯达克股票交易 Eurocc 和 Euroclear 等	2018 年 6 月，提出基于区块链的证券抵押解决方案，解决中央交易对手在证券交易所交易时间结束后实行保证金追踪时面临的挑战	原型
	新加坡交易所、新加坡金融管理局、新加坡银行业协会、R3 区块链金融联盟等	2018 年，Ubin 项目实现基于区块链的跨境全款兑付	原型
	加拿大多伦多证券交易所、加拿大银行、R3 区块链金融联盟、埃森哲	2017 年 10 月，在 Jasper 项目三期中经过一年的测试，区块链被证明在证券清算和结算过程中是可行的	原型
	加拿大多伦多证券交易所	2017 年 7 月，开发了基于区块链的股东电子投票原型	原型
	纳斯达克股票交易所	2017 年，上线基于区块链的股东投票系统 Nasdaq Voting	上线
	澳大利亚证券交易所、Digital Asset	2016 年，宣布基于区块链开发一个新系统替代 CHESS 清算，管理股票交易的清算和结算。该新系统计划 2021 年上线	研发中
	伦敦证券交易所、伦敦清算所、法国兴业银行、芝加哥商品交易所、瑞银集团和欧洲清算中心	2015 年 11 月，探索将区块链技术应用于交易后流程	原型
国内金融基础设施	中国证券登记结算有限责任公司	2019 年，发表文章《基于区块链的新型金融市场基础设施》，研究区块链对中央证券存管、证券结算系统、支付系统、中央对手等的改变	研究
	深圳证券交易所、杭州趣链科技有限公司	2018 年 8 月，在证券发行、证券交易和资金结算等方面开展区块链应用安全管理与技术研究	研究
	香港交易所	2018 年，发布研究报告《金融科技的运用和监管框架》，区块链技术可用于证券交易结算	研究
	上海证券交易所、国泰君安证券股份有限公司、你好现在（北京）科技股份有限公司、杭州秘猿科技有限公司	2018 年，发布研究报告《基于区块链技术的场外交易及监管应用研究》，进行场外期权交易、清算中原型探索	原型

资料来源：根据公开网络新闻报道收集汇总，截至 2020 年 3 月。

121

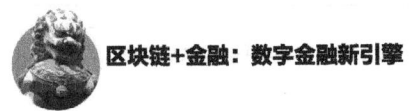

6.3.2 应用分析

1）金融基础服务的场景广阔，但尚未大规模实施应用

目前，区块链技术吸引了较为广泛的金融基础设施机构、金融机构、非金融机构和监管机构的目光，在金融基础设施领域的应用探索广泛。但是这些应用多数处在研究、原型测试或研发阶段，并没有大规模地开展商业应用。这主要包括几个方面的原因：一是区块链技术不成熟；二是监管框架与法律法规不健全；三是金融机构的职能转变并非一朝一夕就能完成；四是多数金融机构保守稳健的观念不易改变。

2）场外交易市场与场内交易后领域是金融基础服务领域的应用热点

虽然目前在金融基础设施领域的应用探索呈现"全覆盖"的特点，但是国外宣布应用区块链的场景主要在场外交易市场的证券发行与交易领域、场内交易市场的交易后领域。这一方面是由于场外交易市场本身的信息透明度更低、参与主体类型更加多样、交易性能要求不高，而且区块链技术在满足应用性能的要求下，能显著提高信息的透明度。另一方面是由于交易后存在多方核验交易信息的处理环节较多、服务效率低的问题，适合用区块链技术来解决，同时"T+N"的清结算周期与交易达成的速度相比相距甚远，有着较为迫切的改进需求。

3）国内外金融机构所处的市场环境不同

一方面，国外的交易与清算未实行集中统一的管理，交易所与清算机构的市场竞争环境更加激烈，这些机构通过技术手段改变交易模式而实现"换道超车"的驱动力更加强烈；另一方面，国外的一些国家对ICO发行的虚拟代币并未禁止交易，而是纳入证券监管体系实行管控，因此一些交易所为丰富交易产品及一些金融机构或非金融机构为扩大商业版图，有更强的驱动力去尝试新的技术来优化交易流程，提升经营收益。

6.3.3 交易前：了解你的客户

1. 业务背景

"了解你的客户"（Know Your Customer，KYC）是金融机构与客户或交易对手方建立业务往来的必要条件，包含对客户或潜在客户实行身份核实，收集、分析相关信息并实行合规风险评估的环节。例如，需要核验企业的股

第 6 章 区块链+金融基础设施

东信息、受益人等人员信息，机构网址、资金存管银行、经营范围等运营信息，分支机构数量、在编人数、客户数量等经营信息等。KYC 作为开展业务的前提，不仅有助于金融机构防范身份盗用、欺诈、洗钱、恐怖主义融资等商业风险，也有利于维护整个金融系统的完整性和安全性。

根据巴塞尔银行监督委员会（Basel Committee on Banking Supervision，BCBS）发布的《有效银行监管的核心原则》（Core Principles for Effective Banking Supervision）及其他相关文件，有效的 KYC 至少包括以下 4 个方面：一是在客户接受政策方面，建议明确客户接受政策程序，而不是限制向弱势群体提供服务等。二是在客户身份识别方面，建议在明确识别范围的基础上，使用应用程序来识别新的客户，如使用难伪造的证明文件资料来识别等。三是在监督账户和交易方面，建议建立能发现异常活动的监测系统等，以识别异常账户与交易。四是在风险管理方面，建议有效的 KYC 应该包括日常合适的监督管理、职责分工、培训等。

目前，在美国、欧盟等一部分场外交易市场中，是由监管机构作为机构主体颁发金融业务许可证的，监管落实重点更多地集中在事中、事后的申报披露上。由于没有监管机构事先把关，尽职调查的责任落到了交易机构身上。考虑到交易对手风险自负，境外机构合规框架构建完整，内部合规和反洗钱审核流程非常严格，境外机构对签署协议十分谨慎，选择交易对手方注重体量层次对等。

在我国场外交易市场，进入交易市场的机构法人需要在中国人民银行或监管机构备案，这样才可以参与交易。由于监管机构已对市场参与方实行了信任背书，使得绝大多数境内金融机构没有建立完善的 KYC 尽职调查框架。但是随着我国金融市场的改革开放，境内外金融机构之间开展 KYC 业务的需求逐渐增多，KYC 将成为我国金融市场基础设施建设和金融市场交易前行为的重要一环。

2．存在问题

目前 KYC 业务的主要痛点如下：

一是机构信息收集时间长、过程烦琐，耗费过多的时间成本和人力成本。KYC 工作流程的许多方面要求金融机构的员工审查并手动核对大量纸质文件，从而导致增加劳动力成本和人为错误的风险。根据 2017 年 Thomson

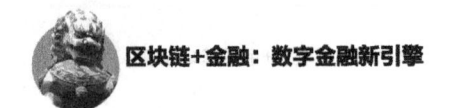

Reuters 发布的报告，收入在 100 亿美元以上的金融机构 KYC 相关手续平均支出从 2016 年的 1.42 亿美元增加到 1.5 亿美元，而专业合规员工数量从 2016 年的平均 68 人猛增到平均 307 人。

二是信息重复整理传递、境内外机构间 KYC 标准存在差异，造成各金融机构合规周期长，对面向全球化金融市场的 KYC 业务完善带来困难。一方面，金融机构往往独立核验客户信息的周期长，根据 Thomson Reuters 发布的报告，新识别一个客户的平均时间为 32 天；另一方面，由于金融机构的 KYC 业务的标准不统一，直接导致境内外机构之间的 KYC 信息无法直接有效共享，造成整个金融市场的重复合规成本高、错误率高。据 IBM 称，一些机构由于标记失误而被误认的违规比例高达 98%。

三是全球持续的 KYC 监管变化影响合规流程。根据 2017 年 Thomson Reuters 发布的报告，近四分之三的银行表示，立法和监管方面的变化对其 KYC 计划的调整影响最大，这相应地导致公司分配额外的资源以向监管机构提供更多细节信息，金融机构平均每年须额外花费 26 天来获取 KYC 监管信息。

3. 解决思路

德勤在其 2017 年的报告中提出，数字身份系统可以与基于分布式账本技术的基础设施融合，无缝确认客户及交易对手的身份，也可以促进更快、更准确地完成反洗钱及识别客户程序。美国市场情报公司 BIS Research 表示，在 KYC/AML 合规业务中使用区块链可以为金融机构降低 90% 的管理成本，从而为金融市场每年节省 60 亿至 80 亿美元。

在 KYC 业务场景中，区块链技术的解决思路如下：

一是安全可控信息共享。在基于区块链的安全信息共享平台中，信息需求方可直接向其他机构请求结构化或非结构化的 KYC 业务的相关信息，机构根据彼此之间的授信关系，自主选择是公开信息共享还是隐私数据服务共享，以缩减周期并降低人力成本。安全信息共享对比示意如图 6-3 所示。根据毕马威估计，在金融机构从事的 KYC/AML 工作中，80% 的工作量用于核对文件，而只有 20% 的工作量用于评估 KYC 数据和客户风险。通过采用区块链技术，可以提升信息传递效率，降低核对成本，从而使各金融机构可以有更多的人力资源来分析底层 KYC 和交易数据的风险。

第 6 章 区块链+金融基础设施

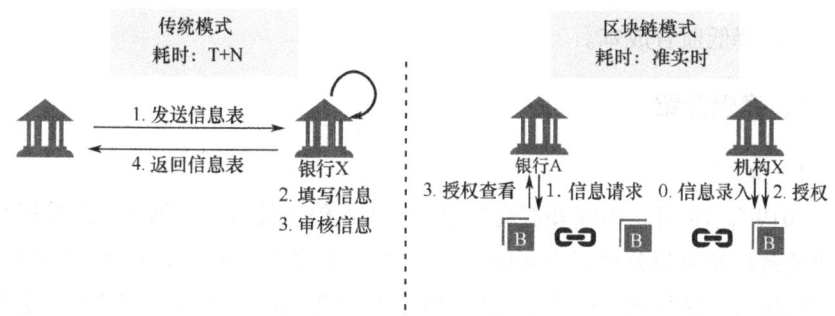

图 6-3 安全信息共享对比示意

二是联合数据分析。如图 6-4 所示，针对比较隐私的信息（如未公开的财报），在区块链应用系统中利用安全多方计算或联邦学习算法等技术，在各参与机构隐私数据不出库的分布式存储的情况下，直接得到合作分析处理的结果，大幅提升信息分析效率。在传统模式中，由于信息可信度低，核验信息的机构往往需要从信息提供商处购买信息，并自行进行信息交叉核对，以确定信息的有效性。

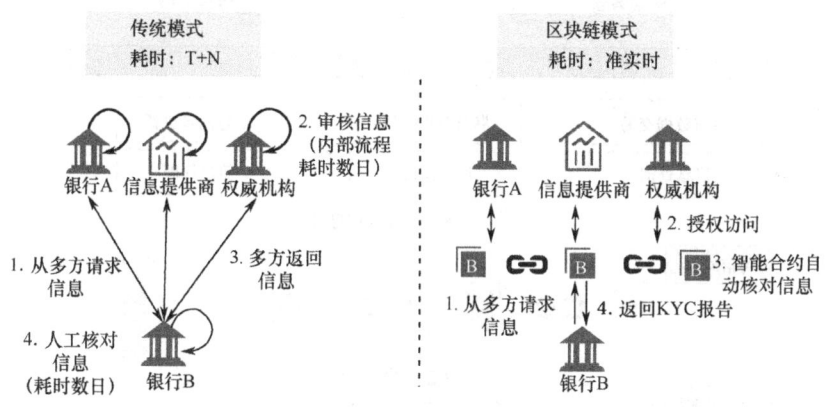

图 6-4 联合数据分析示意

三是智能化、程序化穿透式监管。监管机构作为联盟节点，可以在平台上发布监管规则与合规要求。其他机构既可以通过平台即时获知监管规则，获得合规文件和变更情况，也可以通过平台提供的自动化工具自动抽取变更关键字段与要求，提高各金融机构合规服务的效率。同时，监管机构既可以通过智能合约对监管规则或合规要求实行程序化转译，使其能够准确执行，提高监管的精准程度，也可以灵活地获得金融机构的信息，提高监管的透明

125

度，大幅降低监管成本。

4．案例介绍

1）案例1

2019年10月，中国外汇交易中心、中汇信息技术（上海）有限公司与杭州趣链科技有限公司联合开展了KYC信息共享服务平台POC原型试验，旨在利用区块链技术提升金融机构KYC信息服务的一致性与可信性，优化信息交易流程，为境内外机构开展金融资产交易提供便利。

如图6-5所示，由中国外汇交易中心等信息服务商、商业银行等会员机构组成联盟链，主要为金融机构提供可信数据交易、联合数据分析、信息同步更新等服务。其中，中国外汇交易中心等信息服务商是提供其他机构的KYC信息的机构，这些机构会定期更新和管理KYC信息，部署对等数量的区块链节点；会员机构既可以使用平台获取KYC信息，也可以通过此平台提供KYC信息。

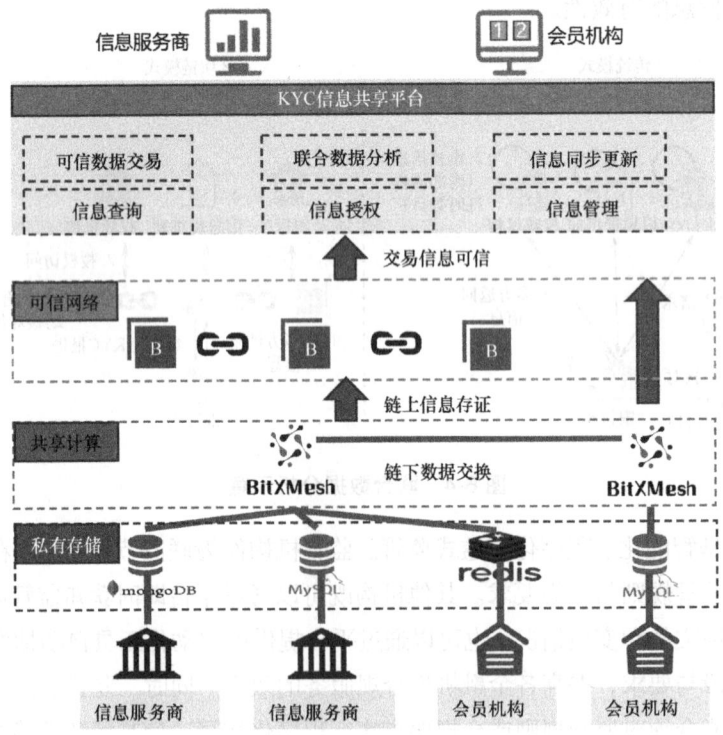

图6-5 KYC信息共享服务平台的原型架构

考虑到数据隐私保护与数据安全等关键性问题，此平台提供可信数据安全共享功能集合，可提供可信的"数据可用而不可见"的服务，主要包括保护私有信息的数据可信交易、联合数据分析等。其中，可信数据交易功能是指针对机构独有的隐私信息实行点对点数据交易的功能。通过区块链的共识算法、数字摘要等技术，保证私有信息的无偏性，提高可信性。联合数据分析功能是在信息不出库的情况下，通过多机构信息的匹配计算，在分析目标机构 KYC 模块信息的一致性之后，将分析结果直接给反馈给需求机构，从而在保护隐私信息（如身份证信息）的基础上，减少人工审查工作。

2）案例 2

2018 年，R3 区块链联盟联合包括法国巴黎银行、招商银行、德意志银行在内的 30 多家机构，在微软 Azure 上部署和运行了 45 个节点，尝试 KYC 应用软件 Leiaii 试用版，共在全球 8 个时区的 19 个国家实现了 300 多笔交易。

在为期 4 天的试验中，银行机构能够请求访问客户的 KYC 测试数据，客户能够创建和管理他们自己的身份，并可以授权或撤销多个参与者访问这些数据的权限。同时，当客户数据更新时，系统会自动更新所有银行的访问许可。

通过 KYC 共享数据应用平台可消除每个机构分别验证和更新 KYC 记录的需求，减少重复成本。但需要注意的是，平台的搭建最好能获得国家机关的支持，同时可通过政府机构入驻或出台相关法律法规来提升公信力，其本质是中心化授权和多中心化协同运营的结合，权威背书和技术背书的互动。

目前，国外的一些初创机构和国内的基础设施机构已经开展了基于 KYC 的信息共享产品或原型试验，并通过数据隔离、数据加密等隐私技术手段保证信息的安全共享。

6.3.4　交易：场外衍生品交易

1. 业务背景

衍生品是指一种合约，其价值附属于或衍生自基础资产、指数、金融工具或参考汇率。根据产品发行或者交易的场所，衍生品可以分为场内交易衍生产品（以下简称场内衍生品）和场外交易衍生产品（以下简称场外衍生品）。当前我国的场外衍生品市场发展迅速，交易规模逐步扩大。例如，2019 年，场外衍生品市场之一的银行间市场利率汇率衍生品市场累计成交 139 万亿元。

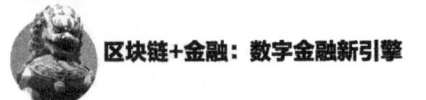

场外衍生品是根据客户个性化需求而量身定做的非标准化合约，许多交易往往是双方通过货币经纪公司或在线下达成意向后，再使用交易系统实现录入和确认的。同时，由于许多场外衍生品无法满足中央对手方集中结算的要求，往往采用双边清算的方式。在缺少中央对手方作为信用承担者的情况下，信用风险问题往往非常突出。

信用支持履约保障机制是应对信用风险的重要方式。为降低交易对手方的信用风险、保障自身产品利益，交易者往往会要求对手方提供和维持充足的担保品、保证金等。在国际层面，国际掉期与衍生工具协会（International Swaps and Derivatives Association，ISDA）制定并牵头推广的ISDA主协议及其附件中明确了信用支持制度的法律机制，强调了担保的重要性，对世界各国场外衍生品市场监管立法产生了重大影响。另外，同样提倡通过"担保"来应对信用风险的双边保证金制度，在国际社会上也得到越来越多国家的认可，成为应对信用风险问题的另一有效手段。

2. 存在问题

目前，国内场外衍生品交易尚未实现规模化发展与产品多样化发展，主要存在如下问题：一是交易效率低。目前，国内期货公司均采取一对一的形式与客户实行场外期权交易，从询价、成交、确认到清算的全过程以人工操作为主，耗时耗力且存在一定错误率。二是清结算方式不统一。场外期权市场清算一般通过电话、传真等方式进行，交易数据捕捉、交易对盘确认、担保品管理、资金交收和到期执行等后续业务处理通常也以人工方式进行。随着合约规模的扩大，处理速度和精确度难以满足市场的发展需求。三是信用风险高。场外期权清算时合约的履行依赖于交易对手方的履约，当市场价格剧烈波动时，交易对手可能因巨额亏损而被迫违约，也可能因主观恶意而主动违约。四是监管穿透性差。场外期权市场双边交易的特点使得只有交易参与人了解该笔交易及其持仓信息，信息的不透明导致相关监管机构对市场的总体持仓风险难以实行有效监管。

3. 解决思路

针对场外衍生品市场存在的问题，区块链的解决思路如下：
一是利用区块链技术特性建立可信联盟，保证链上信息的真实性，提升

第6章 区块链+金融基础设施

信息的传递效率，提高交易效率。区块链可以保证场外交易记录的完整性、可追踪性，以多中心机构、分布式联盟的方式，实现了类似中央证券登记机构所承担的数据中心、信用担保和强制执行等职能。通过这种方式，可在有效缩减执行成本的同时，提升风险防控能力。

二是以可编程交易的方式，实现自动交易与清算。通过智能合约设定证券发行方式、交易、清算方式，在符合合约条件时触发合约自动执行，从而简化场外发行和交易流程，提升交易效率。

三是通过智能合约降低违约风险。可以将金融资产在区块链中实行数字化表达，从而实现资产上链。依托法定数字货币或其支付工具在区块链中的数字化表达，可通过智能合约自动强制执行之前约定的合约，完成链上的衍生品交易、清算与券款对付，避免信用违约。

四是在联盟链中设立监管节点，创新监管服务的方式。一方面，通过创建监管节点和实现看穿机制为监管部门穿透式监管提供便利；另一方面，通过智能合约实现业务规则，以有效管理和约束市场参与者的行为，为市场监测模式探索新的实现方式。

4．案例介绍

1）案例1

2018年，在由上海证券交易所主导的联合研究课题中，国泰君安基于区块链技术实现了场外交易系统中场外期权产品的原型。券商或产品发行方可执行场外期权新增、查询、期权收益兑付等业务操作，合格投资者可购买场外期权，并且不同投资者之间可以实现机构内或跨机构金融资产转让；监管机构对外汇期权业务实行事前预防、事中监测、事后追查的全方位监管。国泰君安在该课题研究报告中指出，利用区块链技术具有3个方面的优势：一是有助于提高清算效率，增强产品流动性；二是有助于构建多层次监管体系，促进监管模式创新；三是有助于提高客户隐私数据的安全性。

2）案例2

X-Swap授信撮合交易系统是中国外汇交易中心面向市场会员推出的全自主研发的订单驱动的撮合交易系统，可为市场成员提供专业的、便利的利率互换及债券远期交易等人民币利率衍生品交易服务。2016年，中国外汇交易中心的全资子公司中汇信息技术（上海）有限公司对X-Swap系统开展了区块链的原型系统探索。

在现有的业务场景模式中，会员机构在系统中产生的交易记录会存储在交易中心的数据中心，会员机构也需要在交易中心确认交易并进行后续的清算工作。会员机构首先在 X-Swap 系统中进行撮合交易，其次在直通式处理系统服务程序中下载交易单，最后凭交易单完成双边自行清算，或在集中清算机构如上海清算所或中央债券登记公司完成集中清算，如图 6-6 所示。整个过程包含多个环节，大量的工作需要人工来完成，如果一个环节发生故障，整个交易流程都会被阻塞。

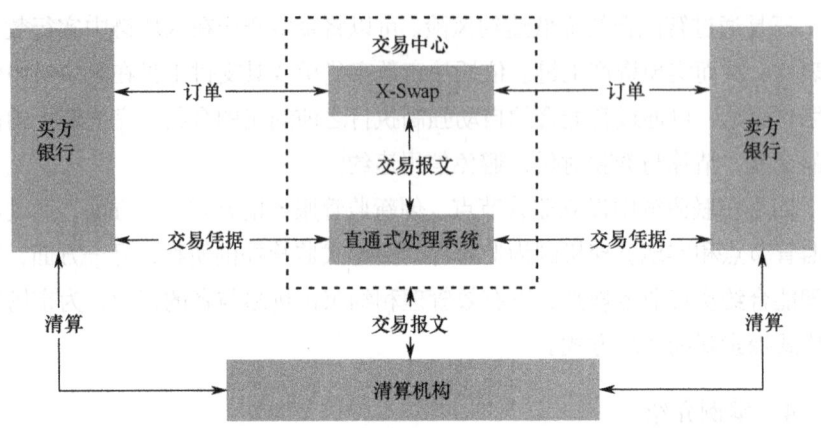

图 6-6　当前 X-Swap 系统交易和清算模式

基于区块链技术可以将交易记录实时地保存在区块链网络中，交易中心能够极大地减少运维成本，而会员机构进行交易后操作的过程也将更加简便，在完成交易后就可以在区块链网络中实时地查到完成的交易，甚至自动完成双边清算或集中清算，如图 6-7 所示。

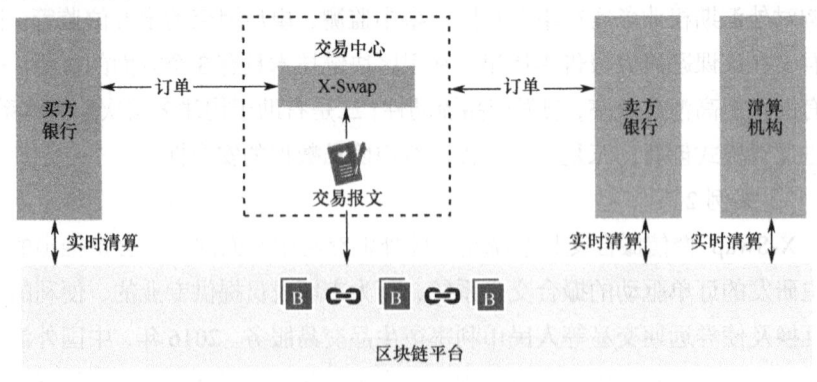

图 6-7　基于区块链的 X-Swap 系统交易和清算模式

5. 案例分析

在场外交易市场中，区块链具有一些技术优势：一是利用区块链"交易即结算"的特点，避免了跨机构间复杂的对账流程（需要最长 T+5 个工作日），提高了产品流动性，也提升了资金利用效率；二是实现了实时的穿透式监管，由于监管部门拥有联盟链节点，能实时地获取全市场数据，从而实行事前预测、事中监控、事后追溯的全方位监管；三是针对敏感数据隐私性和监管透视性的要求，提出了联盟链环境下的数据隐私保护方案，提升了客户隐私数据的安全级别。但是，由于场外衍生品往往交易不活跃，使用区块链实行改造的投资收益往往难以量化衡量，目前未出现上线使用的相关系统。

6.3.5 交易后：证券清算与结算

1. 业务背景

证券交易后处理主要是指在证券买卖双方交易达成之后的证券清算和结算环节，是证券交易体系的核心组成部分。证券清算是指计算交易相关方的证券与资金的偿付义务的过程，清算过程包括交易确认、与相关方对账业务场景。证券结算是指根据清算的计算结果，证券从证券卖方转移至买方，资金从证券买方转移至卖方的过程。只有完成了证券结算，证券交易才算真正完成，证券交易双方才算完成债权债务的清偿。

2. 存在问题

证券交易清算与结算业务流程示意如图 6-8 所示。

目前，证券交易清算与结算业务主要存在如下问题：

一是环节复杂，周期冗长。交易双方往往至少需要 T+1 日后才能了解引发备付金账户变动的贷款借还交易明细信息，存在缺乏统一、全面的信息视图等问题。

二是需要人工干预。由于证券交易往往需要多个金融机构同步交易数据（例如，买卖股票双方开设股票账户的证券公司、银行、证券交易所、中证登等），而各金融机构都是根据各自的记账规则独立记账的，可能会出现由于记账时间的不同而出现不一致的情况。这时为统一交易记录，往往需要对交易记录实行人工核对和调整。根据 2016 年高盛的研究报告，在美国股票交易中，约 10% 的证券清算与结算需要进行人工核对与调整。

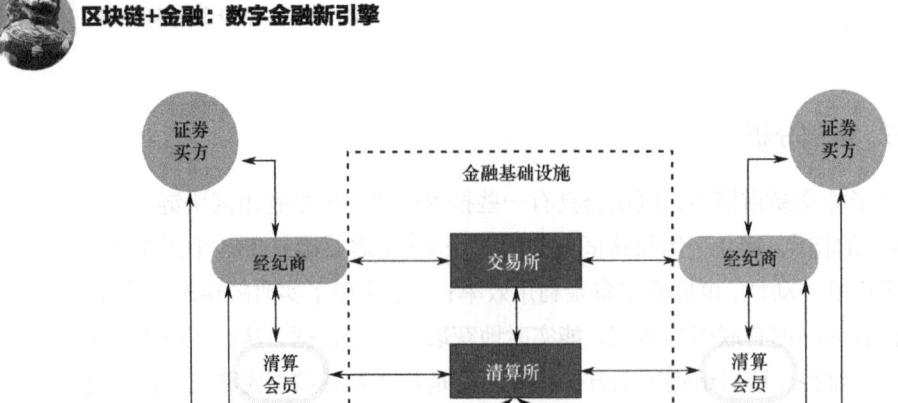

图6-8 证券交易清算与结算业务流程示意

三是成本巨大。根据2016年环球同业银行金融电讯协会（SWIFT）的研究，在全球金融市场中，证券清算、结算、抵押品管理、托管等业务的每年花费高达400亿至450亿美元。2018年高盛发布的区块链研究报告中指出，通过在证券市场上特别是股权、再回购市场的清算与结算，将每年节省110亿~120亿美元的费用。

3．解决思路

基于区块链的证券清算与结算联盟示意如图6-9所示。

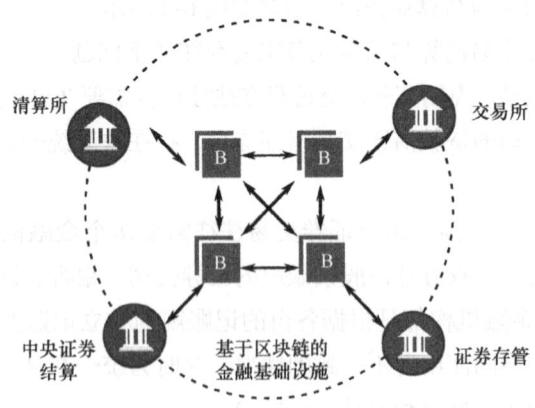

图6-9 基于区块链的证券清算与结算联盟示意

第6章 区块链+金融基础设施

交易所、清算所、中央证券结算、证券存管等相关机构利用区块链技术搭建新型金融基础设施平台能解决上述问题。

一是共享账本提升数据可信性与运营效率。金融基础设施机构建立起一个可共同维护的联盟链账本，通过加密验证交易各方身份来确认真实性和不可抵赖性。托管银行、结算会员、经纪商等金融机构作为此应用的使用用户，存储与本机构相关的交易数据。通过这种分层的共享账本的方式可以在保护交易隐私的基础上，实时地了解金融业务及资金交易信息，实行实时的头寸监控，省去了交易后对盘，提升了运营效率。

二是通过智能合约降低违约风险。根据业务的具体逻辑，可预先编写好智能合约以实现实时流水对账、发现对账差异、计算账户余额等功能，也可在不同中央对手方担保交收智能合约上清算，减少人工对账，实现净额或全额结算与券款对付，降低对手方信用风险。

三是节约金融市场的整体开发成本，提供监管便利。在区块链网络成熟之后，还可以低门槛地增加新的合作伙伴或节点，无须实行重复的系统开发工作。此外，也能按照金融监管机构的要求，为监管机构部署监管节点，以便监管机构实时地了解业务风险。

4．案例介绍

1）案例1

香港交易所在2018年10月发布的《金融科技的运用和监管框架》中指出，由于现行证券结算因相关联主体多而导致结算周期拉长，投资人之间的证券交易、清算与结算，须经过银行、经纪商、交易所、托管机构、中央证券存管等多家机构之间的交易数据共享和交易指令、结算指令的传递。一旦任意两方在对账过程中出现问题，则需要人工操作与协调。而在有大量证券交易时，这种不一致的情况经常出现。利用区块链技术实行链上清算与结算一体化，既能够大幅缩短交易后时间，而且也可以通过智能合约对交易双方的抵押品、账户余额实行实时管理，降低交易风险。

2）案例2

据报道，澳大利亚证券交易所已于2015年启动交易后系统CHESS（清算所电子登记系统）替代项目，利用分布式记账技术及ISO 20022标准开发全新的交易后处理结算系统。CHESS是澳大利亚现金股票市场处理清算、结算和登记业务的核心系统，向市场成员提供中央对手方清算、T+2日券款对

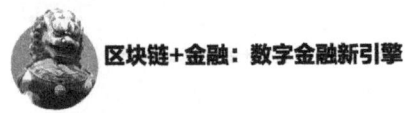

付结算和资产登记服务。

2016年1月，Digital Asset Holdings LLC 作为 ASX 的技术合作伙伴，开发、测试并演示了使用分布式记账技术搭建的交易后处理平台原型，SWIFT 提供有关 ISO 20022 标准的专业咨询服务以支持分布式记账下的标准化数据格式。2016年年底，该替代系统已实现了 CHESS 现有核心功能，并通过了 ASX 在可扩展性、安全性及性能要求等方面的初始容量测试。

该替代系统利用区块链技术的优势，实现交易后各个节点的实时数据共享，提高了发行机构的股东数据分析能力，可以帮助投资者实时查询证券持有及分红信息，有利于监管机构追踪审计信息和监控交易数据，降低中间环节的操作风险和人工成本，显著提高了整个交易后处理业务流程的工作效率。

5. 案例分析

虽然区块链技术能够在一定程度上改进证券交易后的处理系统，但是还处在原型试验阶段，并没有证券交易所在上线交易后系统中使用区块链技术。主要原因为在法定数字货币未推广时，多机构扁平式互联优化清结算流程的改造成本高于其带来的收益。一方面，没有法定数字货币的支撑，就无法实现链上结算，以及链上券款对付，那么就依然需要依赖区块链之外的传统系统实行资金划拨。在这种情况下，清算与结算的业务流程优化空间有限。另一方面，在外部机构与本金融机构相连时，往往需要设计防腐层，以满足安全规范要求，机构之间并未实现直接的互联互通。这导致多方往往只把区块链上的数据当作多方共识后的交易凭证，后续流程依然通过本机构的其他系统完成，流程优化的效果受限。

6.4 应用前景、挑战与发展建议

6.4.1 应用前景

1. 短期发展前景

从短期来看，区块链在金融基础设施领域的应用以解决实际问题为出发点，以点带面地逐步扩大应用范围，并不会大范围改变金融产品的形态和基础设施的服务形态。从总体上看，可在具有如下特点的领域开展应用探索。

第6章 区块链+金融基础设施

一是通过提升数据的难篡改性和修改的可追溯性，提升信息服务的可信性与网络的透明度，减少人工成本。例如，利用区块链开展交易成交单保存、托管合同、从业资质证书管理等存证类业务，可降低多方之间不信任的凭证的交易摩擦成本，大幅减少核验与审核成本。

二是优化重复校验的业务流程，降低信息不对称性和交易成本。利用区块链技术以多方相对平等接入、共同记录的方式，实现相关方的信息共享，进而提升信息传递效率和工作效率。例如，在 ABS 发行过程中，可以使相关方看到资产包的"全生命周期"，提升各方所使用信息和数据的统一性。而在交易过程中，发行人和投资者可以同时将交易记入共同的账本，有效减少代理商间针对一笔交易实行的重复协商，尤其适合需要人工操作并需要多回合清算的资产，可以减少成本并提高结算速度。

三是通过区块链技术，有助于场外交易双方的协调。以场外衍生品交易为例，场外交易市场是一个高度纸质化且缺少中央协调的市场，运用区块链技术有助于交易双方的协调，从而便利衍生品的交易、清算和结算。此外，由于区块链记账的分布式共识性，需要频繁取消或修改订单的证券交易很难适用于分布式记账。但场外双边交易并不需要激烈的价格竞争，而且订单的取消或修改也很少发生，可试验区块链技术。

2. 长期发展前景

从长期来看，区块链技术在金融基础设施领域的运用既有助于实现金融资产链上数字化表达，也有助于实现优化金融产品的发行、交易、清算、结算等功能，形成一体化的金融交易平台，进而提高金融市场的流动性，促进形成面向全球的交易平台。这种区块链的广泛应用既依赖制度、监管、机构职能等方面的协调与变革，也依赖区块链技术的成熟与完善，需要经历一个较为长期的演进过程。

1）数字资产促进数字金融发展

数字资产是在赛博空间中原生的、包含全量信息的、以数字化形式呈现并流转的资产。随着法定数字货币的推广、物理世界与数字世界的无缝映射，数据和数字化后的发票、商业合同、借贷单据等资产都可以通过技术手段实现数字化表达，成为数字资产。之后，这些数字资产既可以在证券市场登记成为可交易的证券产品，也可以在银行间市场备案成为可交易产品，甚至可以在厘清法律关系的基础上作为支付工具使用，流转盘活了诸多边缘资产。

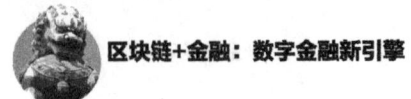

通过数字资产可有效解决中小企业底层资产多层级流转的信息穿透问题,让中小企业获得对等话语权并可独立开展融资活动,提深金融服务实体经济的水平。

有别于传统的交易产品或支付工具,在基于区块链的新模式下,资产所有者及交易者可能会自主掌控数字身份、数字资产,可点对点直接交易,但是需要承担交易责任。为实现其自主可控和数字资产的可信性,需要通过区块链、大数据、芯片等集成创新技术,保障其原生数据的产生、流通、确权等全生命周期的信息可信性、可穿透性、可追溯性。通过创新技术的运用实现信息流与价值流的双流合一,即信息流通就是价值流通。由于数字资产可以方便自证与他证,改变中小型企业融资难、融资贵的现状,进而可以灵活地弥补现有金融服务的空白地带。

2）基础服务一体化发展

随着法定数字货币和数字资产的推广,利用区块链技术可实现发行、登记、托管、交易、清算、交收一体化发展,进一步提升交易效率。利用区块链技术,在交易记录隐私可控的前提下,金融市场参与者将与基础设施机构共享账本。金融双方发送的交易指令将通过共享账本的方式,由交易双方、交易所、清算所等相关机构实行共同记录,可实现快速点对点交易确定、即时清结算、快速券款对付等功能。

在基于区块链的交易模式下,金融基础设施机构将逐步融为一体,相关服务业态将会发生变革。例如,在银行间市场,原来由上海清算所/中央登记结算中心运营的较为封闭独立的债券登记系统,变成基于共识算法、密码学算法及智能可约等技术实现的相对开放共享的区块链系统,债券相关信息将根据隐私保护规则在相关方中共享。外汇交易中心、证券交易所依然会从市场参与机构中获得报价后,通过并行计算、硬件加速等单点优化技术计算最优的行情信息。在获得行情信息后,最优报价信息可通过区块链中的先知模块（Oracle）传入订单撮合的智能合约中。当满足智能合约的要求时,如交易双方通过点击成交或通过智能合约的订单撮合成交后,交易结果信息会记录在相关方共同维护的区块链上,并会自动触发具有债券结算、担保交收或风险管理功能的智能合约,完成逐笔准实时的交易后清算、结算和券款对付。

3）交易国际化

与全球交易所合作,可为金融企业提供额外收益,实现金融产品的双重上市、扩大投资者范围。目前,港交所、纳斯达克和伦敦证券交易所已经实

现了金融产品的双重上市，扩大了交易用户。随着法定数字货币与数字资产的普及，数字资产在多个国家的交易所实行交易将更为普遍。这是由于基于区块链将数字资产全生命周期的数据记录下来，提升了资产的穿透性与可信性，并通过智能合约的运用降低了交易对手方风险与中介风险，避免了交易摩擦。例如，基于区块链技术的存托凭证发行与交易，既可以提升底层资产的透明性，也可以通过智能合约来减少跨境的政治风险，保证现金流的按时到账。

6.4.2 应用挑战

1. 技术风险

一方面，可扩展性需持续提高。在性能方面，在传统业务中，交易所、清结算机构等金融基础服务机构采用分布式系统架构后，可通过水平扩展计算服务器的方式灵活提升自身交易处理性能，而区块链应用的可信性与可靠性依赖多方重复计算与存储，目前无法在高频交易、逻辑复杂的金融业务中运用，同时也无法通过这种灵活的方式自适应地提升性能。在存储方面，区块链中持续增加的数据需要多方存储，提升了共同维持金融应用的多家机构与组织的存储负担。目前，大型金融机构每日可产生成百上千 GB 的海量数据，并需要这些数据实行"两地三中心"异地灾备建设，以保证其业务连续性。在此情况下，增加的区块链应用数据的存储成本不容小觑。

另一方面，安全性需持续提高。金融基础设施对系统安全等级要求往往较高，需要避免出现数据泄露、智能合约漏洞与运行漏洞等现象，能够抵御网络攻击、流量攻击、恶意节点攻击。区块链技术的金融应用不仅需要系统开发方保证智能合约的高质量与安全性、满足传统金融系统的安全要求，而且还需要依赖全体系统运营机构的互相配合与监督，才能提高金融服务的安全性。

2. 金融创新风险

1）职能转变风险

传统金融基础服务业务难变革。金融基础设施机构属于金融中介服务机构，基于区块链的新型点对点交易结构似乎将交易所、清结算机构等基础设施机构排除在外。但如果淘汰这类金融中介机构，不仅会导致监管职能部门

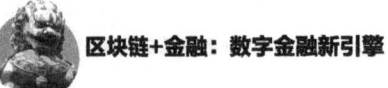

缺少管理抓手，而且也不利于保护投资者权益、防范金融风险、维持金融稳定。这是因为金融基础设施机构往往是通过制度性安排而设立的，由相关法律赋予其服务义务，并承担着市场组织运行、风险识别与防范、投资者权益保障等重要职能，可以有效维护金融市场的稳定、持续发展，且不可以被轻易取代。因此，传统金融基础服务的改革创新往往依赖此类机构自我革新的诉求、机构间合作共赢的契机、市场的迫切需求和监管机构的统筹安排。

2）责任风险

尽管在区块链应用系统中，多方共同保存数据比单一机构保存数据更加安全，但是这并不会消除潜在的应用安全问题。而且由于是多方共同维护系统安全，需要针对潜在问题与风险，考虑如何划分责任。但是，区块链网络下的主体身份更为模糊、主体间关系更难界定、交易行为的意思表示内核更不清晰，因而也更难实行责任分配。例如，系统中共同记账机构都需要对某个技术性的系统问题负责吗？如果黑客攻击每个记账节点成果，将由谁来承担法律责任？

6.4.3 发展建议

1. 加强技术攻关

为适应大力发展的数字普惠金融，助力其他金融机构把握超车机遇，金融基础设施机构充分发挥数字金融运营成本低、触达能力强、可监管程度高的优势，构建安全可控的区块链金融体系，使更加符合 PFMI 要求的区块链底层成为金融基础设施之一，助力区块链与金融的双向融合与相互促进。针对区块链技术在金融领域应用的痛点和难点，金融基础设施机构可联合高校、科研机构以搭建共研平台、组建联合实验室等形式开展攻关。围绕高性能、安全隐私、高可用、高可扩展性的目标，在高通量共识算法、高性能智能合约、密码算法、隐私保护、安全多方计算等核心技术方面开展技术研究，降低区块链在金融基础设施领域应用的技术风险。

2. 重视链上治理

区块链技术可看成跨机构主体的数据集成技术或架构，通过搭建信息共享的平台，降低信息的不对称性，实现数据互联互通，进而增强风险的联合防范能力。但是，并不是所有的数据都适合使用区块链存储，所有的业务逻

辑都使用智能合约来实现。需要对上链数据和使用智能合约的业务逻辑实行甄别，防止出现无法发挥区块链优势与品质、对区块链滥用的应用系统。为此，需要建立科学、有效的区块链数据治理体系。对于数据治理，在组织层面可以先建立数据联盟工作组，评测各节点链下数据治理的成熟度，敦促各方改善上链数据的质量，并且在必要时设定数据治理成熟度的门槛。

3．加强链下治理

推进区块链金融应用需要完善的监管治理框架作为支撑和约束，不仅要注重链上治理框架的完善，而且要注重链下治理框架的构建。在法律法规层面，要逐步弥合区块链金融与现有法律政策体系的鸿沟，提高智能合约在实践中的适用性，适时推动立法。现有法律政策体系对智能合约、分布式自治组织等新生事物的约束力下降，社会各界应在推进应用落地的实践中提高区块链技术的适用性。在技术方面，通过发展物联网、大数据、芯片等技术为智能合约触发提供客观、真实的信息源，将链上金融行为与链下金融权利义务相对应，弥合依靠代码驱动的区块链金融设施和现有法律政策体系的鸿沟。

6.5　本章小结

具有信息难篡改、易追溯、共同维护等特性的区块链技术，善于处理多方协作问题，是解决金融基础设施之间跨市场、跨地域、跨国界的联盟合作难题的一种有效的基础技术手段，将与大数据、人工智能、物联网等其他技术形成整体性的解决方案，促进金融市场的开放与繁荣。

从整体发展来看，区块链在金融基础设施中的应用将会分阶段循序渐进。应用的最终实施不仅取决于区块链技术的成熟度，而且还要结合具体的业务流程、投资收益比率、法律规定、监管要求等进行综合考虑。

在近期的金融应用中，主要以解决金融资产交易全生命周期中的具体问题为立脚点，以点带面地逐步扩大应用范围，如在交易前环节的认识客户环节解决信息分散、合规成本高的问题，在交易环节的 ABS 债券发行中解决信息传递链条长、信息透明度低的问题，在交易后环节的清算交收环节解决清算效率低、流动性差的问题。

在远期的金融应用中，随着法定数字货币的推广、早期区块链金融应用

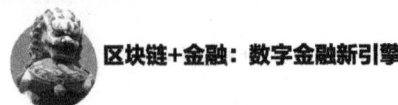

系统的积累，将有助于优化金融产品的发行、交易、清算、结算等功能，从而形成一体化的、面向全球的金融交易系统，使金融服务更加开放、安全、稳定、规范。这不仅需要区块链技术的创新与应用，而且也需要更加有效的监管框架、法律法规来引导，更需要金融市场的基础设施机构通力合作，才能共同打造新一代金融基础设施。

第7章
区块链+供应链金融

7.1 供应链金融发展现状

7.1.1 基本概念

1. 什么是供应链管理

供应链管理是指针对从供应链采购开始,到满足客户最终需求的全过程,以最少的成本使供应链运作达到最优化的管理方法。它包含对由供应商、制造商、分销商、零售商、仓库、配送中心到客户所构成的网络中的物流、商流、信息流和资金流的计划、执行和优化。

在供应链管理过程中,由于企业运营收入与支出一般来说发生在不同的时间点,往往需要先付出资金购入材料,再生产,然后售出以回笼资金,因此企业资金会被占用,企业会产生现金流缺口。另外,随着赊销情形越来越普遍,中小企业销售资金回笼周期变长,现金流缺口加大,它们面临越来越严峻的资金流压力。因此,通过供应链金融解决供应链中的资金问题显得尤为重要。

2. 什么是供应链金融

在国内,对于供应链金融相对普遍的理解是指以核心客户为依托,以真实贸易背景为前提,运用自偿性贸易融资的方式,通过封闭资金流或控制物权,对供应链上下游企业提供的综合性金融产品和服务。相比传统银行的公司业务主要服务产业链核心企业,供应链金融将金融服务延伸到了与核心企

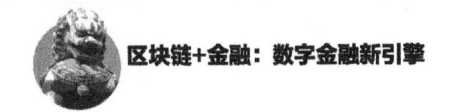

业有供需关系的上下游企业。它的核心是将供应链上的核心企业及其相关的上下游企业作为一个整体来看待，它关注的是整条供应链的风险，而不是供应链上的某个环节或者某个个体。

供应链金融基于企业在供应链交易中形成的流动性较差的资产，以其未来现金流为还款来源向企业提供金融服务。这些资产包含应收账款、存货、预付款等。因此，交易的真实性、资产的可控性和资金运作的闭环是供应链金融的关键。

一般来说，金融机构受限于难以深度介入供应链，不完全具备对供应链资产风险控制的能力，因此需要与供应链交易中的买方、卖方、第三方物流等相关方紧密协作，通过将产业和金融生态打通，构建供应链金融生态，从而实现对供应链资产的有效监控，合理控制风险，这是供应链金融的发展趋势。

3．供应链金融生态

供应链金融生态是由供应链金融活动涉及的相关利益方、参与方，它们的角色和关系，以及它们与制度和技术环境的关系共同构成的。供应链金融生态包含产业受益主体、产业场景主体、金融服务主体和基础设施服务方。

1）产业受益主体

供应链金融中的产业受益主体主要是供应链上下游中小企业。在供应链金融中，核心企业往往不需要资金，真正需要资金的是中小企业。它们在供应链中处于劣势地位，资金缺口大，而通过传统金融渠道又难以获得融资。基于供应链交易中形成的资产，借助核心企业信用背书、物流控货等方式，中小企业能获得融资，从而缓解融资难、融资贵的问题。

2）产业场景主体

供应链金融中的产业场景主体是指为中小企业提供金融服务所依托的产业链上的重要参与方，主要包含供应链中的产业核心企业和第三方物流、仓储等。它们掌握了上下游企业的真实贸易信息、物流与仓储信息，对于金融机构评估整条供应链的风险起着关键作用。其中，核心企业的参与对于降低融资风险尤为关键，主要体现在如下4个方面：第一，资金封闭运作。在供应链业务中，通常核心企业是融资款项封闭运作的主体，对贸易往来的物权单据也可以控制，因此金融机构可以借此对资金流和物流进行控制，对风险动态进行管控。第二，破解信息不对称。核心企业具备与供应链上下游中

小企业长期的贸易往来数据，有助于辨别贸易真实性，评估中小企业的营收。第三，客户准入筛选。一般来说，核心企业会从自身经营管理的角度出发，制定供应商管理机制，包括供应商准入要求并根据服务质量筛选出优质的供应商，与它们形成相对稳定的合作关系。第四，部分核心企业能协助提供担保，从而进一步降低对中小企业授信的风险。

3）金融服务主体

供应链金融中的金融服务主体是指直接或间接为产业受益主体提供服务的金融机构，主要包括商业银行、商业保理公司、融资租赁公司、产业集团下属财务公司等金融机构。随着供应链金融资金的提供方逐步多元化，金融服务主体分化出一些纯粹的金融资金方，其主要是提供资金，并不直接服务于产业供应链。

4）基础设施服务方

基础设施服务方为供应链金融的发展提供配套的技术服务、信息服务和行业监督服务。

4. 供应链金融的产品形态

1）应收账款融资

应收账款融资是指企业将赊销形成的应收账款转让或抵押给金融机构，以应收账款作为还款来源，获得融资及结算、财务管理风险担保等金融服务的业务。它主要应用于具有大量赊销业务的企业，以解决现金流缺口问题，如核心企业的上游供应商。应收账款融资包括保理、保理池融资、反向保理和出口企业的特殊供应链金融形态等模式。

2）库存融资

库存融资是指企业将其拥有的存货作为抵押，向金融机构出质，同时将质押存货转交给具有合法保管存货资格的物流企业进行保管，以获得贷款的融资业务。库存融资能加快库存占用资金的周转速度，降低库存资金占用成本。它主要应用于市场需要保有大量库存但运营资金不够充足的上下游企业。库存融资主要分为现货质押和仓单质押两大类。现货质押可分为静态质押和动态质押，仓单质押分为标准仓单质押和非标准仓单质押。

3）预付款融资

预付款融资是指在上游企业承诺回购的前提下，由第三方物流企业提供信用担保，中小企业以金融机构指定仓库的既定仓单向银行等金融机构申请

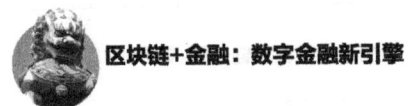

质押贷款来缓解预付货款压力，其中提货权由金融机构控制的融资业务。它主要应用于存在预付款的核心企业的下游经销商，包括先票/款后货授信、担保提货（保兑仓）授信等模式。

5. 供应链金融的价值

1）降低融资风险，拓宽服务对象

对于金融机构而言，供应链金融能降低融资风险，是拓展中小企业客群的重要产品。金融机构服务供应链小微企业的难点在于缺乏有效的手段来准确、高效、低成本地对小微企业进行风险识别和风险定价，因此只能选择放弃这部分客群。在供应链金融模式下，金融机构借助核心企业、物流仓储等产业场景主体的参与，在评估供应链整体风险的同时加强交易风险控制，绕开了直接评估小微企业主体风险的做法，使金融机构将业务进一步拓宽到供应链小微企业。

2）降低融资门槛，减少融资成本

由于供应链金融关注的是供应链整体的风险而非个体的主体信用，因此能降低融资主体的准入门槛，具有普惠性。原本中小企业主体信用等级比较低，资信状况较差、财务制度不健全、缺乏足够的抵押担保，因此无法达到传统金融的融资要求。在供应链金融模式下，由于金融机构基于供应链整体来考量风险，重点考察融资企业在供应链中的交易真实性，特别是与核心企业的交易真实性及历史合作情况，因此弱化了对中小企业财务审核等主体信用的准入控制，降低了融资门槛。此外，如前所述，由于核心企业的参与，融资风险得以降低，因此金融机构能以更低的资金成本为中小企业提供融资服务，降低了中小企业的融资成本。

3）优化供应链管理，提高竞争力

对于产业核心企业而言，供应链金融是供应链管理的重要一环。通过供应链金融，核心企业由于帮助了上下游企业获取融资，因此能进一步提升对上下游企业管理的力度，包括产品质量、优化账期、降低库存等，从而改善现金流与负债表，提升供应链效率，提高企业的核心竞争力。

7.1.2　运行特征

1. 基于供应链整体的风控

供应链金融是依据供应链整体运作情况，从供应链上企业之间真实的贸

第 7 章 区块链+供应链金融

易背景入手，来判断供应链上流动性较差的资产未来的变现能力和收益性。如果没有实际的供应链做支撑，供应链金融就无从谈起。因此，供应链金融的风控首先是基于供应链整体的风控，取决于供应链上下游整体运作的质量和稳定性，而不是传统的单一贸易环节。当供应链金融的覆盖范围达到"端到端"时，供应链金融的风险也就随之覆盖了整个供应链。

2．关注交易信用

供应链金融是基于供应链资产抵质押的金融服务，金融风控的重点是考察形成这些供应链资产的交易的真实性和交易中资产的可控性。对于供应链上下游的中小企业而言，交易主要包含与不同核心企业的交易和与众多中小企业间的交易。交易信用的基础是交易本身的真实性，因此要尽可能地对交易的事前、事中、事后全流程进行动态监控，对多维度数据进行交叉验证，确保实时、实情和实物。供应链资产的可控性，特别是对于供应链中的存货等有形资产，需要利用区块链技术结合物联网、5G 等技术的融合应用，来实现低成本、有效、可信的监管。总体来说，在供应链金融模式下，对于供应链链条上的中小企业的风险评估，需要从原来的单一的以企业为主体信用的评估转变为更加关注供应链资产交易信用。

3．资金闭合运作

由于供应链金融是以供应链上资产的未来现金流作为还款来源，因此资金闭合运作是供应链金融服务的刚性要求。供应链中的核心企业必须按照合同要求到期支付应付账款，作为还款来源，且资金的流动要能被金融机构方便地监管，以确保还款资金的可得性，达到过程风险控制的目标。

7.1.3 发展要求

1．政策鼓励大力发展

小微企业在我国经济发展中发挥着非常重要的作用，是发展的生力军、就业的主渠道。2018 年年末，中国共有中小微企业法人单位 1807 万家，占全部规模企业法人单位（以下简称全部企业）的 99.8%。中国人民银行和银保监会发布的《中国小微企业金融服务报告（2018）》显示，截至 2018 年年末，小微企业法人贷款授信 237 万户，贷款余额 26 万亿元，占全部企业贷款的 32.1%，其中，单户授信 500 万元以下的小微企业贷款余额仅 1.83 万亿

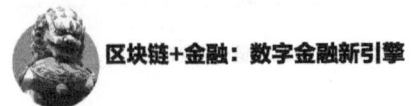

元,说明小微企业在融资中处于弱势地位。供应链金融是解决小微企业融资难、融资贵的金融产品,且供应链金融的支持政策不断加码,以推进解决小微企业融资难问题。

2. 数字化升级需要

随着数字经济的发展,供应链金融应适时而动,顺应实体产业数字化发展的浪潮,用数字化提升金融服务,进一步实现对实体产业更好的赋能。供应链金融数字化要求供应链金融升级到产业数字金融。产业数字金融是指在区块链、大数据等技术的赋能下,依托于产业链并基于产业供应链资产数字化的金融服务模式。产业数字金融的核心是实现产业供应链资产全生命周期的数字化和标准化。

3. 共建产融生态

在过去,无论是产业主导的供应链金融,还是金融机构主导的供应链金融,受产业广度、金融机构深度所限,都无法服务到更广泛的供应链企业。要打破这个瓶颈,就需要构建纳入多方的协作式产融生态,一方面纳入更多的产业场景主体,使在传统供应链金融模式下参与不到供应链金融中来的核心企业、物流企业等产业场景主体加入进来,扩展产业的广度和深度;另一方面吸纳更多元的资金方,加大资金对于风险的接受广泛度,从而促进资产与资金的繁荣和匹配。进而通过吸纳基础设施服务方,降低风险和减少风控成本,进一步增强产融生态的综合性优势。

7.1.4 行业痛点

1. 供应链信息孤岛

传统供应链金融的运作流程中,由于核心企业、上下游、金融机构、物流方的系统互不相通,各自掌握一部分信息,没有有效共享,存在信息孤岛的情况。对银行等金融机构而言,供应链信息不完整、不透明,则交易真实性难以保证,从而形成拒贷。

2. 企业信用不完整

供应链中小企业的交易信用包含从核心企业传导而来的交易信用,以及

第7章 区块链+供应链金融

与众多中小企业合作形成的稳定的交易收入对应的交易信用。但是存在如下两个方面的问题使供应链上企业的交易信用不完整，因此难以获得授信或者授信金额较小。

一方面，核心企业交易信用传导难。由于存在供应链信息孤岛，难以确定交易链路上远端交易的真实性，如一级供应商与二级供应商之间交易的真实性，金融机构的风控出于谨慎起见基于核心企业的交易与主体信用，只会垂直给核心企业的一级上下游企业授信，因此大量的处于二级及以上的中小企业很难获得融资。另一方面，这些中小企业不仅仅与一个核心企业合作，除核心企业以外还可能与许多中小企业长期稳定地合作，交易信用呈现碎片化状态。如果交易信用本身不能有效整合，则其信用额度不完整，就难以获得真正对应的融资金额。

3．履约风险控制难

现有的供应链管理体系中，核心企业对于直接合作的上下游企业的约束力较强，但对于链条远端的企业的约束力较弱，给拖欠账款和恶意虚假交易留下了空间，因此支付结算的履约风险没有办法有效控制。

7.2 区块链解决方案

7.2.1 协作式共建生态

协作式共建生态是指产融生态各方作为联盟链节点共建产融平台，打通供应链与金融的流程，互通商流、物流、资金流、信息流四流。这样有利于解决如下两个问题：

第一，有利于打破信息孤岛，保证交易真实性。通过区块链底层平台，链接产融生态各方，使供应链全链条、全周期、多维度的数据，包括订单、合同、物流、仓储等能时间连续地记录、互通与共享，从而最大限度地解决供应链信息不透明的问题，还原交易与供应链场景，保障交易真实性。

第二，有利于吸纳产融各方加入，繁荣生态。区块链具有账本多方共识、难篡改的特点，具备天然的可信度，因此是多方协作模式基础设施的技术优选，而且通过多方共组联盟共同维护，保持了平台的中立性，有利于吸纳生态各方的参与。

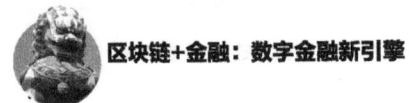

7.2.2 供应链资产数字化

供应链资产数字化是指通过区块链结合物联网等技术手段对企业经营性流动资产和固定资产进行数字化、标准化改造，形成可被市场各方广泛认可的，有优质底层实体资产做锚的全新"数字资产"形态。它包括对于资产所对应的交易、权属、物流、资金的标准化、数字化，数字资产自身属性的标准化和数字资产转让等交易过程的标准化，从而使得数字即资产。在此模式下，底层资产无须再以股票、债权、期货等分类名目来激活自己以流通。资产数字化能解决 4 个方面的问题：

第一，满足供应链金融数字化提升的需求。资产数字化是产业金融的关键所在。未来，随着法律进一步配套保障，将有可能真正实现数字即资产。供应链金融中存在的仓单、合同等非标准化的资产在打包了所有的资产属性并标准化登记在区块链平台上后，将极大地提升其流动性。

第二，解决核心企业信用传递的问题。将资产及权属数字化后，结合标准化的智能合约，供应链资产可在区块链基础设施上可信地转让，对于中小企业的授信将转变为基于数字化资产的授信。一级供应商将结合真实贸易背景的数字化凭证，将接收到的应收账款数字化资产拆分、流转给二级供应商，实现数字化资产的可信流转。

第三，解决中小企业交易信用碎片化问题。随着资产数字化的普及，越来越多的交易沉淀在区块链平台上，因此以中小企业间交易为基础的交易信用也将被更全面地识别，从而解决中小企业信用碎片化的问题。

第四，区块链结合物联网、5G 等技术，实现资产监控智慧化，从而减少资产监管成本，降低风险。结合物联网监控技术，全时段不间隔地在线对企业交易、物流、仓储等全维度数据进行采集并在链上存证，基于可信数据持续监测存货及企业经营情况，确保资产可控。通过技术手段代替传统的第三方人工监管模式，可降低风控成本。

7.2.3 智能合约强化履约

智能合约是在区块链上运行的计算机程序，封装了若干状态与预设规则，在满足执行条件时可自动执行。它以代码形式写入区块链合约层，在经联盟各方共识后生效。因此，基于智能合约的履约形式杜绝了人工操作可能带来的违约风险，可以解决履约风险无法有效控制的问题。例如，通过智能

第 7 章　区块链+供应链金融

合约来实现回款资金在供应链链路上清分和融资扣款的自动化，保障回款资金的安全性。通过智能合约控制平台中多方主体的数据与操作权限，是协作共建生态的重要基础。另外，将金融监管规则内置于智能合约可以有效实现主动式监管。

7.3　区块链应用进展

7.3.1　应用概况

由于区块链技术助力打破供应链数据孤岛，并使数据真实、透明、可信，有利于构建可信的多方协作环境，从而传递核心企业信用，降低融资成本，提升融资效率。鉴于区块链技术在解决供应链金融痛点方面的优势，金融机构及金融科技企业正积极尝试通过区块链解决供应链金融的问题，供应链金融是区块链应用场景中落地数量最多的领域之一。其中，金融机构是落地应用区块链供应链金融的主力军，金融科技公司通过建立产融平台的方式落地区块链供应链金融的案例也不断涌现。应用场景主要集中在应付账款融资、应收账款融资、动产质押融资、资产证券化（ABS）融资等场景，如表 7-1 所示。

表 7-1　供应链金融的应用场景

企业	平台名称	平台服务
中国工商银行	工银 E 信网络融资金融服务平台	应付账款融资
农业银行	E 链贷	应付账款融资
中信银行	信 E 链	应付账款融资
浙商银行	应收款链平台	应付账款融资
贵阳银行	爽融链	应付账款融资
腾讯	微企链、易动产质押融资平台	应收账款融资、动产质押融资
平安壹账通	壹账链	应收账款融资
京东数科	区块链 ABS 标准化解决方案	ABS 融资
欧冶金服	欧冶通宝	应收账款融资
复星金服	星融链	应收账款融资
易见股份	易见区块链	应收账款融资、ABS 融资
趣链科技	飞洛平台	应收账款融资
聚均科技	易融星空	应收账款融资、ABS 融资

资料来源：根据公开网络新闻报道收集汇总，截至 2020 年 3 月。

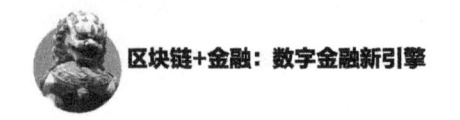

7.3.2 应用分析

综合应用落地的案例情况，可以看到如下几个特点：

（1）建立生态开放的产融平台是区块链供应链金融实践的共识。无论是金融机构、金融科技公司，还是产业集团，研发区块链供应链金融都意识到了打通产业与金融、发挥产业能动性的重要性。这进一步推动了产业金融主体的多元化发展。

（2）在资产数字化方面，以应收账款产品类型为代表的资产数字化已进入实践。从产品形态来看，应收账款相较于存货融资，作为无形资产首先与区块链进行结合实现数字化，通过将应收账款数字资产在区块链上多级流转，解决了核心企业主体信用向上游多级传导的问题，落地数量最多。存货的数字化受动产质押业务本身业务相对较少、智慧化物联网监控技术成熟度不够和金融机构对于物联网监管需要接受过程等因素的影响，普及性落地还需要一定的时间。从数字化的深度来看，供应链资产的交易存证上链比较普及，但在资产数字化和标准化方面才刚刚起步，各单位实现的程度差异性较大。

7.3.3 应收账款融资

1. 业务背景

近年来，赊销成为最主要的销售方式。国家统计局数据显示，2018年我国规模以上工业企业应收票据及应收账款17.40万亿元，较2017年的14.3万亿元上涨21%，应收账款规模持续上升，而这个数据在2013年是8.6万亿元。另外，据科法斯发布的《中国支付状况调查2019》，2018年企业的赊销期限为86天，比2017年的76天增长了10天，而这个数据在2015年为56天。可见，供应链上游的企业普遍承受着现金流紧张所带来的压力。应收账款融资主要适用于核心企业话语权较强、上游供应商持有应收账款较多、有融资需求的企业。供应商为取得运营资金，以供应链下游企业与自己签订的真实贸易合同产生的应收账款为基础向金融机构抵押并获得融资。供应商首先与供应链下游达成交易，下游厂商发出应收账款单据。供应商将应收账款单据转让给金融机构，同时供应链下游厂商也对金融机构做出付款承诺。此后金融机构给供应商提供信用贷款，缓解供应商的资金压力。一段时间后，

第7章 区块链+供应链金融

当下游厂商得到资金之后再将应付账款支付给金融机构。

2．存在的问题

一般来说，受金融机构风控所限，传统的保理业务主要是服务于核心企业与一级供应商的，二三级供应商无法获得融资。除此之外，应收账款场景下还存在纸质文件、虚构交易背景和债权凭证等问题，效率低下、风险较高。

3．解决思路

第一，供应链金融生态参与方共同维护账本。所有相关参与方共同维护流程节点，参与联盟链记账，确保数据同步和数据的难篡改。

第二，端到端资产数字化，包括对供应链应收账款资产本身属性的标准化和应收账款对应的供应链交易、电子合同、物流等资产相关数据尽量全方位数字化并存证上链。

第三，交易智能合约化。通过智能合约结合区块链底层数据模型，使数字资产交易过程规范化、标准化，如数字资产审核、登记、转让。另外，通过将供应链金融的业务逻辑封装在智能合约中，能更有效地控制风险，自动履约，并支持主动的穿透式风险监管。

第四，全流程线上化。将数字资产生成、转让、抵押使用等全流程线上化，提升客户体验。

通过如上几点，对于核心企业的应付账款以数字化为债权凭证，登记在区块链上，可流转、可融资，解决了核心企业信用不能向多级供应商传递的问题。

4．案例介绍

1）工商银行"工银E信"

"工银E信"是以核心企业的应付账款为底层资产而设计的一种可流转、可融资、可拆分的电子付款债权凭证。它可以通过区块链平台自由转让、融资、质押或进行其他处置。工商银行、供应商、核心企业等各个参与方在区块链技术构成的交易网络节点平台上交易。区块链记录了"工银E信"从签发、签收、流转、到期清分等全生命周期的资金流、信息流，保证了"工银E信"债权凭证难篡改、不可重复融资且可追溯，从而实现了核心企业信用沿供应链多级传导，提升了核心企业与供应商之间的交易信任度，盘活了供应链应收账款,使工商银行能实现银行资金的全产业链金融支持,有效解决了中小微企业的融资难题,降低了中小微企业的融资成本,并能帮助中小微企业实现秒级放款。"工银 E 信"网络融资金融服务平台业务流程如图 7-1 所示。

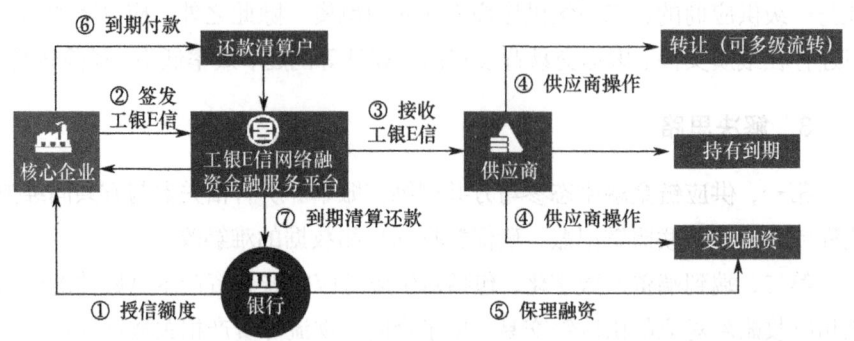

图 7-1 "工银 E 信"网络融资金融服务平台业务流程

2)复星星融链

复星星融链是一个对金融机构、产业供应链企业开放的线上化数字产融平台,各方可以一键式入驻,在平台上高效协作,在线上完成全部金融服务。金融机构可以在平台上极速开通和定制区块链供应链金融产品,提供金融服务;核心企业在平台上基于应付账款开具星单(数字资产),通过星单的拆转融,传导核心企业信用,中小企业能借助星单快速获得融资,从而降低了链上企业的融资成本。

复星星融链在区块链设计方面,特别注重结合区块链的特点探索供应链数字资产全生命周期的标准化,实现了资产在供应链链条中的可信流转与融资。另外,其在产品设计上的特点是从服务生态主体的角度出发,除了为金融机构提供金融服务,也为核心企业等提供了丰富的客户管理、企业征信评级、应收应付款管理、资金账户管理等功能,协助其提升供应链管理效率。复星星融链业务流程如图 7-2 所示。

3)爱心人寿中小企业信用险增信平台

爱心人寿推出了基于区块链的中小企业信用险增信平台,使保险公司可以使用创新型区块链+信用保险模式为中小企业解决融资难、融资贵的问题。首先,通过市场化交易结构实现在传统供应链金融模式中引入信用保险产品,以达到缓释融资风险和标准化企业信用的目的;其次,利用区块链上数据难篡改、可追溯的特性,实现在供应链金融体系中企业信用可穿透至核心

第 7 章 区块链+供应链金融

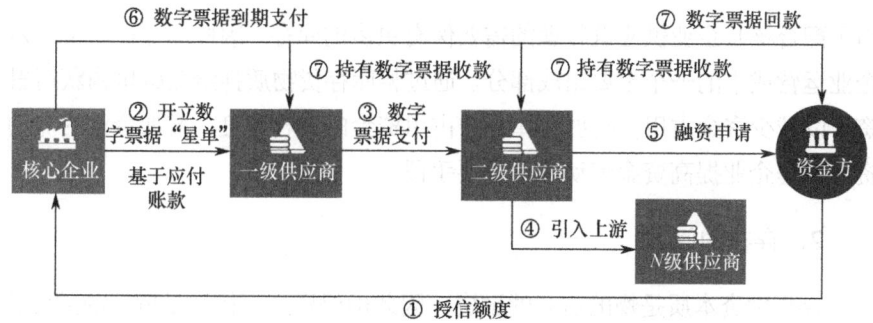

图 7-2 复星星融链业务流程

企业，企业与核心企业间的贸易链条真实可信；最后，通过区块链上部署的智能合约控制整体的业务流程，实现保单实时出具、触发理赔条件实时赔付，使业务流程更为自动化、更加高效。在交易过程中，该平台通过信用保险产品来定价企业信用风险，以达到风险缓释的作用。

通过信用险与区块链技术的赋能，该平台开创了破解中小企业融资难的融资增信新模式，提高了供应链融资业务的效率，成功满足了中小企业低成本融资的诉求。爱心人寿中小企业信用险增信平台业务流程如图 7-3 所示。

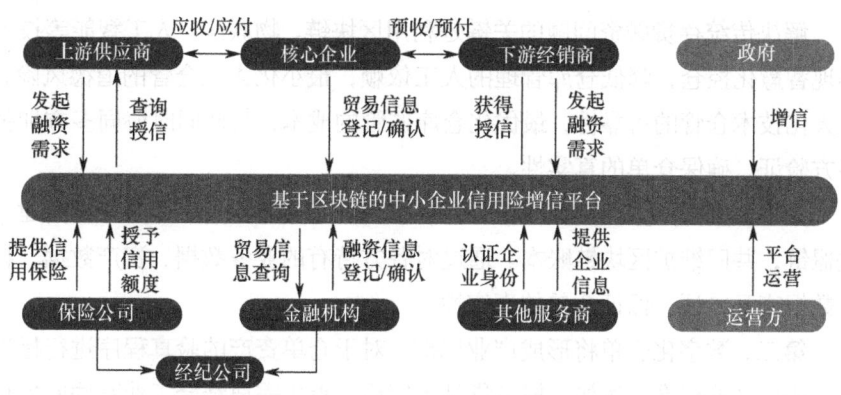

图 7-3 爱心人寿中小企业信用险增信平台业务流程

7.3.4 库存融资

1. 业务背景

企业在生产经营过程中，会持续不断地买入和保存原材料、零部件和保有一定的产成品，以保证经营的持续性和稳定性。对于中小企业来说，甚至

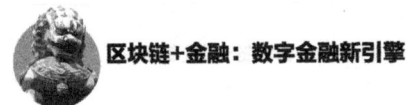

为了配合核心企业供应链管理的需要保有更多的库存，因此库存占用资金是企业运营成本的一个重要组成部分。通过将库存货物质押给金融机构获得融资，以减少资金占用，能加速库存中占用资金的周转速度，增加企业的流动资金，是企业提高资金流动性的重要手段。

2. 存在的问题

存货融资本质是物的占有的融资，因此确保资产可控性是风控的关键，即存货的物理占有和对抵押品的严格、可信的监管。传统模式下，金融机构通常委托第三方仓储监管企业对抵质押物品进行监管，凭借仓单作为凭证出入库，也可以通过背书，转让仓单项下货物的所有权或者质押权。虽然企业保有大量的存货，但是仓单质押业务在国内开展量并不大，其主要原因是第三方仓管企业的仓管系统信息化和智能化程度不够高，主要靠人工仓管，因此容易出现仓单造假的问题，重复质押、假仓单、货物丢失的现象频繁发生，风险较高，金融机构防不胜防。

3. 解决思路

解决传统存货融资问题的关键是利用区块链、物联网、人工智能等技术实现智慧化控仓，降低仓库管理的人工依赖，最小化人工仓管的道德风险，最大化技术仓管的可靠性，最优化仓库监管的成本，与此同时协同多方加强多方验证，确保仓单的真实性。

第一，多方共建，交叉验证。金融机构、仓储方、货主等多方协同建立联盟链，共同维护区块链账本。通过对各方持有的业务数据、资产数据、物流数据交叉验证，保证仓单的真实性。

第二，数字化仓单将形成产业标准。对于仓单资产的验真程序进行标准化，形成产业标准。例如，规定货品入库后，首先需要结合工业互联网标识解析系统，通过车牌、货物铭牌、重量传感器等物联网技术进行货物识别；其次需要结合物流数据、交易数据等多方数据交叉验证，保证仓单的真实性，最后需要结合指定的标识技术实现一物一码，从而形成标准的数字化仓单，并登记在数字资产区块链上。

第三，结合物联网技术在库监控，并形成产业监控标准。利用智能视频监控、地理定位监控等技术，对仓内货物实现监管，一旦出现非正常移库，将即刻预警，从而杜绝人工仓管的道德风险。

第四，通过智能合约实现质押流程全线上化、全自动化。通过智能合约技术控制出入库、货品权属转移、信贷放款的原子性操作，使资产质押在达到约定的条件下能自动地完成货物的权属转移、实物转移和贷款发放，从而降低各方人工操作控制的违约风险。

4．案例介绍

1）腾讯云融资易动产质押融资平台

腾讯云融资易动产质押融资平台是支持大宗商品电子仓单区块链化的平台，它结合了腾讯 TBaaS、物联网、人工智能等多项技术，通过接入各类智能化设备，对传统仓管系统进行智能化升级，并将仓储进、管、存各环节业务数据采集上链，最终形成真实可信的区块链电子仓单。该平台解决了传统仓单质押融资过程中的仓单造假、一单多押、虚假抵押等问题，从而提升了金融机构监控融资风险的能力，切实解决了中小微企业融资难的问题。腾讯云区块链供应链金融（仓单质押）解决方案如图 7-4 所示。

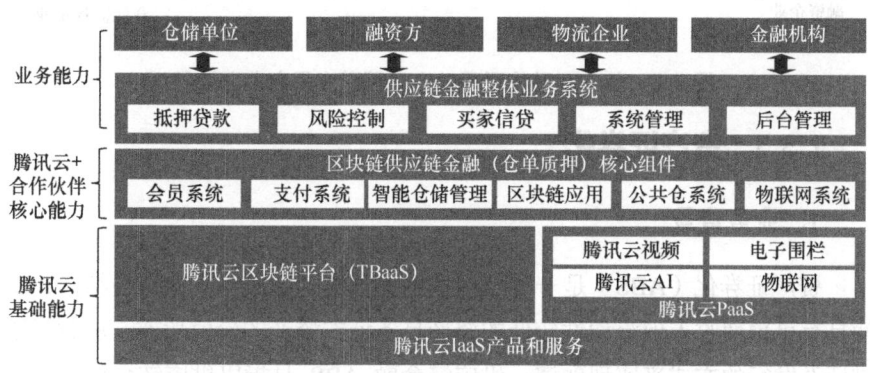

图 7-4　腾讯云区块链供应链金融（仓单质押）解决方案

2）苏宁金融汽车库融平台

苏宁金融汽车库融平台是苏宁金融打造的区块链物联网动产质押平台，它将物联网和区块链的技术特点相结合，采用区块链技术记录质押物的所有权，运用物联网技术监控实物的占有权，据此实现实体世界与数字世界的连接，从而实现了质押物的可信监管，提高了动产管理水平，降低了动产融资风险。首先，为解决质押物的信息准确、真实性问题，苏宁金融将场景各方接入动产质押区块链联盟，包括客户、监管方、保险方、质检方等各参与主体，通过将信息流、物流、现金流、感知流交叉比对，确保质押物的真实性。

其次，将质押物数据标准化后登记到区块链上，由各方共识确认。最后，采用视频监控技术和人工智能技术对质押物周围环境进行监控，实现风险预警自动化、智能化，有效控制货物监管过程中库管人员操作层面的道德风险和融资方在监管方面串通作弊的风险。苏宁金融物联网动产质押融资平台业务流程如图 7-5 所示。

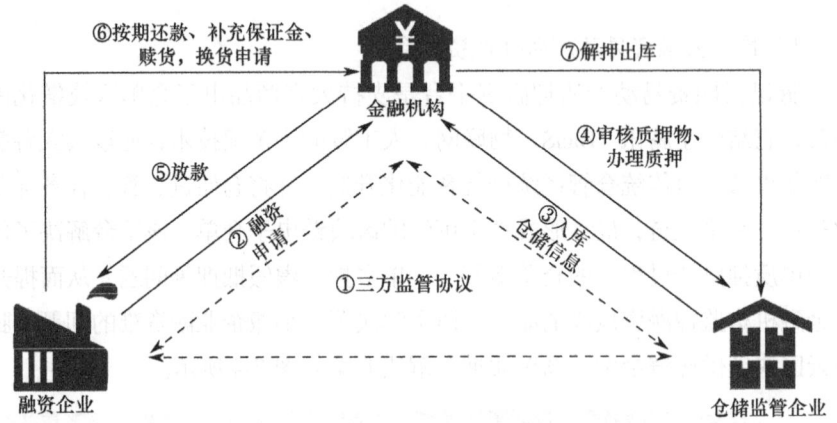

图 7-5　苏宁金融物联网动产质押融资平台业务流程

7.3.5　资产证券化

1．业务背景

资产证券化（ABS）是一种结构性融资方式，通过有效的交易结构，能使具有可预期收入但流动性较低的资产具备证券资产的价值形态，从而能通过证券发行的方式来实现融资。供应链金融 ABS 是指以供应链金融资产未来所产生的现金流为偿付支持，通过结构化设计进行信用增级，从而发行资产支持证券的过程。因此，供应链金融 ABS 能为供应链企业开辟新的融资渠道，降低对传统融资渠道的依赖。

2．存在的问题

传统的供应链金融 ABS 交易以大额的应付账款资产为基础，使得对资产的把控依赖于对底层资产的尽职调查和金融机构的层层增信，导致供应链金融 ABS 过程涉及的参与主体多，交易结构复杂，操作环节多，业务链条长，因此各个流程环节需要机构间多重协调，沟通运行效率低下，发行时间

第 7 章　区块链+供应链金融

长。另外，由于上述情况往往导致在实操中通过提升对底层资产信用评级的准入要求来达成各方共识，而不是真正根据应付账款的交易信用，大量具有较好的应付账款交易信用但主体信用不够的企业无法通过 ABS 模式来进行融资。

3．解决思路

ABS 的重要意义在于对资产采用结构性方式，使资产的风险可度量、可计价，而区块链通过对大量分散的底层资产进行实时动态穿透后，能更精确、更动态地度量风险，逐步摆脱证券化增信方式的多重包装。

首先，参与各方加入联盟链，共同维护并共享账本，将点对点的共享变成多点并行共享，减少沟通成本，提升效率。

其次，将底层原始资产穿透，在资产存续期实现对资产违约风险的实时掌控，并通过区块链透明地共享给多方，使大家能及时并同步掌握资产质量，对于监管机构来说能动态监控金融杠杆，从而减少整体的风控、运营、监管成本。

4．案例介绍

1）易见科技供应链金融平台

易见科技的区块链可追溯供应链金融服务解决方案主要关注供应链金融中"信息闭环"与"资金闭环"两个核心风控逻辑，包含可信数据池、供应链融资平台和供应链金融资产证券化平台 3 个组成部分。该解决方案将区块链作为底层技术，刻画交易双方真实的贸易背景，以加强贸易的真实性。

其中，供应链金融资产证券化平台以应收账款为底层资产进行资产证券化，涉及多个参与方和不同的系统。通过使用"易见区块"来形成底层资产，由资产管理系统进行资产管理，最终全部数据导入交易所，完成发行和发行后存续期的信息披露。整个系统实现了信息闭环，能够准确把控资产的真实性和风险，为底层资产全量信息披露和穿透式管理提供了有效支撑。易见科技供应链金融平台业务流程如图 7-6 所示。

2）京东数科 ABS

京东数科推出了区块链 ABS 标准化解决方案，该方案通过 JD BaaS 区块链平台建立了由资产方、计划管理人、律所、评级机构、会计师事务所、托管行等 ABS 业务多方主体协作组网的系统。传统 ABS 项目存在底层资产

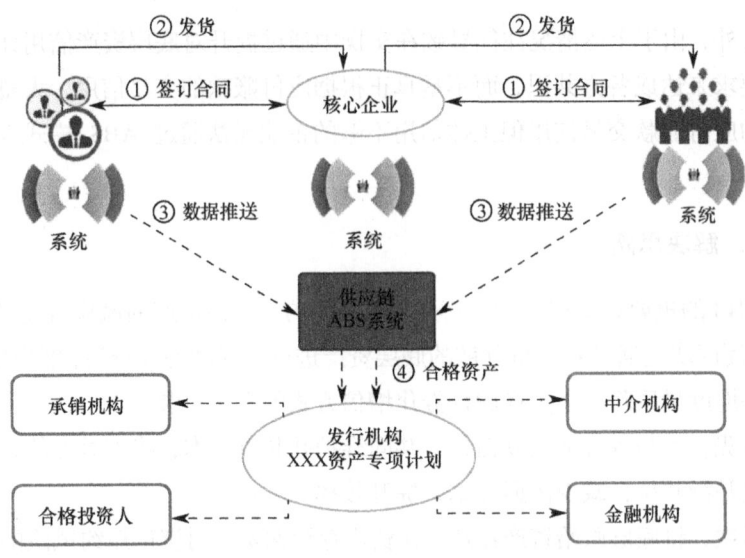

图 7-6 易见科技供应链金融平台业务流程

不透明,中介机构数据与文档获取和同步流程烦琐复杂等问题。通过多方协作组网系统,使各方数据授权可见,数据获取效率大大提升,很好地解决了传统 ABS 项目遇到的问题,提升了 ABS 的发行效率。更重要的是,资金方可以通过区块链账本穿透 ABS 底层资产,有效监控资产风险。另外,该方案的特点是结合智能合约实现了一部分业务流程,使原来需要线下执行的业务链上化,提高了多方协作的效率,降低了人员成本。

3)聚均科技 TABS

聚均科技通过融合区块链和物联网、人工智能、大数据技术,搭建了一个可信、高效、安全、可追溯的区块链数字金融平台,使企业交易资产包实现数字化、透明化、可控化。金融机构可根据资产包直接提供金融服务,真正实现交易信用模式下的产业数字金融。这种通过 Tech+赋能形成数字化的资产包的方式称为 TABS。TABS 对资产包进行数字化的售后管理,对资产包中每笔资产的售后回款数据实时追踪,并登记在区块链上,使购买资产的金融机构可实时、透明地掌握资产动态,实时得到潜在风险预警,实时处置交易风险。因此,金融机构可以更加关注底层每笔交易形成的资产本身的风险而弱化关注企业的主体信用,也不再需要供应链核心企业的确权增信,从而可以为产业链上一大批主体信用不足,但经营情况良好的民营企业提供产业数字金融服务,极大地提升了金融机构对实体产业服务的广度和深度。

7.4 应用前景、挑战与发展建议

7.4.1 应用前景

1. 拓宽供应链资产数字化

目前，基于区块链技术实现供应链资产数字化还处于起步阶段。随着技术的进步、行业标准的制定，供应链资产数字化将不断拓宽和拓深。从资产类型来看，目前主要集中在应收账款类型的资产。未来，随着区块链、物联网、人工智能等技术逐渐深度应用于产业中，智慧仓管技术不断成熟，存货、预付款等供应链资产数字化将能得到更好的支持。从资产数字化、标准化的程度来看，目前各家公司标准不一，但在不断的实践摸索后将可能形成产业公认的标准，从而进一步推动数字化资产的流通。从智能合约的应用来看，通过智能合约支持资产数字化的全流程管控将可能形成行业规范，智能合约在主动监管方面的应用也可能随着监管趋严而越来越深入。

2. 丰富和扩展生态

丰富和扩展生态包含两层含义，一层是丰富供应链金融自身的生态，另一层是通过供应链金融与第三方生态的融合进一步扩展生态。目前，由于缺乏足够的激励机制，产业生态主体方的加入积极性不够高。未来，通过设立合理的激励机制鼓励产融生态各方的参与，产业数字金融才能真正发挥生态化作用。另外，通过将产融生态与第三方生态打通，引入第三方生态的功能，将能进一步提升生态各方的价值。例如，通过打通产融区块链生态与司法区块链生态，能在业务层实现金融与司法的快速联动，有助于保障资产安全，降低金融风险。

7.4.2 应用挑战

1. 上链数据隐私

由于供应链资产数字化涉及交易数据、物流数据等敏感性商业信息，因此一方面核心企业出于商业考虑对于开放数据存在顾虑；另一方面对于区块链供应链金融平台而言，需要加强数据安全与数据隐私保护。

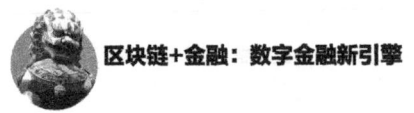

2. 数字化程度低

供应链金融业务相关数据上链，依赖于供应链企业的信息化、数字化。绝大多数的实体企业自身的数字化、智能化水平较低，特别是对于中小企业而言，信息化成本相对高昂，缺乏全面数字化的条件。这对资产数字化提出了很大的挑战。

3. 风控模式固化

金融机构习惯于以企业主体信用模式来评估潜在风险，对部分主体信用欠佳的民营企业设立了一票否决的准入红线，因此要让它们接受基于资产数字化的交易信用还需要一个过程。考虑到智慧仓管技术还不够成熟，基于存货的供应链资产数字化与融资更是如此。

7.4.3 发展建议

1. 加强技术，融合发展

第一，加强区块链核心技术的创新，特别是加强隐私保护技术的研发，支持产业企业对数据隐私保护的诉求，加强跨链技术的创新，支持区块链生态间的跨链打通；第二，与物联网、大数据等技术融合发展，使智慧仓管技术不断成熟，深化其在存货监管场景中的应用；第三，对于企业自身的信息化水平较低这个问题，呼吁企业要有数字化的战略眼光，和科技公司共同努力，积极拥抱数字化的升级。

2. 开放观念，探索创新

随着区块链、物联网技术的深入应用，供应链资产数字化的范围将逐步扩大，同时在平台上大量沉淀，能越来越完整地还原供应链网状贸易交易结构，这为基于供应链数字化资产和交易信用的风控创造了越来越有利的条件。金融机构需要开放观念，从熟悉的主体信用到由技术赋能下的交易信用，从人工监管到智慧化监管，建立与之相适应的内部风控评估标准，并通过局部试点创新合作等手段逐步推广和不断完善全新的交易信用风控模式。

3. 完善生态，制度配套

区块链应用于供应链金融的生态体系还不完善。首先，要设计合理的激

励机制吸引产融生态方加入。数字经济、智慧科技时代带来的是不断细分化、专业化的科技发展趋势，任何机构都无法通过自身单一的力量提供产业金融服务。产融生态方也应该保持共享、共建的心态，通过彼此互补实现价值共赢。另外，基于区块链的产融生态还需要制度配套，包括数字资产标准化工作、智能合约的合规审查和审计机制，金融监管与法规的设计和保护，确保数字资产产权及流动的合法性，确保区块链跨生态对接的合规性。

7.5　本章小结

供应链金融与区块链天然契合，是区块链技术的重要应用领域，也是目前落地数量最多的场景之一。基于区块链的供应链金融在产品与平台生态上已初具雏形，它致力于通过打通数据孤岛、传递信用和资产数字化来解决供应链金融行业的痛点问题，从而更有效地解决中小企业融资难、融资贵的问题。在数字经济的大背景下，区块链供应链金融需要开放心态，不断创新演化，实践产业数字金融，实践协作式生态模式，创新业务模式，从而促进供应链金融行业又一次实现质的飞跃。与此同时，我们应当注意到区块链供应链金融生态体系尚不够完善，还需要进一步在技术研究、标准化工作、金融监管与法规等领域进行全方位的布局，以促进区块链供应链金融的健康发展。

第8章

区块链+保险

8.1 保险业发展现状

8.1.1 基本概念与运行方式

保险是指根据合同约定，投保人向保险人支付保费，按照合同的约定对可能发生的事故及因其发生所造成的财产损失，或当被保险人死亡、伤残、疾病或达到合同约定的年龄、期限时，保险人承担赔偿保险金责任的商业保险行为。

保险在社会经济中发挥着重要的作用：从社会层面来看，保险是应风险而生的行业，其经济补偿、风险分散与理财的属性，让投保的企业、家庭、个人在遭受风险时得以保护权益，可称为经济发展的减震器。从经济金融层面来看，保险可作为风险管理和理财工具，帮投保人分散自身潜在损失的风险，同时，具备储蓄与投资功能的人寿险还帮投保人实现了理财与资金融通的需求。

我国保险业正处于高速发展的阶段。国家统计局的统计公报显示，2019年我国保险公司原保险保费收入42645亿元，比上年增长12.2%。主要的原保险保费收入源于寿险（22754亿元）、健康险和意外伤害险（8241亿元）和财产险（11649亿元）。历史统计数据显示，我国保险业规模不断扩大，保费收入持续攀升（见图8-1）；从产品来看，科技创新让数字生活融入人们生活的方方面面，保险产品也不断推陈出新，碎屏险、高温险、退运险、航班延误险等创新险种正保障着新场景下用户的新需求，数字经济的发展将为保险产品催生更大的创新空间。

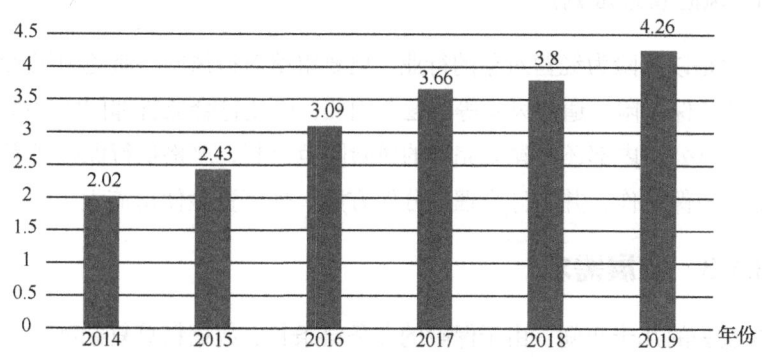

图 8-1 2014—2019 年全国原保险保费收入

8.1.2 运行特征

保险的经营规则是"大数法则",其本质即通过扩大承保量来分散风险,让个体的潜在损失风险转变至投保集体的平均值,因此业务涉及多方参与主体。为了保护大多数投保人的利益,保证险企的持续经营,保险业务也对数据精算、风险管理有严格的要求。总体来看,保险的运行包括以下几个特征。

1. 业务参与主体多

在保险交易过程中,涉及的主体包括个人、企业等保险需求方,保险公司等供给方,以及促成供需双方达成合约的保险代理人、保险经纪人等中介机构;在保险理赔过程中,依据保险种类不同,还涉及医院、修理厂、机场、银行等第三方机构。在整个保险业务过程中,这些主体信息交互频繁,但由于整个行业的数字化水平不高,过程中仍有大量的人工参与,导致保险投保、理赔效率低下及运营成本高昂的现象。

2. 数据精算要求高

保险是以"大数法则"为业务经营基础的行业,从业者需要多维度地获取业务场景里高质量的数据信息,利用真实数据精准测算风险发生的概率与预期损失,从而厘定合理的保险费率,确保保费收入在保险期限内及损失赔偿与其他开支匹配。否则费率数据失之毫厘,保险损失率提升数倍。只有精准的数据测算,才能保证保险业务的持续经营。

3. 风险管理准则严

保险是以风险为经营对象的行业，更要审慎对待风险，避免因粗放经营而导致的承保风险、道德风险等问题。因此，除要符合监管部门的风控要求之外，保险公司内部还需建立完善的风险防范机制，严格执行保险费率，做好详尽的核保工作，并制订合理的分保方案，规范资金使用流程。

8.1.3 发展需求

在过去的几十年间，由于保险的业务链条长、数据精算复杂度高、风险监管环境严等特征，导致保险业在利用科技升级创新业务方面始终趋于保守，在产品开发、运营、风险管理等方面与人们日益多元的数字生活所产生的保险需求不匹配。

保险业亟须以科技赋能，加速升级转型，顺应数字经济下的发展需求。

1. 多元化、定制化保险

物联网、人工智能等科技创新为生产生活创造了丰富的新场景和全方位的真实数据。新场景下新的保险需求应运而生，而真实数据为定制化保险的精算提供了可能。例如，当用户授权保险公司使用可穿戴健康设备的数据时，保险公司可根据数据来分析用户的生活作息是否规律、身体是否健康，然后为健康险用户提供差异化费率、精准化定价服务，从而更有效地实现"大数法则"，鼓励用户保持健康生活习惯，提升社会健康水平。

2. 提高产业链协同效率、降本增效

区块链、智能合约、安全多方计算等技术为保险业各主体之间的信息上传、验证、分析、交流等需求提供了更高效、透明、真实的解决方案，减少了各主体间因为重复验证信息而导致的时间浪费和因为保密要求而导致的信息孤岛、信息使用效率低的问题；同时，制定保险资产基础协议，让保险资产上链并开发智能合约，还有利于提升保险公司的核保、理赔效率，也为用户质押保险资产获取融资提供了可信证明，降低了金融机构的真实性审核时间和成本，提升了资产的流转效率。

3. 风控智能化

新技术、新场景对保险的风控也提出了更严格的挑战。大数据、物联网、

人工智能等技术，能帮助保险公司更全面、完整地评估投保人的真实潜在风险，降低保险公司面临的道德风险；区块链、图像识别等技术，能协助保险业可信地存储、识别出险信息，验证材料的真实性，省去险企对重复投保、重复理赔、信息伪造等骗保行为的调查成本，降低潜在的损失；安全多方计算、联合学习等技术，助力保险业参与方在分享数据的同时，保证用户信息安全，实现数据可用不可见，减少信息安全风险。

一言以蔽之，以科技赋能保险，以技术创新加速保险转型，将成为保险业顺应发展需求的重要趋势。

8.1.4　行业痛点

保险涉及保险人、被保险人、再保险人、保险机构、中介机构等多个环节，每个环节都可能存在信息遗漏、专业术语误读、业务处理超时等问题。举个例子，险企和再保险公司的沟通方式主要依靠邮件，交易形式也主要是手动统计，这就需要人工沟通；保险共保的投保周期多则长达数月，由于用户数据需要在多家险企流转，这就存在敏感数据丢失泄露的风险；此外，当用户申请保单质押贷款时，常常会出现因用户超时还款而导致保单失效、保单贬值等问题；同样，非保险机构如何认证保单的资产价格也是个"公说公有理"的问题。如何解决上述问题，为消费者提供更安全、更能保证数据隐私的服务是摆在每个保险公司面前的难题。

8.2　区块链解决思路

基于区块链技术形成保险数字资产，是解决上述问题的一种有效途径。所谓保险数字资产，就是从 4 个维度——保险产品定义、用户保险行为、业务协同、监管审计来实现用户保险资产从物理世界到区块链世界的映射，也称为保险资产的数字资产化。保险数字资产的价值体现在 4 个方面：首先，对于保险产品，提升开发速度，推动产品创新，降本增效；其次，对于用户保险行为，以用户为中心解决数据孤岛问题，提升用户体验，保障用户隐私和权益；再次，对于业务协同，能够促进多方更快、更好地实现信息同步，节省人力成本；最后，对于审计监管，保险数字资产可以实时化、协同化地监管审计，为业务合规发展保驾护航。

8.2.1 业务模块

保险数字资产：区块链世界与物理世界的映射关系如图 8-2 所示。

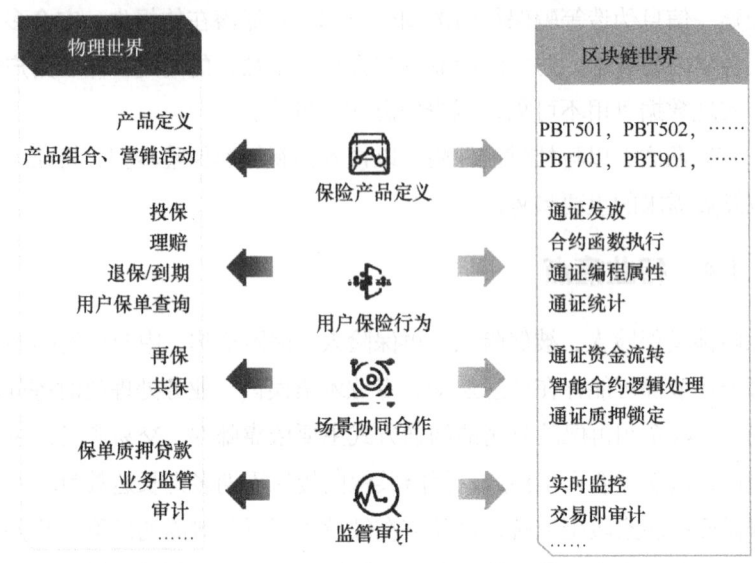

图 8-2　保险数字资产：区块链世界与物理世界的映射关系

首先，在保险产品定义方面，区块链系统平台可定义多种保险资产基础协议，以满足不同用户在各类场景下保险需求的多样性。例如，寿险资产对不同年龄、性别、职业的个人用户来说，具有千人千面的特征，即每个寿险数字资产都有其唯一的属性，有不可替代性，同一用户可拥有多个该类型的数字资产。针对这类千人千面的保险数字资产，保险公司可通过平台的基础协议来生成。除此之外，平台还定义了互助众筹型的保险数字资产、组合型保险数字资产、按不同渠道动态生成型的保险数字资产等协议，平台用户可根据保险产品的特征，选择相应的标准化接口，高效地实现保险资产到区块链的映射。

其次，在用户保险行为方面，数字资产合约在设计时都含有访问权限列表，只有拥有数字资产的人，才可以查询数字资产的具体信息，机构则可以通过数据开放接口查询统计信息。举个例子，在再保险场景中，可以直接对数字资产进行再保分出，不需要额外的对接、验证工作，信任数字资产即可；在累计风险保额的场景中，对数字资产进行格式扩展，可以实现匿名保额查询，解决共保过程中的数据隐私问题；基于数字资产的数据协同，机构可以及时查询保单质押情况、保单质押总数、风险累计保额等。

再次，在业务协同方面，数据协同对业务的直观影响是提升了业务协作能力，这也是保险数字资产的具体价值所在。保单即数字资产，在这种业务形态下，所有的业务都围绕着数字资产在区块链上流转。同时，数字资产定义了服务的标准，各个参与方基于共识算法证明资产的价值和正确性，从而使业务边界得以延伸，协作门槛和交易成本大大降低。基于开放资产协议的保险数字资产业务，无论是在联盟内还是跨链跨组织，都可以直接基于标准化的数字资产实现场景的对接，数字资产可以以极低的成本快速地连接保险公司、再保险公司、医疗健康、交通出行等行业场景，使保险真正深入场景中，打通数据孤岛，从而提升用户体验、加速产品创新、实现场景创新、降低生产成本。

最后，在监管方面，借助区块链实时广播、交易即审计、难篡改等特性，可以大幅降低数据上报和收集的成本，提升数据的真实性和完整性。与此同时，数字资产化的保险资产使监管机构对于保险过程可视、可控。区块链网络中将监管机构作为监管节点后，所有联盟成员企业即可被实时、协同的业务监管，监管方可以随时调整、叫停非合规业务。此外，第三方审计机构等也可作为审计节点加入区块链网络，承担对保险数字资产的审计工作。

8.2.2 技术组成部分

保险数字资产广义上来说由 4 个部分组成，如图 8-3 所示。第一，开放资产协议。对于保险而言，数字资产就是针对不同保险业务实现的标准定义和规范协议。第二，产品智能合约。它是数字资产化保险产品的具体实现，即将保险条款智能合约化。第三，保险通证。用户购买保险时，基于对应的合约会获得与此相对应的保险数字资产，数字资产就代表了保险资产的所有权，同时数字资产也承载着保险资产和数据的流转。第四，保险钱包。它的形式可以是嵌入在保险客户端上的应用，提供给用户端实行统一的保险资产存管，进行投保、理赔等操作。保险公司每承保一张保单，就会生成保险数字资产绑定其保单及条款信息，用户通过保险 App 可以查到相关的信息。

区块链+金融：数字金融新引擎

开放资产协议	产品智能合约	保险通证	保险钱包
Open Asset Protocol	Product contract	Policy-Backed Token	Policy wallet
保险标准定义	产品业务规划	所有权凭证	统一保险资产存管
保险产品配置	生命周期管理	资产流转	资产流转
销售模式定义	产品流程跟踪	数据流转	
	安全隐私		

图 8-3 区块链与保险数字资产化结构对应

8.3 应用进展

8.3.1 应用概况

当前，国内外已有诸多保险机构将区块链技术运用到了业务的各个环节。国内保险机构对于区块链技术的探索已经走在了行业前列，不管是传统国有保险机构，还是新晋互联网保险公司，都将区块链技术与其业务进行了尝试性的结合。按照区块链技术应用于保险业务的对应环节，可分为平台构建、产品设计、增值服务、保险理赔、监管科技 5 个部分。国内外结合区块链技术的保险场景汇总如表 8-1 所示。

表 8-1 国内外结合区块链技术的保险场景汇总

对应环节	产品/平台	公司名称	时间
平台构建	再保险公司间交易平台	众安在线等	2018 年 7 月
	"反飞蛾"区块链	泰康在线	2018 年 4 月
	商业保险证明	美国达信保险经纪	2018 年 4 月
	FiMAX BNaaS	中国平安	2018 年 2 月
产品设计	钻石盗损险	中国平安	2019 年 11 月
	保险验证区块链平台	大都会人寿	2019 年 6 月
	基于区块链的纯电子化诉讼财产保全责任保单	众安在线	2018 年 11 月
	保险数字资产		
	用区块链技术为相互保险增信	信美人寿	2018 年 5 月
	飞常惠航空意外险	阳光保险	2016 年 11 月
增值服务	泰康在线 App 积分商城	泰康在线	2017 年 3 月
	阳光贝	阳光保险	2016 年 3 月

（续表）

对应环节	产品/平台	公司名称	时间
保险理赔	巨灾超额损失管理系统	B3i Services AG 公司	2019 年 7 月
监管科技	互联网保险销售行为可视化回溯	众安在线	2018 年 7 月
	保交链	上海保险交易所	2017 年 3 月

资料来源：根据公开网络新闻报道收集汇总，截至 2020 年 3 月。

1．平台构建

例如，2018 年，众安在线、众安科技与中国再保险（集团）股份有限公司、汉诺威再保险股份公司上海分公司（以下简称汉诺威再保险）、通用再保险股份公司上海分公司等发起建设再保险公司间交易平台，以区块链为核心技术共同建设再保险平台，提高交易效率。

泰康在线财产保险股份有限公司（以下简称泰康在线）是泰康集团发起成立的互联网保险公司，其搭建的"反飞蛾"区块链主要应用于健康险和意外险领域。"反飞蛾"区块链在数据共享的基础上，根据智能合约界定用户的投保资格和保额额度，这样既能保护用户隐私，又能从源头上杜绝骗保、骗赔等行为发生，从而降低行业风险。

2．产品设计

例如，2019 年，中国平安将区块链技术运用到了财产保险领域，打造了国内第一个钻石盗损险产品。利用区块链难篡改和匿名信息分享的特点，将钻石的流转等信息上链，以提升投保和理赔效率，同时帮助险企降低骗保风险。

3．增值服务

例如，2016 年，阳光保险开始对区块链技术应用进行了尝试，推出了以区块链为底层技术架构的积分平台"阳光贝"。

4．保险理赔

例如，2018 年，海外保险机构通过合作的方式来研发和探索区块链技术在保险领域的应用。安联集团、汉诺威再保险、慕尼黑再保险、瑞士再保险、苏黎世再保险、安盛、中国太平洋保险等共同组建了 B3i Services AG 公司，

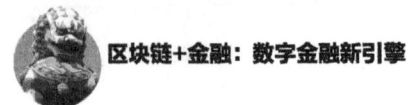

该公司基于分布式分类账技术推出保险行业的解决方案及软件产品，以帮助保险业加快业务进度和提高透明度。同时，B3i Services AG 公司还在 2019 年 7 月推出了第一个面向再保险市场的应用程序——巨灾超额损失管理系统。

5. 监管科技

例如，中国银行保险监督管理委员会（以下简称银保监会）及其下属机构对于区块链技术始终保持高度关注。原保监会副主席周延礼曾在多个场合表示区块链技术有助于改善保险业务全流程，行业内应当保持敏感。上海保险交易所作为银保监会直接管理的机构，早在 2017 年就发布了区块链底层技术平台"保交链"，"保交链"的定位为保险全行业交易的底层区块链基础设施，通过区块链的特性以构建安全、高效的保险交易环境。

8.3.2 区块链+人身保险

1. 业务背景

首先，从用户角度来看，传统健康保险有两个极大的痛点：逆向选择和保费公平问题。逆向选择指的是很多投保人在身体出现患病症状或发生保险事故之后，才去投购相关保险以获取保险赔偿金的行为，这有悖"大数法则"，实际上增加了保险公司的赔偿概率。而保费公平问题是指健康状况、生活习惯不同的人所支付的保费都是一样的，这不利于吸引更多的人购买保险。

其次，去医院就诊都需要先垫付费用，然后去保险公司理赔。如果能把医院和保险公司通过用户进行关联对接，不改变就医的流程但结账的时候直接由保险公司付款，这样的服务就能极大地提升用户体验。

最后，从保险公司的角度，客户医疗信息的分布相对分散、碎片化，并且相对独立，共建共享程度较低，导致保险合同双方存在严重的信息不对称，可能会导致保险欺诈案件的发生。

2. 区块链解决思路

由医疗机构、药房、配送机构、支付机构、监管机构、保险机构等参与方构成联盟，依托该联盟组建基于区块链的共享信息平台。在实现隐私保护的前提下，将不同医院的电子病历和处方单映射为区块链上的病历数字资产和处方数字资产，与病人身份 ID 绑定，使病人在多家医院的就诊记录和医疗信息得到统一管理，防止病例、处方单丢失或被篡改。通过基于区块链的医疗信息平台可以实现病历状态及时同步，基于用户授权让多方查看历史病例信息和进行更新操作，进而减少医院和病人的摩擦成本。基于区块链的健康档案和电子病历系统，可以实现个人健康和医疗数据确权及加密管理，用户可以基于数字资产实现任意维度的数据协同和隐私保护，做到用户数据在医疗机构、体检机构、基因检测机构、互联网医疗机构、保险公司等机构流转过程中的自主信息分享与利用。

区块链网络在参与方之间建立起信任，各节点可以合规地、可被实时监管和审计地使用经过授权的用户脱敏信息。保险公司经用户授权可以访问用户的医疗健康数据，提供个性化的保险方案；医疗/体检机构同样可以在链上查询经个人授权的信息，以确保用户医疗数据的合法合规流通；在商保理赔环节，用户在持有保险数字资产的情况下去医院就诊，挂号的时候产生的医疗数字资产可以由用户主动授权关联，在隐私安全得以保障的前提下直接由医疗数字资产付款事件触发保险数字资产理赔；保险公司基于区块链可以发起查询其他医疗机构、保险公司等输出的单向加密结果，识别商保欺诈，如重复理赔等。

通过区块链技术实现信息全程可追溯、可审计，可以在医疗事故发生后协助相关监管机构调查取证。同时，可以基于数据共享提高救治效率，并为医疗研究机构提供宝贵的研究资料，加快医疗水平的提升。保险公司通过和医疗信息平台的数据对接，可以优化保险产品精算和定价模型，提升反欺诈水平，为民众提供更好的保险服务。区块链+人身保险展业流程如图 8-4 所示。

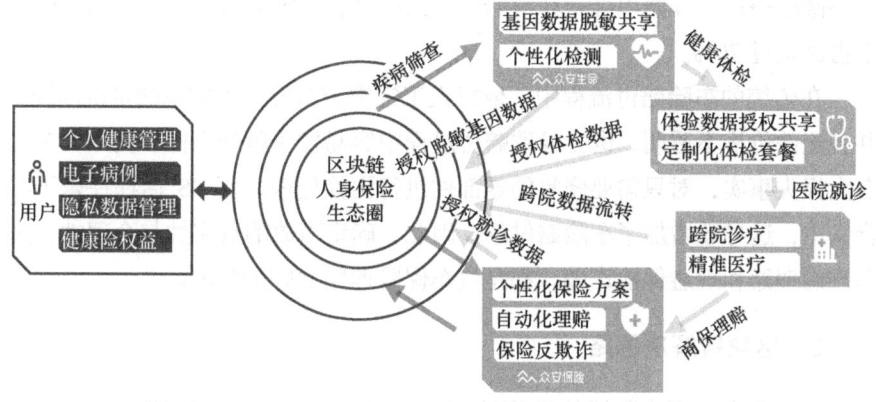

图 8-4　区块链+人身保险展业流程

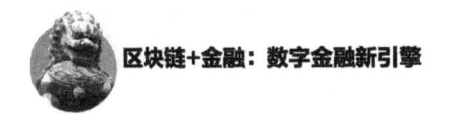

3. 案例介绍

2018年10月，众安科技与通策医疗投资股份有限公司（以下简称通策医疗，通策医疗是中国第一家以医疗服务为主营业务的主板上市公司）达成合作，双方基于众安科技区块链Annchain与通策云实现医疗数据同步上链，将数据的掌控权交给患者，为医疗数据隐私保护与互联互通探索解决方案。

同月，众安科技联合通策医疗、医链科技、众安生命等医疗健康行业各方参与者，共同发起了"医疗健康区块链联盟"，旨在链接医疗机构、药企、基因检测机构、保险公司等合作伙伴，运用区块链、人工智能等技术激活可交换医疗健康信息的真正价值。

8.3.3 区块链+车险

1. 业务背景

据银保监会统计，机动车辆保险（以下简称车险）的保费收入占财险公司原保费收入的55%以上，是财险公司收入的绝对主力。但与此同时，车险的利润率并不高，在2019年仅为1.36%，2018年更甚，仅为0.14%。为扩大市场份额，提升车险利润率，财险公司有强烈的需求去升级车险产品。

从业务层面来看，目前车险存在的主要问题包括：第一，费用高昂。车险普遍定价高、成本高，消费者不容易接受。第二，理赔过程难，而车险领域发生理赔纠纷的概率极高。

车险的传统赔付流程如下：事故发生→告知保险公司→现场勘察→定损→修理→提交理赔单证→获得赔偿。据统计，维修费用在车险全部赔付款中占比超过70%。

在传统的车险赔付流程中，依靠人工定损容易发生不客观的定价问题，并且配件价格不透明，也会导致赔付过程中容易发生骗保事件。例如，车主夸大损失事实，对只需要修复的零部件进行更换处理。而4S店往往乐于配合车主，这导致增加了车险赔付额。因此，确定事故的真实性与合理性，进而准确理赔和规避保险诈骗，都是汽车保险理赔面临的难题。

2. 区块链解决思路

在车辆和交通大数据的背景下，依托区块链技术和车联网技术，通过车载自动诊断系统（On-Board Diagnostics, OBD）、高级驾驶辅助系统（Advanced

Driving Assistant System，ADAS）、T-Box 等原始车辆行驶数据，可以及时地获取车辆及驾驶行为等真实信息，进而在保护用户数据隐私的前提下，实现数据的共享和查询。

一旦车辆发生事故，基于保险数字资产的智能合约就会触发，开始进入理赔阶段。车损发生的地点、损失部位、损失程度等关键信息将实时传输到保险公司，零件究竟是需要修复还是更换都可以被准确判定。通过区块链技术储存，智能合约可以指定车主修车地点，避开投保人自行选择维修厂，控制理赔费用的支出，在一定程度上降低骗保的可能性。

另外，传统车险一般基于驾驶人员的年龄、个人信息和事故历史来定价。基于区块链的汽车数据平台通过标准的数字资产协议定义统一的服务接口、一致的数据格式，可以实现保险公司在链上整合实时更新的驾驶行为数据，如驾驶时段、驾驶频率、刹车习惯、油耗、违纪行为等。通过了解司机真实的驾驶行为，布局 UBI 车险（一种基于驾驶行为的保险）这种千人千面的车险产品。未来，如果能由银保监会或中国银行保险信息技术管理有限公司统一收集、管理、调用、确权驾驶行为数据，则能够真正实现定制化的车险，合理反映驾驶者的保障程度和风险成本，并有助于实现保费公平。同时，通过动态价格调节，让"好车主"获得"好费率"，有助于鼓励司机安全、合规驾驶，带动城市交通有序发展。此外，远程数据的收集分析，还可以提高事故的处理效率，更有可能协助追踪盗窃车辆等。区块链对车险业务环节的改造示意如图 8-5 所示。

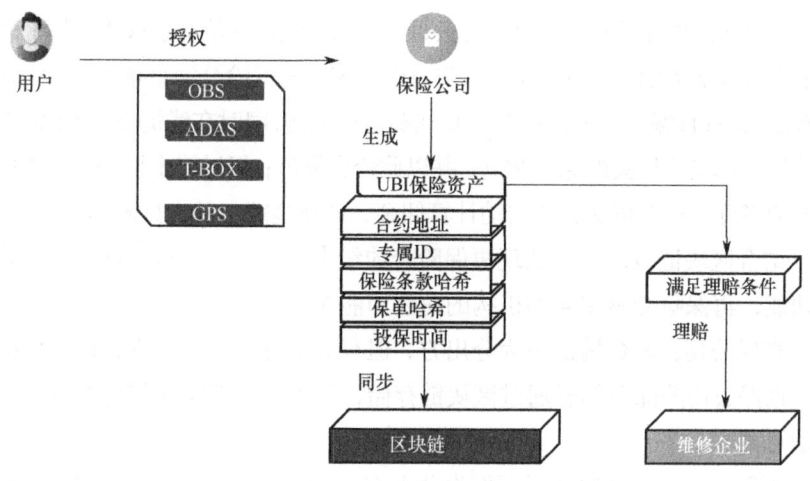

图 8-5　区块链对车险业务环节的改造示意

3. 案例介绍

2019 年 8 月，众安科技与一汽解放达成战略合作，成立了区块链联合实验室，积极探索基于车联网的驾驶行为、保险和车队的创新应用场景。

8.3.4 区块链+再保险

1. 业务背景

根据《中华人民共和国保险法》第 99 条规定："保险公司对每一危险单位，即对一次保险事故可能造成的最大损失范围所承担的责任，不得超过其实有资本金加公积金总和的百分之十，超过的部分，应当办理再保险。"

传统的再保险交易，呈现为复杂的金字塔形状结构。直保方、共保体、再保方、经纪人等多层、多主体参与交易，交易结算复杂，并涉及信用管理的问题。长期以来，再保险行业存在两大问题：第一，交易双方信息不对称引发道德风险；第二，交易信息化水平低引发操作风险。例如，直保公司与再保险公司的沟通方式以邮件往来为主，高度依赖人工沟通协调，而且交易形式也多是手工统计。这两大问题严重影响了再保险交易双方的信心，抬高了再保险交易成本。

2. 区块链解决思路

发挥区块链弱中心化的特性，通过点对点的数据传输方式，运用分布式记账、智能合约等技术实现全节点公证，可以降低再保险交易成本。基于区块链的再保险业务的具体流程如下：将直保公司和再保险公司直接连接，实现两者数据共享；直保公司的保单数据和理赔数据上链，同时在线提出"分出需求"；再保险公司查看相关的保单数据，并以此给出报价；经过线上协调，完成再保合约的签订；根据再保合约自动计算佣金、理赔金额，并出具账单。

结合区块链技术可以实现再保险合约线上协商、签订与存证、账单处理等功能，再保险交易中 4 种机构的角色功能如下。

直保公司：多数情况下为分出方，但有时也可作为分入方，接受再保业务。直保公司的保单信息通过区块链存储，基于区块链实现与再保险公司间的信息共享。

再保险公司：多数情况下作为分入方，接受再保业务，但在转分保的情况下，也可作为分出方。分入方与分出方在线上通过发布需求与报价达成再保合约。

经纪公司：负责沟通、协调、撮合交易，同时也可接受分入方或分出方的代理，为委托方设计合理的再保计划。平台根据智能合约的内容自动计算再保业务的保费账单和理赔账单。

监管机构：有权利查看所有保单数据和交易细节。

区块链再保险平台业务流程如图 8-6 所示。

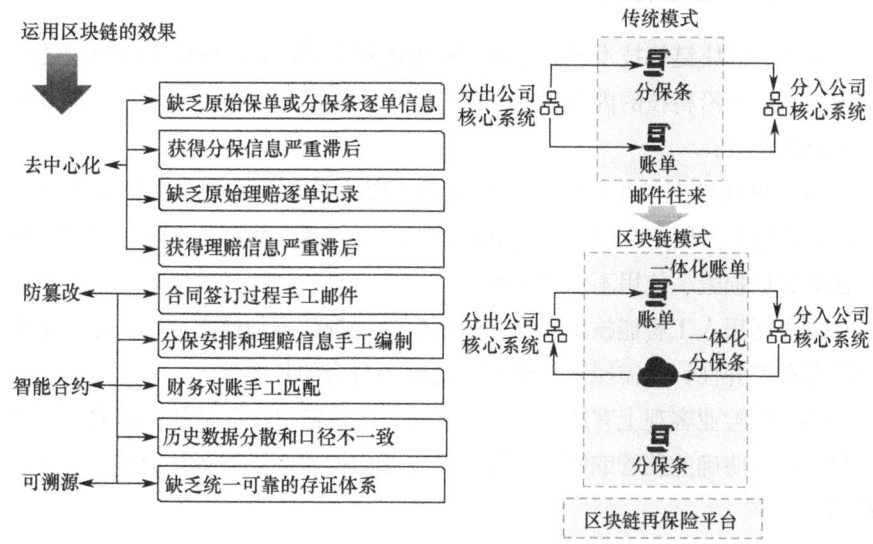

图 8-6　区块链再保险平台业务流程

3．案例介绍

上海保监局于 2018 年 3 月牵头打造了国内首个区块链再保险实验平台。该平台的建设联合了中再集团、众安科技等多家直保机构。实践表明，该平台不但能够实现磋商签约、分保、账单交换、理赔处理等交易环节，而且可以整合成统一的多链交易生态系统，大幅提高交易处理的准确性和效率。

8.4　应用前景、挑战与发展建议

8.4.1　应用前景

保险的经营过程，其实就是众多参与方对风险的交易过程。数字经济发

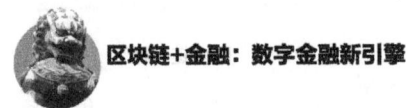

展浪潮下的保险产品创新，需要将保险业务拓展至各种产业，以覆盖多元化主体对风险分散的需求，这需要各参与方之间建立可信的信息交互方式。

区块链被誉为"可信的连接平台"，其开放性与数据难篡改的特性天然地契合保险的需求，有助于实现保险等行业间信息安全、有效、真实地共享与交互，有利于降低保险业的信息验证成本、提升保险行业的经营效率、推动保险产品创新，具有不可限量的应用前景。

8.4.2 应用挑战

诚然，区块链等技术还处于发展初期的探索阶段，在保险业的应用还交叉涉及其他前沿科技的内容，要将这些技术大规模地应用于保险业，仍存在以下应用挑战：

（1）区块链保险平台的信息沉淀需要以大量参与方提供的信息作为基础，各参与方需制定合理的区块链治理规则，以减少共享数据的过程中可能存在的数据损毁、使用不当等问题。

（2）运用人工智能技术，综合分析保险场景数据与链上数据，分析结果可能存在差异性，仍需探索数据应用管理和融合的长效性。

（3）保险业客观上有严格的监管要求，区块链电子凭证的法律效应和规范目前缺乏明确的监管细则，仍待监管方评估相关保险创新并给予适当的监管和规范。

8.4.3 发展建议

开放、保障将成为未来保险业态的关键词。在保险大生态中，消费者、保险机构、监管机构这3个主体围绕着"保障"二字展开，"保险姓保"，让保险回归保障的本源是近年来广受行业及社会认可的大趋势。

首先，从消费者的维度来看，随着群体保险意识的上升，对保险产品的诉求不再是"被选择"，而转变为"主动选择"，单从保险机构维度出发的产品已经无法满足消费者日益增长的个性化需求，需要设计更多定制化的产品。同时，新一代消费者对于保险配置的需求越发强烈，传统的通过代理人推荐的模式较难为新生代所接受，全案式、针对家庭或是个人不同阶段的保险解决方案也将被越来越多的消费者群体所需要。随着个人和家庭的保单越来越多，市面上会有这样一种声音，消费者是否能像持有股票账户一样，拥有一个属于自己的"个人保险账户"，将自己散落在各个保险公司、电子化

甚至非电子化的保单聚合起来，一方面方便消费者对保单进行查询，对自己的保障状况有一个详细的了解；另一方面也是消费者对自己保险资产的一个概览。在这个过程中，区块链除发挥存证的作用之外，未来通过保险数字资产这一创新方法，非标准化的保单将转变为可拆分的标准化数字资产，从而赋予保险除了保障之外更大的金融属性，盘活保险资产。

从保险机构的维度来看，技术反作用于保险展业流程将成为一种趋势。从产品设计、营销、承保、风控、赔付再到续保，非电子化、非标准化的展业形式将成为过去式，不仅是消费者对保险机构提出了更高的需求，面对不仅仅来自同业、更来自互联网巨头们甚至其他垂直行业涉足保险业的竞争压力，电子化、标准化、数字资产化应当是未来一段时间保险机构首先需要考虑的议题。在产品端，未来将出现更多定制化、灵活化的产品；在营销端，更多保险产品黏着在场景中，让消费者"无感"地接受这份保障；在承保端，运用区块链等技术实现反欺诈管理，同时降低保险机构的综合成本率和赔付率；在理赔端，勘察核赔将更多地搬到线上。续保更应当通过技术手段来进行，而非现行的电话或是代理人提醒，让保险保障成为国民意识的一部分。换个角度来看，在未来的保险业态中，展现在我们面前的不是众多的保险机构，而更像是一个开放的分布式保险组织。在这个组织中，既有业务联结，又能通过有权限的数据协同实现保险机构之间的业务协作，以更好地服务消费者，同时基于技术手段降低保险机构的运营成本，提高展业效率。

对于监管机构来说，标准化+动态监管将是未来很长一段时间内监管科技的主题。在保险业信息化的进程中，有部分"沉睡"的保单及保险资产信息始终未被记录，基于区块链的存证功能，这部分数据上链后将补全这最后一片"监管云图"。当监管机构成为链网络中的监管节点后，小到用户的一次投保行为，大到保险机构的每笔险资、每个投资行为，都将尽收眼底，真正实现事前、事中、事后监管。此时，区块链将作为金融底层基础设施的有机组成部分，在监管框架下赋能实体经济，加速生产资料的价值流通，同时确保各主体对数据隐私的控制权。从广义的角度来看，除了上述的保险数字资产，以及银行、保险、供应链等各个领域的实体资产实现资产数字化外，区块链技术还可以让资产信息更透明，让资产动态可追踪，从而促进整个社会的资产再流通和再配置。

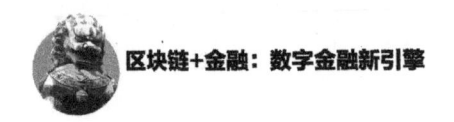

8.5 本章小结

区块链就像保险业态的"催化剂"。当保险业走到被更多人需要、认可的十字路口时，保险机构纷纷寻求在产品和展业两个方向的突破。国内外的各家保险机构已经运用区块链技术，试图在不同的险种、不同的保险生命周期中进行探索。在大多数场景中，区块链更多地充当着"存证"的角色，各个业务方作为链上节点参与业务流转。除了"优化"保险业务，区块链技术或将带来颠覆性的影响，即成就一个更加开放和分布式的保险业态。

第三部分　实践方法与典型案例

第9章
区块链金融应用实践方法

9.1 场景选择与需求分析

9.1.1 场景选择方法

作为一种科学技术,区块链并不是灵丹妙药,不可能满足所有应用场景的需求。在识别区块链的技术特征的基础上,选择合适的业务模式恰当地使用区块链技术,才能发挥该技术的最大优势,实现业务的可持续发展。如何判断业务场景是否适合使用区块链呢?

基于工业和信息化部及美国国土安全部、Gartner 对区块链适用性的分析流程,结合金融行业的业务特点与最基础的区块链技术特征,本章设计如图 9-1 所示的决策流程,以判断区块链是否适合业务场景。

步骤 1:基于创新业务的发起动机与业务设计模式,在合规的情况下执行后续步骤。

步骤 2:基于区块链的一个典型特征——分散性(或多中心)判断业务场景是否需要多个参与主体共同存储数据,并保持数据的一致性。如果不需要,则可以考虑采用邮件、电子表格等方式,由各方自主管理不同存储形式的数据,结束判断。如果需要,执行后续流程。需要说明的是,多个参与主体可以是所有参与方,也可以是交易的相关方。因为随着区块链技术的演进及业务需求,一些区块链技术平台已经在一定程度上实现了保护数据隐私,以及数据的差异化存储,并不要求所有参与方都存储相同的数据。

步骤 3:基于区块链的两个典型特征——难篡改性与易追溯性判断业务场景是否需要保存难篡改的数据变更日志。如果不考虑审计要求,业务场景可以不需要这项功能，那么业务场景可以采用传统的数据库。否则，执行后续步骤。

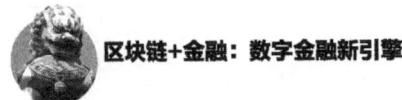

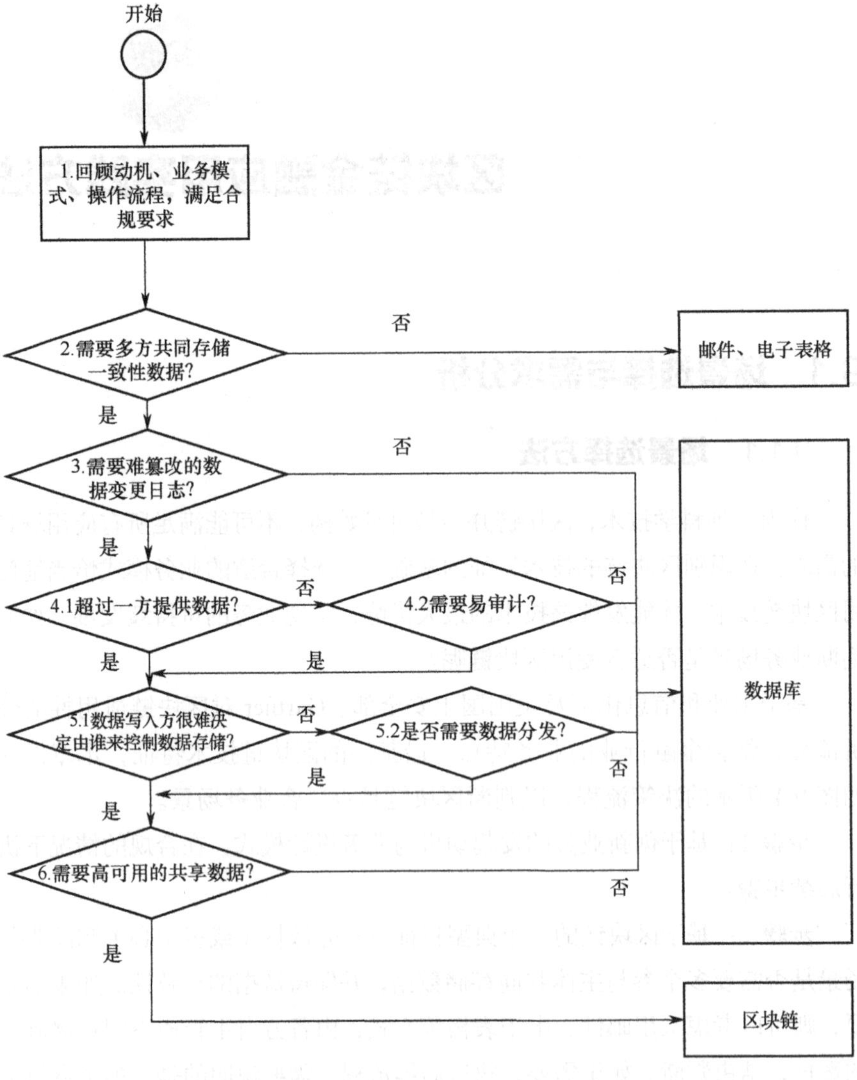

图 9-1　区块链是否适合业务场景的决策流程

步骤 4：基于区块链的一个典型特征——点对点对等通信判断业务场景是否由不止一个参与方提供数据。如果只有一个数据提供方，且不需要考虑审计要求的话，则可使用传统的数据库。否则，执行后续步骤。

步骤 5：基于区块链的一个典型特征——自验证与执行（或可编程性）

判断在需要多方提供数据的情况下,是否存在数据写入权限难以管理的问题。如果不存在这种问题,同时在多方合作场景中也不需要向其他参与方分发数据,则传统的数据库已可满足业务需求(如果不存在信任问题,那么数据可由一个参与方进行管理,则不需要数据分发)。否则,执行后续步骤。

步骤 6:基于区块链的多中心存储典型特征的一个技术优势——高可用性判断业务场景是否需要考虑这种非功能性要求。如果不需要存储多个副本以保持业务连续性,那么采用传统数据库即可。否则,适合采用区块链技术。

9.1.2 领域需求

1. 主要工作

在确定可使用区块链技术的金融应用场景后,需要以"客户为中心"设计应用产品。在这个过程中,首先,需要围绕用户和市场两个方面,全面、深入地理解产品的潜在用户和背景环境,才能更好地设计出满足金融市场企业开发用户需求的产品,实现产品的商业价值。其次,通过梳理用户的需求形成一个更明确的产品功能概念,明确哪些功能适合使用区块链、哪些业务逻辑适合使用智能合约等,形成初步的产品设计。为实现这一目标,可采用先"发散"再"收敛"的迭代演进思路来确定产品所需的关键利益、属性和功能,明确"做哪些功能"和"做多少功能"。最后,可通过原型展示的方式快速收集用户对产品的反馈意见,这既有利于与客户沟通需求,提升需求的确定性,又能灵活地响应需求变更。

在上述产品设计阶段,由于区块链是通过多方共享的数据与智能合约来提升数据的难篡改性及应用系统的可信性,因此可通过识别出多方共享的业务功能,以初步识别适合写入智能合约的业务。

为实现此目标,可采用领域工程思想识别多个参与方子系统的共性领域,形成领域需求。为划分体现共性的领域,可以从不同的维度抽取共性,既可以是技术维度,也可以是业务维度。但由于每个人分析领域的视角不一致,没有统一的领域划分或识别方法,可能会造成领域之间的上下文边界不清,内容相互交错,从而导致浪费开发资源。下面简要介绍中国外汇交易中心(以下简称交易中心)与中汇信息在开发新本币交易平台过程中,摸索总结的领域识别方法。

2. 领域识别

在软件工程中，领域的概念是指将具有相似软件需求的一组应用程序系统聚集在一起，应用程序系统集所覆盖的功能需求区域和解决方案就是该领域的范围。领域中的信息通常具有以下两个基本特征，这两个特征也是实现领域工程的重要前提：一是领域的独特性存在于复用信息中，二是内聚性和稳定性是领域的基本特征。

概括来说，领域识别的总体思路为依托系统规划的各应用子系统，基于企业数据模型的概念模型，使用"4W1H"（Who、What、When、Where 和 How）分析方法，拆借分析现实事务中的生产要素和生产活动，从而识别共性的领域，如图9-2所示。

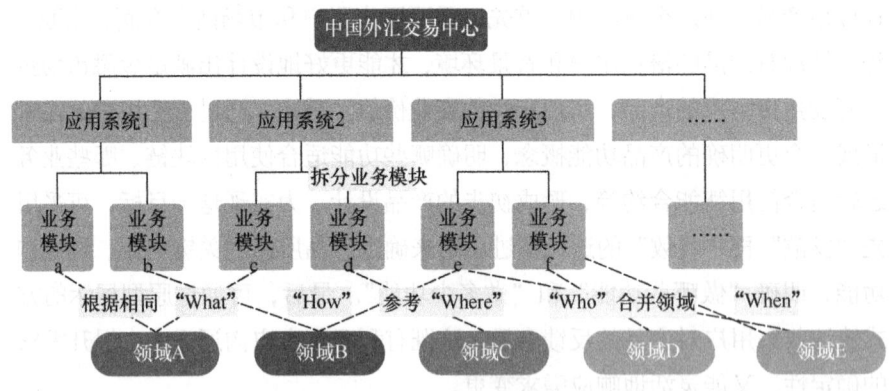

图9-2 领域识别效果示意

首先，运用"4W1H"方法拆解每个完整业务中的生产要素和生产活动，为业务拆分提供统一的分析视角，而其拆解得到的内容，同样也需要建立统一的分析粒度标准。由于领域模型与企业数据模型都是对业务概念的抽象及其关系的表达，企业数据模型中的概念模型更是从更高层次对企业涵盖的核心业务对象进行统一定义。因此，将"4W"内容对标企业数据模型中的概念模型，去掉其中的值对象，并在此基础上开展一定的扩展。基于此方法，交易中心交易系统中的某领域操作实体"What"的对应内容如表9-1所示。

第9章 区块链金融应用实践方法

表9-1 某领域操作实体"What"的对应内容

领域操作实体（What）	对应的领域
交易产品	产品管理
成交行情	成交行情
报价行情	报价行情
机构	机构信息
用户	用户管理、用户登录

在拆分过程中，可根据生产活动特性将中心所有业务过程拆分成前后端操作，前端表示通过系统功能页面实现的各种操作，后端表示系统后台业务处理逻辑，形成"How"的内容。对于简单的业务（侧重前端操作，不具备复杂的后端处理逻辑），不建议识别为领域。经过整理形成的领域操作实体与"How"的部分对应内容如表9-2所示。

表9-2 领域操作实体与"How"的对应内容

业务操作过程（How）	一级	二级
前端	手工维护（新增、修改、删除）、合法性校验、上传/导入、订阅	
后端	准备	获取数据、权限校验、额度校验、交易参数校验
	处理	交易要素校验、报价提醒、报价过滤、价格排序、订阅判断、报价请求、回价、交易持久化、额度预扣、交易要素计算、订单状态更新、订单连续撮合
	结果	数据推送、数据发布等

在拆分完成后，遵循领域的定义及其内聚性的要求，将合并相同"What""How"的业务模块。在合并时可统一参考"Who""When"和"Where"，得到业务领域。后续可在此基础上进一步分析，拆分子领域。

例如，本币交易系统和外汇交易系统中均存在报价相关功能，虽然命名方式不同，但业务拆分后发现它们具有相同的"What""How"，则可抽象合并，如表9-3所示。

表 9-3 "What"与"How"抽象合并

系统	一级模块	二级模块	功能描述	Who	When	Where	What	How（前端）	How（后端）
本币现券买卖	点击成交报价	点击成交报价修改	交易员修改点击成交报价	机构交易员用户	交易时段	交易平台	报价	手工维护（新增、修改、删除）、合法性校验	准备：权限校验 处理：交易要素校验、报价提醒、报价过滤、价格排序 结果：报价推送
外汇交易系统	报价	发布报价	报价方通过新建来创建一笔报价。支持复制已有报价信息修改	机构交易员用户	交易时段	交易平台	报价	手工维护（新增、修改、删除）、合法性校验	准备：权限校验 处理：交易要素校验、报价过滤、价格排序 结果：报价推送

9.2 研发实施路径

由于区块链金融应用软件往往部署在多个利益实体中，并通过多个节点共同执行智能合约程序、共同记录区块数据的方式维持区块链系统的稳定运行，因此需要在软件开发的各个阶段相应地调整与完善。

首先，在系统设计阶段完成系统的总体架构设计、数据架构设计与技术架构设计。在总体架构设计时，需要明确哪些业务功能适合使用智能合约开发，以充分发挥区块链的应用价值。在数据架构设计时，需要明确哪些数据适合存储在区块链中并通过何种方式写入区块链，以什么样的数据处理过程来保证分布式系统的数据一致性，以及如何实现数据安全。在技术架构设计时，需要根据系统的功能与非功能需求，选择合适的区块链技术平台。

其次，在系统开发阶段完成智能合约与其他应用功能的开发。相较于传统的金融应用，智能合约的开发语言、调用、升级与管理方式有所不同，但是通用的代码设计思想依然适用。需要特别注意的是，需要对智能合约进行充分的白盒测试与安全检测，以保证其正确性与安全性。

再次，在系统测试阶段对应用系统开展全生命周期的测试，以提高系统质量。在这个过程中，可采用质量左移的测试思路，使测试人员在需求、设计与开发阶段充分参与，以尽早发现软件缺陷。

最后，在系统运维阶段，对应用系统和区块链底层持续进行维护。在部署方面，对于联盟链中的多种接入需求，区块链平台将提供适合的节点类型，

并基于此设计合适的部署方案。对于区块链应用系统的运维，可开展实时、全面、应用全生命周期的监控管理。其中，对于底层链的监控运维，可建立包括链管理、链监控、链浏览、异常告警等功能监控子系统，以实时监控区块链的运行情况，提高运维效率。

9.3 系统设计

9.3.1 总体架构

1. 设计思路

作为一种应用软件，区块链应用系统的架构设计依然可以采用软件架构设计的原则，包括单一责任原则、开放封闭原则、里氏替换原则、最小知识原则、接口隔离原则、依赖倒置原则等。即根据区块链金融应用所需的功能特性与非功能要求，在功能实现、外部接口、访问控制、部署管理等各个方面都遵循这些设计原则。

目前，商用的区块链平台往往已经封装设计了区块链底层的功能模块，原有金融系统或客户端功能应用与区块链对接时，可以通过调用其提供的API接口交互，而不需要关注底层平台的实现逻辑，实现模块之间的松耦合。区块链作为一种分布式系统，上层应用模块主要从区块链获取两种服务，一种是调用智能合约服务，以获得通过区块链执行的业务逻辑功能服务；另一种是访问区块链数据服务，以查询增加链上数据。

智能合约是区块链的核心组件，是部署在区块链中由多方共同执行的计算机代码，其安全执行有助于实现链上信息的高效交换、合约行动的准确执行，为构建可编程数字金融奠定基础。理论上，智能合约可以实现所有的金融业务功能。在未来的数字金融时代，一种智能合约甚至可以代表一种金融业务，而通过对其进行合适的监督管理，才能管住未来的金融服务。但是，目前智能合约技术仍未完全成熟，存在隐私保护、法律、安全与性能等问题。

由于金融应用往往对隐私保护、法律、安全与性能有很高的要求，现阶段哪些业务逻辑适合写在智能合约中呢？以下总结了三类适合使用智能合约实现的业务功能。需要说明的是，根据2020年2月中国人民银行发布的《金融分布式账本技术安全规范》(以下简称《安全规范》)的要求，如下适合使用智能合约的场景都需要功能逻辑简单、具有执行一致性。

（1）多方都需要处理的相同业务功能。将多方都需要执行的业务逻辑写在智能合约中，既能起到互相监督的作用，也有助于减少联盟生态中的重复开发问题，避免"重复造轮子"，提升开发效率。例如，交易对账、验证签名、认证授权、身份管理等。

（2）需要多方严格按照业务规则、监管要求或已达成的合约执行的功能。例如，在精准扶贫场景中，各省、市、县政府和银行机构需要按照要求，将资金用到该用的地方、发给该发的人民群众，避免出现层层剥夺、挪用资金等现象。同时，根据《安全规范》的建议，"应能按需将监管要求写入智能合约强制执行"。

（3）提升自身业务执行的透明性，以提升公信力。由于智能合约将部署在多个节点中，且只有通过校验多个节点独立执行后结果相同时，才会写入区块链中，因此可以大幅提升金融中介机构、政府机关业务执行的透明性与公正性。例如，股东选举投票、权益分配、抽奖、存证等。

2．实践案例

下面以某金融产品交易所为例介绍金融应用的总体架构。基于软件系统分层思想与单一化原则，按照交互对象的不同区块链应用系统可分为接入访问层、应用服务层、中间件服务层、区块链中台服务层、基础服务层共5层（见图9-3）。

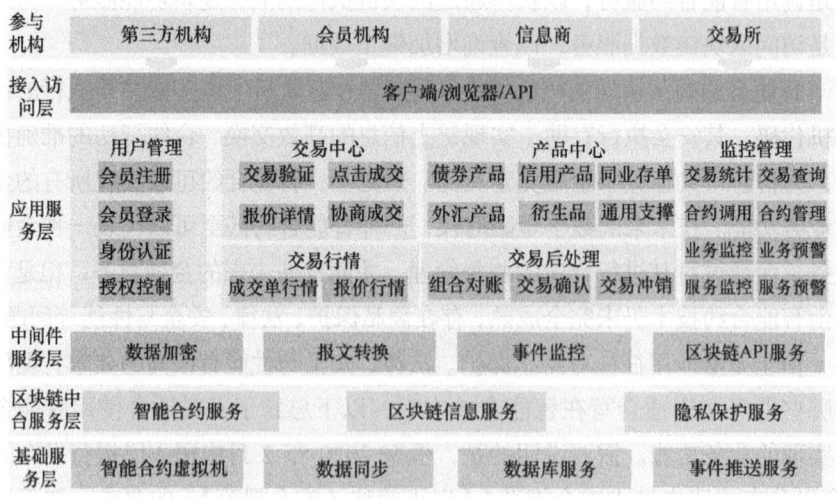

图9-3　区块链金融应用系统架构图示例

第 9 章　区块链金融应用实践方法

1）接入访问层

系统对外有多种对接方式，可通过客户端、浏览器或 API 对接。第三方机构、信息商、会员机构通过客户端或浏览器的形式使用交易系统，也可以通过 API 直接与自身业务系统对接。其他参与机构可采用 B/S 架构接入系统，也可采用 C/S 架构接入系统。

2）应用服务层

应用服务层包括系统的主要业务功能。以金融资产交易为例，应用服务层的主要功能包括用户管理、交易中心、交易行情、产品中心、交易后处理和监控管理等。

（1）用户管理模块主要负责对交易主体的注册、登录、身份认证与授权控制等信息的管理。

（2）交易中心模块是金融产品交易的核心功能模块，包括交易验证、报价详情、点击成交、协商成交等交易方式。

（3）交易行情主要为会员提供市场行情数据，大致流程是先从交易核心模块接收交易明细数据，通过行情计算规则计算，生成市场行情信息推送给用户，以供交易参考，如成交单行情、报价行情等。

（4）产品中心模块主要为交易中心的各种金融产品功能提供基础信息维护、计算和查询等服务。虽然各种金融产品的交易方式不同，如债券产品使用协商交易模式，外汇产品使用撮合成交模式，但是依然有各产品共用的功能。可采用领域驱动设计的方法，将共用的模块提取封装为通用模块，实现功能复用，从而避免"重复造轮子"的问题，如节假日计算、基准计算、产品发布服务等。

（5）交易后处理模块是指从交易完成到结算前的交易生命周期内，一系列交易相关的管理服务，如交易确认、交易冲销等。

（6）监控管理模块主要为系统的运维监控提供服务，包括交易统计、交易查询、合约管理、业务监控、业务预警等功能。

3）中间件服务层

中间件服务层封装了数据加密、报文转换、事件监控、区块链 API 服务等功能，通过网络通信协议与区块链平台通信。

4）区块链中台服务层

区块链中台服务层作为中间层服务于基础服务层和应用服务层，包括智

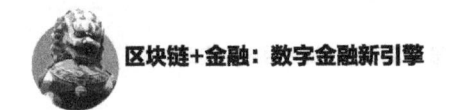

能合约服务、区块链信息服务和隐私保护服务。智能合约服务负责合约层管理，上层应用的业务逻辑通过智能合约编写并运行在区块链上，实现业务逻辑在区块链的写入；区块链信息服务负责提供区块链的数据与状态信息服务，如提供完整区块的内容、区块高度、区块签名信息等；隐私保护服务负责保护数据的隐私，如隐私交易（交易相关方共享交易数据）、零知识证明等。

5）基础服务层

基层服务层通过区块链底层节点之间相互共识，实现数据的多重备份，保证数据难篡改。同时，底层也封装了消息队列、缓存等服务。数据库可采用非关系型数据库 LevelDB、RocksDB、MongoDB 等作为区块链的辅助存储，以提升整个系统的查询效率，满足高频的查询需求。密钥管理、查询搜索、报表服务等功能模块都需要数据库作为辅助技术支撑。

9.3.2 数据架构

1. 数据存储

与传统的软件应用系统相比，区块链应用系统中的数据除了在关系型数据库、非关系型数据库存储外，还有一部分数据需要在区块链上存储与管理。基于区块链的特性与性能局限性，存储在区块链上的数据往往是相对重要、需要多方共同维护、轻量级（256K）的信息。对于需要上链的海量数据，可先采用分布式文件系统存储，然后再对数据哈希处理后上链。

根据是否需要使用智能合约，可将写入区块链的数据分为如下两类：

（1）智能合约数据。根据业务功能的需求，这些数据通过智能合约的逻辑执行处理后保存在区块链中。这些数据往往与多方利益相关，并且需要智能合约作为执行中介处理，以提升数据处理的可信性。例如，股东投票中的票数、债券交易中的成交单金额、供应链管理中的出入库金额等。

（2）非智能合约数据。这类数据不需要业务处理逻辑，即不需要智能合约的处理，可通过直接调用区块链平台的写入交易接口将其持久化地存储在区块链。交易存储后，将返回该交易的哈希值，通过数据库保存的交易哈希开展键值对的查询，即可获得此交易的详情。例如，债券交易中的数量、供应链管理中的出入库货物的数量、存证信息、操纵业务的指令序列等。这些数据虽然没有经过智能合约的处理，但是依然可以具有一定的隐私性，可经过序列化和加密处理得到字符串后，再写入区块链。

2．数据处理

作为一种分布式应用系统，如何在区块链金融应用系统中保证数据的一致性是数据存储的关键问题。基于区块链金融系统的数据存储可分为区块链与数据库两类，而区块链节点之间通过共识机制能够保证其自身数据的一致性，因此需要关注业务如何在区块链与数据库之间保证数据的一致性。为解决这个问题，可以选择能够支持低延迟的区块链平台，避免出现不一致的情况，也可以通过如下所述的数据处理方式来保证数据一致性。

1）区块链与数据库数据不同

针对不同的金融应用场景，可设计不同的数据传输顺序。

对于区块链数据实时性低的场景，可以优先将数据传递到数据库中，然后再存储在区块链中，如溯源场景。在这种场景中，当出现数据不一致时，往往是由于区块链中的数据落后导致的。如果使用集中式数据库存储，建议采用数据库回滚的方式，与区块链的数据保持一致。否则建议使用区块链延后增补数据的方式同步数据库中的数据，即通过消息队列记录并持久化请求区块链失败的数据，由专门的进程消费队列负责事后再次请求区块链。

对于区块链数据实时性高的场景，可优先将数据存储到区块链中，如供应链金融场景。在这种场景中，出现数据不一致的情况往往是由于数据库出现可用性问题而导致的。对于资金充足的大型机构而言，可通过数据库的热备或集群等方案，提高数据库的可用性；对于资金紧张的小微机构而言，可以通过上述消息队列的方式，在数据库中事后增补数据。

2）区块链与数据库数据相同

虽然在区块链金融应用中，区块链存储的数据与数据库存储的数据有所区别。但是在一些情况下，为满足业务的性能或安全性要求，数据库中的数据可能包含区块链中的数据。例如，为了提高从区块链中查询数据的性能要求，机构可以采用读写分离的模式在本地额外部署存储区块链数据的数据库。这样当处理查询链上的信息请求时，只需保证本地数据库的最新状态值与区块链中的最新状态值相同，即可直接从本地数据库中查询区块链中的信息，大大提升查询性能。

在这种情况下，为避免出现区块链与数据库数据不一致的情况，可通过守护进程的设计，定期检查区块链中区块高度与数据库数据记录的区块高度是否一致。如果发现数据库落后，则从区块链中依次取出交易信息，向数据库重新发送,并更新数据库记录的区块高度与交易哈希。如果发现区块链落后,则从数据库中依次取出缺少的交易信息,向区块链重新发送。

3. 数据安全

对于数据安全,首先需要梳理清楚系统的数据资产,其次根据数据的关键程度、敏感程度确定数据的保护级别,最后根据安全保护级别与数据特点制定相关的技术保护措施。

例如,典型数据安全与隐私措施如图 9-4 所示,结合系统的总体架构图,可从如下 5 个方面开展技术工作,以保护数据安全。

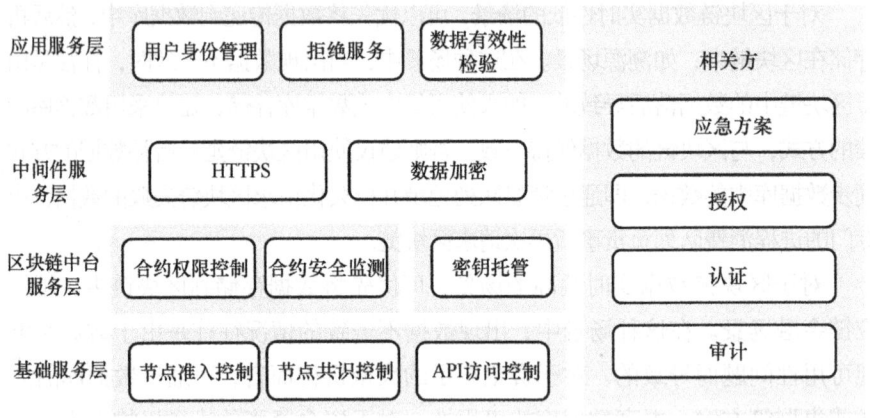

图 9-4 典型数据安全与隐私措施

(1)在应用服务层,通过用户身份管理、拒绝服务、数据有效性检验等方式,可保证数据访问与使用的安全性。

(2)中间件服务层,对数据采用多种加密机制,如消息摘要(SHA3/SHA-256/SM3)保证数字安全,数字签名(ECDSA/SM2)保证身份安全。

(3)在区块链中台服务层,通过合约权限控制、密钥托管和合约安全监测等方式保证合约的安全性,以保证对数据处理的安全性。

(4)在基础服务层,通过节点准入控制、节点共识控制、API 访问控制等提升数据入链时的安全性。

(5)在区块链应用运营过程中,也要考虑对风险问题的应急预案、对数据访问的认证授权与审计功能设计,在保证全生命周期中数据安全的基础上,尽可能地实现数据的隐私保护。

9.3.3 技术架构

1. 概述

技术架构定义了实现整个系统所需的各种技术，包括开发类、过程管理类、运行环境类、运维支撑类、相关技术规范等。在设计技术架构时，一项必要的工作是针对应用需求开展产品选型，以确定合适的技术。在选型过程中，需尽可能地搜集相关的主流技术产品作为备选产品，然后从功能性和非功能性的多个阶段对备选的技术产品综合量化考虑，明确备选产品的优缺点，以避免对某产品先入为主而影响对备选产品的客观对比分析。

2. 区块链技术平台测试

与其他金融应用相比，区块链金融应用需要额外增加对区块链平台的技术选型。目前区块链技术仍在不断发展中，区块链平台的质量参差不齐，为选择合适的区块链产品，可参考全国金融标准化技术委员会（以下简称金标委）发布的《金融分布式账本技术安全规范》（以下简称《安全规范》）并结合自身的业务需求，开展区块链平台产品的选型。在选型过程中，一方面可参考专业测评中心出具的测评结果（例如，中国信通院的可信区块链评测，赛迪研究院的许可链评测）；另一方面也可以本地部署区块链技术平台产品，参照如图 9-5 所示的评测模型，从功能、性能、安全性、可维护性、可移植性 5 个方面，基于 SMART 原则设计评测指标开展实地评测。

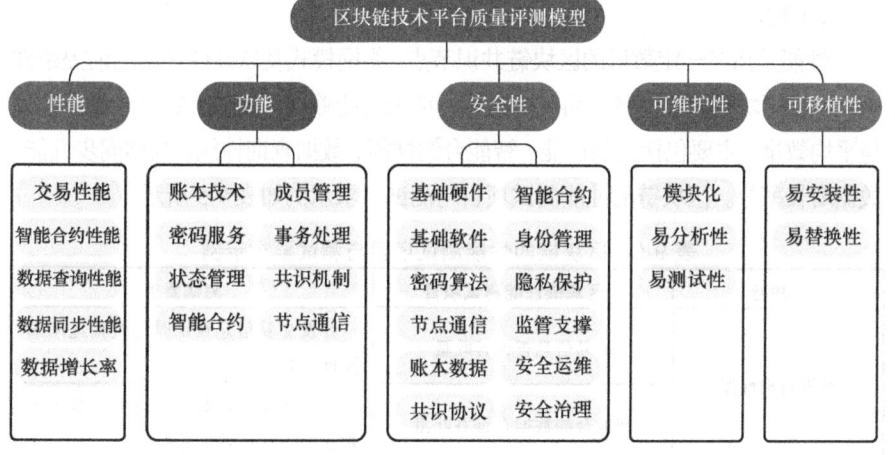

图 9-5 区块链技术平台质量评测模型

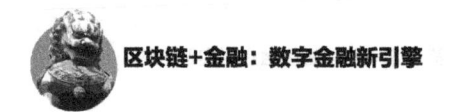

1）功能

功能方面是指为满足上层应用所需的基础区块链功能组件，主要包括账本技术、密码服务、状态管理、共识机制、智能合约、成员管理、事务处理、节点通信等功能。其中，事务处理是指通过交易来部署智能合约、调用智能合约功能，并保证交易的原子性。区块链的功能测试项目与测试要求示例如表9-4所示。

表9-4　区块链的功能测试项目与测试要求示例

序号	区块链功能测试项目		测试要求
1	共识机制	故障数少于理论值	当节点故障数少于理论值时，能达成共识
		故障数多于理论值	当节点故障数多于理论值时，无法达成共识
		双花攻击防范	相同签名的交易连续发送两次，一笔成功，一笔失败
2	智能合约	部署	能支持智能合约部署
		冻结	有权限的管理员能够冻结智能合约
		解冻	有权限的管理员能够解冻智能合约
		升级	系统成员对合约升级提案投票，决定是否需要合约升级
3	成员管理	非国密账户	支持创建非国密账户
		国密账户	支持创建国密账户
4	节点通信	新增节点	支持动态新增节点
		删除节点	支持动态删除节点

2）性能

性能是指在一定数量的区块链共识节点、组网模式及软硬件环境的前提条件下，验证区块链技术平台产品在处理某种请求时能够达到的最大数量、最小数量与平均数量。主要包括交易性能、智能合约性能、数据查询性能、数据同步性能、数据增长率等。区块链的性能测试项目与测试要求示例如表9-5所示。

表9-5　区块链的性能测试项目与测试要求示例

序号	区块链性能测试项目	测试要求
数据查询性能	交易信息查询吞吐量	并发交易信息查询时的查询速率满足性能要求
	智能合约数据查询吞吐量	并发智能合约数据查询时的数据查询速率满足性能要求
数据同步性能	满负载同步速率	在最大吞吐量下的账本同步速率

3）安全性

安全性是指区块链技术平台产品采用多种安全保障措施，能够抵御攻击、防止链上信息泄露等风险的能力。基于《安全规范》，区块链技术平台产品的安全规范涵盖基础硬件、基础软件、密码算法、节点通信、账本数据、共识协议、智能合约、身份管理、隐私保护、监管支撑、安全运维、安全治理等方面。

4）可维护性

可维护性是指区块链技术平台产品在系统发生故障后，能够快速修复到正常运行状态的能力。基于贵州省地方标准《区块链系统测评和选型规范》，可维护性主要包括模块化、易分析性、易测试性等。

5）可移植性

可移植性是指区块链技术平台产品对不同环境的适应能力。基于贵州省地方标准《区块链系统测评和选型规范》，可移植性包括易安装性、易替换性等。

9.4 系统开发

相较于其他金融应用程序，基于区块链的金融应用除传统的应用层的前后端的程序之外，还包含在区块链平台运行的智能合约。下面简要介绍智能合约与应用层的开发方法。

9.4.1 智能合约开发

类似于在智能手机上运行 Android/iOS 应用程序，在区块链平台中运行的程序是智能合约。智能合约是由事件驱动、以代码形式存在、可执行的"代码合同"。作为一种程序，智能合约的全生命周期包括创建、编译、部署、调用、升级和废止智能合约。但是由于区块链平台的技术架构不同，智能合约的开发语言与运行环境不同，智能合约的开发方式也有所不同。下面简要介绍较为通用的智能合约实践思路与实践经验。

1. 创建智能合约

1）开发准备

如表 9-6 所示，不同的区块链平台提供不同的智能合约执行环境、支持不同的编程语言，因此需要基于区块链平台选择合适的智能合约编程语言与执行环境。为保证安全性，智能合约通常是在独立的"沙箱"中执行的，并限制智能

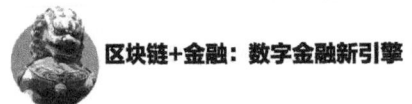

合约访问的资源。例如，不能接触网络、文件系统或其他线程等系统资源。

表9-6 典型区块链平台的智能合约编程语言与执行环境示例

区块链平台	智能合约编程语言	智能合约执行环境
FISCO BCOS	Solidity	虚拟机 EVMC
Hyperchain	Solidity/Java	虚拟机 EVM/HVM
Wutongchain	Wlang/Golang	虚拟机 WVM、容器化 Docker
FiMAX	Golang	容器化 Docker
Fabric	Golang/Java/Node.Js	容器化 Docker
Ethereum	Solidity	虚拟机 EVM
Libra	Move	虚拟机 Move VM

智能合约执行环境主要分为虚拟机与容器化两类。

虚拟机作为"沙箱"，将智能合约的执行环境完全封装，对操作系统完全透明，其内部运行的智能合约不能访问底层操作系统接口。由于虚拟机的特点与智能合约的需求匹配度较高，较多区块链平台采用虚拟机的方式运行智能合约，如以太坊、FISCO BCOS、Hyperchain。

容器化是将应用及其依赖包打包到可移植的容器中，具有轻便与灵活的特点，但会直接运行在底层的操作系统之上，可访问包括文件、系统功能等在内的更多系统资源，这就对区块链自身的运行环境提出了较多要求。例如，Fabric、FiMAX 使用 Docker 作为智能合约的执行环境，采用限制准入的方式来管理操作系统底层资源。这是因为这些平台是在联盟链场景中，节点可以较为自觉地使用系统资源。

目前，智能合约的开发语言也有多种，包括 Java、Node.Js、Golang 和专门开发智能合约的语言 Solidity、Serpent、LLL 和 Move 等。其中，Solidity 是由 Gavin Wood 在 2014 年提出的一种专门针对区块链智能合约开发、具有图灵完备性的高级编程语言，是最早的专门用于智能合约编写的语言。目前，Solidity 已广泛应用在很多区块链平台，如以太坊、FISCO BCOS、Hyperchain 等。目前，支持 Solidity 的编辑器有很多，如 Intellijidea、Webstorm、Vscode、Subline、IDEA 等编译器安装好相应插件后，都可以编写和编译 Solidity 文件，或使用在线实时编译器 Remix，无须安装 Solidity 运行环境。

在选择智能合约时，需要着重考虑图灵完备性和执行效率这两个因素。一方面是因为区块链的业务逻辑是通过智能合约来实现的，只有具有图灵完备性，才有可能支持丰富的业务逻辑；另一方面是由于参与系统维护的区块

第 9 章　区块链金融应用实践方法

链节点需要执行智能合约，并在智能合约执行一致的条件下，才会将数据写入区块链中，因此其执行性能会直接影响区块链应用系统的性能。

2）代码开发

在确定智能合约语言后，可根据智能合约语言的类型，选择合适的代码开发方法。例如，Golang、Java、Solidity、Move 可采用面向对象的编程思想设计代码逻辑。除此之外，还需按照符合智能合约编程语言的语法、代码规范设计，实现功能逻辑。例如，Solidity 遵从 Ecmascript 语言规范，一个合约视为一个类，具有继承、封装和多态的特性，其对大小写敏感，使用方括号表示代码块等。

虽然智能合约的语法规则与开发方法有所不同，但是智能合约的开发理念依然存在一些共通之处。对于新的智能合约，开发者可参考借鉴如图 9-6 所示的开发理念进行设计开发。

开发模式	描述
安全设计模式	断路开关、限速限量、权限控制等
简洁轻量模块化	逻辑简单、代码量少、通过合约和函数的模块化使业务清晰明确
可读性大于性能	不要过分追求性能而使用assemble等底层操作语句
选择必要的数据上链	不要把所有业务数据都通过智能合约管理，这样会加重区块链的负担
使用安全可靠的第三方代码	尽量用安全可靠的工具代码，避免自己造轮子
谨慎发布智能合约	发布智能合约之前必须经过充分的测试、安全测评
保持更新	在任何新漏洞被发现时检查当前的智能合约，使用最新的安全技术
清楚业务需求	确保完全理解了业务需求，使智能合约制定的"规约"满足业务需求。要清楚，开发智能合约本质上和编写具有法律效应的合同没有区别
明确合约接口	明确智能合约对外提供的接口，避免暴露不必要的私有方法
小心外部合约调用	针对外部合约调用必须小心谨慎，宁可禁止也不要大意

图 9-6　开发理念

3）安全性与一致性

由于智能合约是区块链的业务逻辑执行模块，会部署在多个区块链节点上，因此需要对智能合约进行安全性检验和一致性管理。

为降低区块链节点可能会出于自身利益攻击或欺骗智能合约的风险，在创建智能合约的过程中，可以采用静态分析、源码安全审计、单元测试、功能测试、漏洞检测、安全扫描等手段，以保证智能合约能够正确、安全、稳定、有效地运行。《安全规范》对智能合约的访问控制、代码复杂度、安全验证等诸多方面提出了安全规范建议，如"应有相应的机制控制用户对智能

197

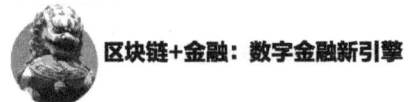

合约的访问""宜从合约源代码总长度、资源消耗和执行时间等方面限制合约代码的复杂度""应实现基于安全规则和配置信息自动生成安全智能合约模板的机制"等。

为保证智能合约执行的一致性，需要保证各区块链节点的智能合约版本的一致性。根据《安全规范》可以通过如下 5 种方式来实现：

（1）在源代码中，通过区块链平台指定的方式确定版本号。

（2）在配置文件中定义版本号，且该配置文件应与智能合约代码一同部署。

（3）应在部署或升级操作时定义版本号。

（4）智能合约升级后，应在金融分布式账本中保留前一版本。

（5）交易信息中应明确调用的智能合约版本。

2. 编译与部署智能合约

在编写完成智能合约后，可以使用相关编译器或命令行的方式编译智能合约，获得区块链平台可以运行的智能合约二进制字节码。例如，使用 Solidity 语言编写的智能合约文件 Helloworld.Sol，经过编译器编译生成用来调用的 ABI 类型的文件 Helloworld.Abi 和用来部署的 Bin 类型文件 Helloworld.Bin 文件。其中，ABI 对智能合约接口的定义是严谨和完备的，描述的是字符串参数（或返回值）与合约可执行二进制码之间的转换规则。因此，通过 ABI 可以将智能合约执行结果解析为可读的字符串。另外，如果开发可视化智能合约测试工具，其开发工作的很大一部分是读取 ABI 文件，并根据 ABI 描述去解析数据。Bin 文件可以看成一个二进制文件，是供智能合约引擎执行的 EVM 指令的集合。

部署合约是指将合约代码部署到区块链网络节点的智能合约运行环境的过程。以 Solidity 编写的智能合约为例，可以通过发起部署智能合约交易将 Bin 类型的二进制文件存储在区块链上，通过交易回执获得此 Helloworld 智能合约的地址。部署智能合约的交易与发送一笔交易的操作是相同的，可以调用 Transaction（From,To,Payload）函数，其中 From 为部署节点的地址，To 为空，Payload 为二进制字节码。也就是说，最后合约地址对应的合约代码会保存在区块链数据库中。

3. 调用智能合约

与传统计算机程序类似，智能合约也需要主动调用触发智能合约，才能

执行合约内的逻辑。调用智能合约的方式主要可以分为外部接口调用、智能合约间调用两种。

外部接口调用是指区块链外部的系统调用智能合约，如可以通过应用服务器调用区块链平台向外部提供的服务接口 SDK 或 REST 服务发起相关交易，应用后台完成交易封装，并将该交易广播至所有记账节点存储。在外部接口调用合约的过程中，如果不关心合约调用的结果，推荐使用异步调用合约的方式来提升并发量。

智能合约间调用是指区块链内部合约之间调用的过程。可以将已经部署的智能合约作为代码库，通过调用向其他智能合约提供服务。在智能合约间调用的过程中，往往需要先声明被调用智能合约的接口，然后在合约中直接调用对应的接口。通过智能合约间调用，可以完成多种功能，如跨分布式应用的交互、智能合约升级、复用等。

4. 升级智能合约

为保证智能合约的安全性，智能合约的升级需要由合约的部署者执行。客户端通过区块链平台 SDK 的合约升级接口，向区块链平台发起智能合约升级的交易，该交易的参数中包含升级后的智能合约代码。如果合约存在构造函数，那么区块链平台会对合约初始化，并将此合约存储在区块链中以便后续调用。

通常情况下，升级的智能合约编写需要满足区块链平台要求的升级规范，否则可能在之后的合约调用过程中，会出现变量内容读取失败、变量内容读取异常、虚拟机执行失败等情况，造成合约中存储的数据与变量名无法对应的情况。在一些区块链平台中，不会对不规范的新版智能合约报错，即使智能合约已经出现了数据混乱的情况，虚拟机也有可能不会提示错误信息，这导致智能合约的调用者很难发现程序错误。因此，需要注意智能合约的升级规范，如变量定义规范、变量声明规范、函数定义规范等。

例如，在变量定义规范中，升级的 Solidity 智能合约中需要新增变量定义时，需要在保持旧版合约其他变量定义不变的基础上，在尾部追加新定义。这是因为 Solidity 合约的一些全局变量以 Key-Value 的形式存储在区块链中，其中 Key 是根据当时定义变量的位置的顺序来决定的，所以一旦此变量在智能合约中的位置发生了更改，则会造成升级后的合约找不到原来存储的一些变量，进而导致合约读取错误的数据。

5. 管理智能合约

当智能合约出现漏洞、业务功能出现异常、金融交易出现异常风险等问题时，具有权限的系统管理员可以根据联盟的治理规则干预、操作智能合约。例如，冻结、解冻、恢复、废止智能合约，以防止异常问题对系统的持续性影响。系统管理的客户端可通过区块链平台 SDK 的合约冻结、解冻、恢复、废止等接口管理智能合约。管理智能合约的行为记录也会保存在区块链中，以利于安全审计。

9.4.2 应用层开发

应用层开发主要是实现非智能合约的业务功能，其开发模式与传统的软件开发方式相同，根据选择的开发语言、开发框架、开发工具和编码风格等实施应用开发、部署与发布。当业务应用需要与区块链平台交互时，可以利用区块链平台提供的开发工具包 SDK 的 API 编程，实现对区块链的操作，而无须了解区块链底层的基础代码框架与运行机制，如图 9-7 所示。例如，可以通过 SDK 查询区块信息、查询交易、调用智能合约等。应用开发程序员与智能合约开发程序员能够专业化地分工协作，快速地搭建应用程序。

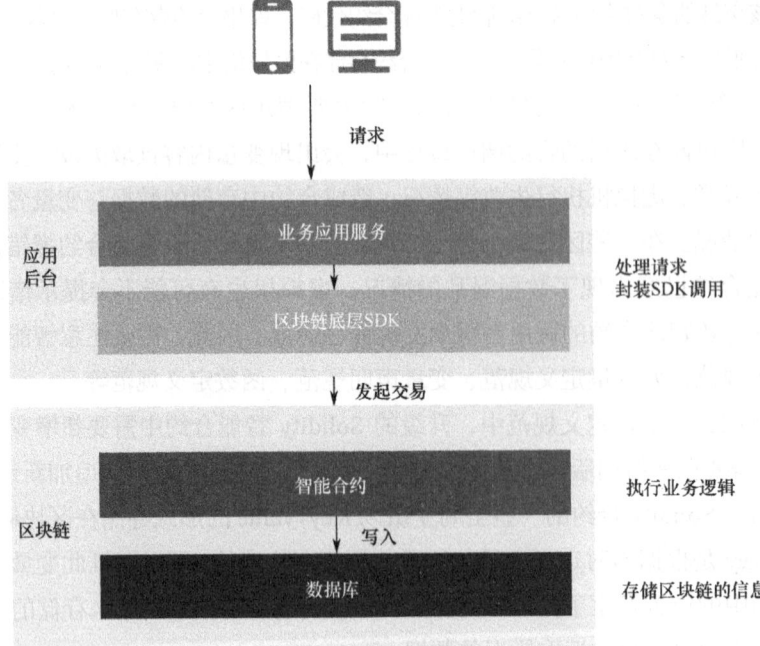

图 9-7 应用层调用区块链主要流程示意

9.5 系统测试

基于区块链的应用系统测试技术与传统软件系统的测试技术基本没有区别，传统软件测试逻辑与方法依然适用。也就是说，在区块链平台开展选型测试（参见 9.3.3）后，可以把区块链当成一款支撑应用程序的基础软件产品，在应用项目开发完成后，只需要针对区块链应用系统开展测试。就像在传统金融应用开发项目中，在选型阶段确定项目采用 MySQL 数据库后，应用系统的测试将不需要对 MySQL 本身再测试，而是针对应用系统使用 MySQL 的相关功能开展测试。

9.5.1 测试思想

1. 实施路径

为控制区块链金融应用开发过程中的质量，降低缺陷修复成本，可以采用测试左移（Shift Left Testing）的测试思想，要求需求、设计、开发、测试等干系人在项目过程中尽早参与到质量活动中，能够在早期的迭代中提供质量反馈。在传统的软件开发模型中，需求保留在计划的左侧，交付和测试要求位于右侧。但这种做法无法应对不断变化的期望和敏捷开发要求，可能会导致业务出现负面结果，如成本增加、上线时间延长和出现意外错误。

测试左移是一种旨在软件交付过程的早期发现和防止缺陷的思想，原则上要求在软件开发周期早期和所有干系人合作，将此策略作为重要的项目管理核心观念之一贯穿到整个软件生命周期交付中。基于测试左移的思想，在项目前期尽早发现问题，尽早分析影响，尽早解决争议；在项目过程中尽早识别风险，尽早排查和解决问题，尽早准备风险应对措施。基于此，在测试左移的整个过程中采用缺陷预防和基于风险的测试两个策略实现"尽早"。

测试左移聚焦在项目参与人员在全部（或重要的）项目阶段参与进来，一方面，帮助项目参与方了解项目的质量全貌，可以针对存在质量瑕疵的部分开展补救措施；另一方面，项目参与者都是质量控制者，前置环节的人员了解后置环节人员的需求，后置环节人员帮助前置环节提升交付质量，可以有效提升整个项目的质量。对于开发人员，质量的左移与持续执行的测试活动也使开发团队发挥身为代码所有者的主动性，提高代码前期质量，有效减少后期测试成本。对于测试人员，质量左移也鼓励测试人员参与需求和开发的质量控制过程，帮助开发人员从客户角度来思考系统的功能、行为，从而使用户得到高质量的服务，最终实现开发、测试与用户多赢的效果。测试左移总体实施方案示意如图 9-8 所示。

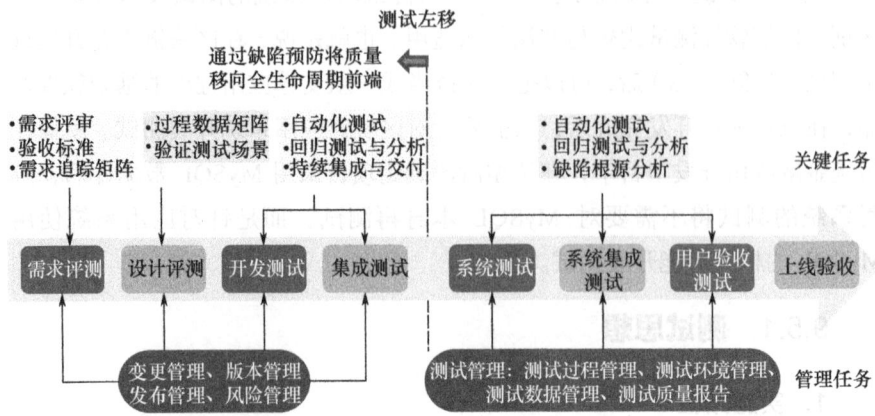

图 9-8　测试左移总体实施方案示意

测试左移总体实施方案在需求阶段需要需求人员与设计、开发、测试人员确认需求内容，减少未来工作的分歧，开发和测试人员则需要尽早开始各自的工作；在设计开发过程中，需要尽早提供代码实现逻辑，并开展单元测试，需求人员复查是否满足要求，测试人员基于相关内容，提前分析测试内容，测试关注点。测试左移要求各干系人尽可能地参加每个阶段的讨论和团队合作，帮助项目成员提前识别风险并制订风险减轻计划。

2．组织协作

对于传统的软件项目，测试阶段是在开发人员编码后以系统测试为起点，这样导致需求、开发与测试成为界限分明的 3 个阶段。相对于传统软件项目流程，测试左移在项目流程中做出了两点要求：①每个阶段都增加了质量信息采集分析和质量保证两项内容。②增加每个阶段参与人员的类型，由需求、设计、开发、测试等人员共同参与。同时，所有阶段人员除了保证自身环节不出问题之外，还参与前置环节的质量活动。

9.5.2　测试方法

测试左移的测试思想主要影响需求评测、设计评测与开发测试这 3 个阶段，后续的集成测试、系统测试与用户验收测试可采用传统的软件测试方法，

故下面主要介绍前 3 个阶段的测试方法。

1. 需求评测

基于测试左移的思想，需求评测不仅包含需求内容的评审，还需要需求、设计、开发与测试人员共同对需求交付的文档开展质量分析和控制，以明确验收标准、确定测试计划。例如，需求文档是否考虑了上下游关联，对交互场景的描述是否完整，过程描述是否明确清晰。需求人员根据参与者对需求质量的诉求修改文档，并明确验收标准。而在传统的需求评审过程中，主要是需求人员给其他项目参与者讲解、梳理项目的要求，而其他参会成员复述确认对需求的认识，以保证各方理解一致。

2. 设计评测

设计评测主要通过技术评审测试逻辑设计，确定系统结构设计的合理性、逻辑处理的正确性和数据库的规范性。基于需求跟踪矩阵和需求规则说明书，评审技术设计文档，并通过设计文档的评审，检验其设计逻辑是否正确。同时，可以更加清晰地定义测试范围、确定测试用例的有效性与完备性。一种常用的做法是创建一个流程数据矩阵，把流程数据矩阵映射到实体，以反映整个程序的数据的生命周期（建立、更新、读取、删除）。

3. 开发测试

在区块链应用程序中，除对客户端的程序开展常规的开发阶段测试之外，还需要重视智能合约的安全审计和接口测试，并需要有相应的测试报告。根据《安全规范》的相关建议，可以采用代码安全审计、静态分析、漏洞检测、人工检查的方式检查智能合约的代码是否符合规范、是否有潜在风险，并在发现漏洞后及时修复。此外，由于客户端应用程序往往通过区块链平台提供的 API 接口来编译、部署智能合约，并通过调用智能合约的方法来检验执行结果是否符合预期。因此，可以针对接口测试制定相关的标准规范并研发相关的测试工具，并尽量做到自动化测试，这样可以显著提升测试的标准化程度与效率。

9.6 系统运维

基于区块链的金融应用系统的整体运维主要包括两种系统的运维，分别

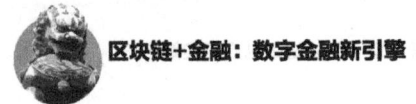
区块链+金融：数字金融新引擎

为区块链金融应用的运维和底层链的运维。这两种系统的运维思路与传统金融应用相同，都通过采用相关的方法、手段、技术、制度、流程和文档等，对其运行的软硬件运行环境、业务系统和运维人员等方面进行综合管理。

相较于传统的金融应用，基于区块链的金融应用系统运维难点在于底层链的运维。这主要体现在如下两个方面，一是底层链的运行环境具有异构分布式特性，即区块链节点的物理设备往往分布在不同的地理位置、由不同的机构或组织开展分散式的管理。而这些机构或组织往往具有不同的管理制度和安全风险考量，对相同系统可能认定为不同的安全保护级别，因而导致底层链的系统在实际部署和运维中的困难。二是区块链技术作为一种新的技术架构，整个系统的安全性由全部节点共同维护，仅保障单个节点的安全性并不能保证系统整体安全。

考虑到上述两个问题，可基于《安全规范》建议，一方面对区块链底层链的节点版本升级、漏洞修复、备份与恢复、应急预案管理、权限管理、议案机制制度流程开展制度、流程和文档方面的运维管理建设；另一方面自建或使用区块链平台提供的监控平台开展底层链的部署和维护，为上层区块链应用系统提供保障能力和信息安全风险约束能力。

9.6.1 基于 BaaS 的系统运维

1. 部署

联盟链是金融应用的一种常见模式，是一种由有限跨界主体组成的网络，共同存储区块链的数据与运行区块链的业务逻辑。联盟链上的数据只有具有读写权限的联盟内成员才可以进行读写操作。对于联盟中成员的退出与加入，需要按照联盟治理规则中节点准入与准出控制策略来执行。由于联盟链的共识节点个数有限，区块链系统的性能相对较高，并在隐私保护上具有优势，可以满足大部分金融应用场景的需求。

区块链节点分为共识节点、记账节点、轻节点等多种类型。所谓节点是指提供区块链的所有功能或者部分功能的实体。共识节点是负责账本数据一致性的节点。记账节点是负责区块链账本数据完整性的节点，不参与共识算法的执行，但是存储区块链的全量数据。轻节点是只存储自身相关信息的区块链节点。

基于 BaaS 的系统部署如图 9-9 所示。

第 9 章 区块链金融应用实践方法

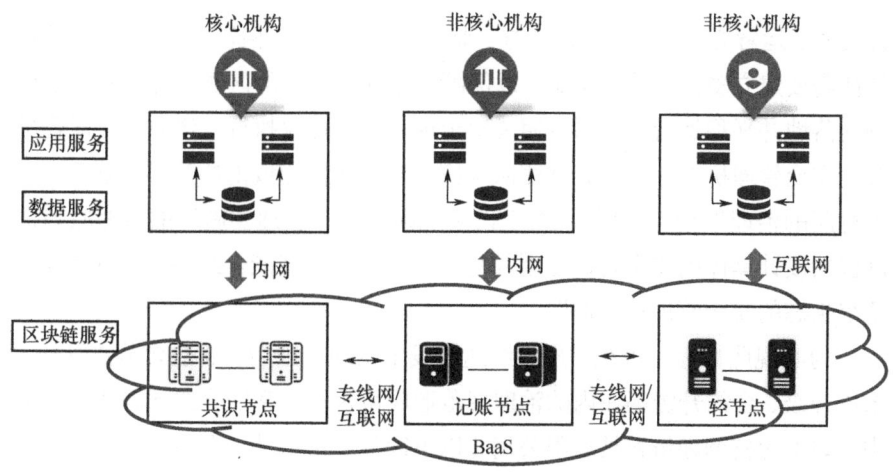

图 9-9 基于 BaaS 的系统部署

（1）核心机构作为共识节点共同维护哪些信息记录在区块链中、哪些智能合约部署在区块链中，如资产证券化发行与交易一体化场景中，证券交易所、监管机构、托管银行总行、清算所、计划管理机构等是核心机构。

（2）非核心机构有两种接入方式：一种是作为记账节点全量存储，即作为某个核心机构的从节点，存储区块链的全量信息，如某银行的分支行可以完全信任总行，可以作为总行的从节点从其获得信息并存储。另一种是作为轻节点选择性存储，只存储与自身相关的数据信息，不存储区块链的全量信息。例如，在证券交易场景中，中小型银行机构只需要存储区块链中与自身交易相关的信息。

（3）共识节点、全量节点、轻节点的区块链部署，都可以采用本地部署与代理托管两种方式。本地部署是指区块链节点的服务器物理位置与核心机构保持一致。而代理托管方式是指由某机构托管区块链节点的物理服务器，但是区块链节点的所有权依然属于此机构，账户密码与密钥由该机构自行管理。

区块链金融应用系统可以支持在本地部署，也可以部署或接入 BaaS 平台中。通过 BaaS 平台的部署，可以降低传统行业使用分布式账本技术的门槛，降低开发分布式账本应用的难度，提升开发和维护效率。

2．联盟治理

由于区块链金融应用系统往往涉及多方机构与用户参与，如系统用户、

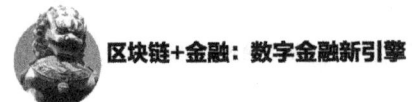

开发方、运营方、管理方、审计方、监管方等。因此，相较于其他金融应用，往往需要建立多方的治理机制，以保障多方共同维护的区块链金融应用系统顺利落地并平稳运行。同时参照《安全规范》的建议执行，建立由管理委员会、安全管理机构、日常管理团队与应急管理团队组成的决策层、管理层、执行层的治理架构，"遵循'线上设定规则，线下管理实施'的治理原则，既包括设计具体的安全管理规则并写入共识协议或智能合约中，也包括线下系统生态的安全管理和协调"。

为实现此目标，可在治理组织达成线下治理规则后，将包含节点管理、系统升级、合约升级等在内的治理规范形成可执行的智能合约部署在区块链中。如下为杭州趣链科技有限公司（以下简称趣链科技）在金融应用实践过程中采用的一些治理规则。

节点管理：当有新节点加入时，由联盟链中的节点根据治理规则来决策。例如，通过其加入的节点与新节点相互颁发证书。其他节点若试图与该节点建立连接，必须在握手阶段附上该节点签发的证书。

系统升级：基于联盟自治委员会的规则要求，系统版本的升级首先在组织内投票，决定是否需要完成系统升级，若需要，则节点依次宕机后，通过互联网拉取最新的二进制，配置文件后重启，自动进行版本升级。

合约升级：首先需要提出合约升级提案，自治联盟组织将会根据合约地址获取这份合约的审议者信息，然后生成携带以下信息的事件：待升级的合约地址、审议者列表、提出合约升级提案的交易哈希；根据这些信息，区块链系统可以推送事件给所有的审议者，当同意的审议者数量达到阈值时，合约将会自动升级。

3. 区块链应用的运维

对于区块链应用的运维管理，可采用传统软件应用程序的运维体系，将此作为一种应用系统或业务服务来管理。为有效管理区块链应用程序、降低对日益增长的软件应用的运维管理难度，可建设一个标准化、集成化、自动化、智能化的监控平台，有利于对基础设施、应用系统与业务服务实现实时、全面、应用全生命周期的监控管理，从而实现准确、及时告警，协助问题快速定位，大幅提升运维管理水平，为业务连续性保障工作奠定基础。

1）监控标准化

由于运维管理系统多种多样，监控策略一直存在数量大、配置杂、管理困难等特点。为解决这些问题，可开展标准化、精细化、流程化的监控策略

第9章 区块链金融应用实践方法

动态管理，并采用戴明循环模型对监控策略持续地优化改进。首先，细化监控策略，从硬件监控、系统监控、网络监控、日志监控、安全监控、API 监控等多个维度对监控策略进行分类，并设计适宜的配置化模板，抓住监控策略的重点内容。这种方式避免了以纯文本的方式对监控策略进行描述，从而有效降低运维团队与需求团队的额外沟通成本。其次，通过多个系统在模拟环境与生产环境的多轮部署验证，持续地迭代优化监控策略的分类与模板配置，可进一步形成与不同系统类型相适应的监控策略管理模式。最后，可通过标准化的配置监控策略建设，极大地提升监控策略维护的效率，降低其管理的复杂程度。

2）监控集成化

集中统一的监控平台有利于整合分散化的监控资源，使运维团队能够全面、高效地了解系统的整体运行情况，极大地降低监控系统的运维成本，提升运维监控水平。为实现此目标，可采用如下三步走的方式。

首先，梳理监控工具链。对于系统异构性突出的机构而言，往往需要监控多种类型、不同粒度的资源，这导致往往不能依赖单一的监控工具来满足灵活的监控需求。若针对每个监控需求引入监控工具，往往又存在监控功能重复、监控数据分散、成本较高的问题，因此，需要对监控工具进行分类梳理，可从易用性、可扩展性、独特性等多个方面对监控工具量化打分，并通过组合优化，形成适合自身发展的工具链。

其次，研发事件管理平台。可结合自身需求建设对于事件集中管理和分析的平台，以及时、有效地管理告警事件，避免风险遗漏。为避免短期内针对同一事件的多次告警，可通过相关事件分析方法对事件进行降噪处理，有效平衡告警频率与有效性的问题。

最后，可设计功能模块独立、具有良好伸缩性与扩展性的统一监控平台。通过调用其他运维系统的 API 接口，汇总异构多源的监控数据，对服务器、存储设备、操作系统、应用中间件、消息中间件、数据库和应用系统等各类运行数据进行全面采集，对运维团队提供综合管理的统一入口，对系统异常时上下文信息、监控策略等进行统一管理，降低管理的复杂程度。

3）监控智能化

通过利用机器学习、自然语言处理等技术，进一步实现监控运维的自动化，降低运维成本。一方面，可通过对告警信息的语义分析，实现相似报警事件的自动归类，并通过与流程管理平台的互联互通，实现告警事件的自动合并和开单；另一方面，基于对历史运维信息的挖掘，可有效预测分析资源的使用率与阈值，有利于资源的合理配置，提高监控预警的准确性。

4．区块链的运维

根据《安全规范》中安全运维的基本要求，可以通过区块链平台提供的SDK，或在区块链厂商提供的区块链监控平台的基础上，构建自身的底层链监控平台，实现自动化、配置化、可视化的底层链监控平台，实时监控区块链的运行情况，以减少系统运维成本，提高系统缺陷定位效率。监控平台提供的主要功能包括链管理、链监控、链浏览、异常告警等。区块链监控平台系统架构示意如图9-10所示。

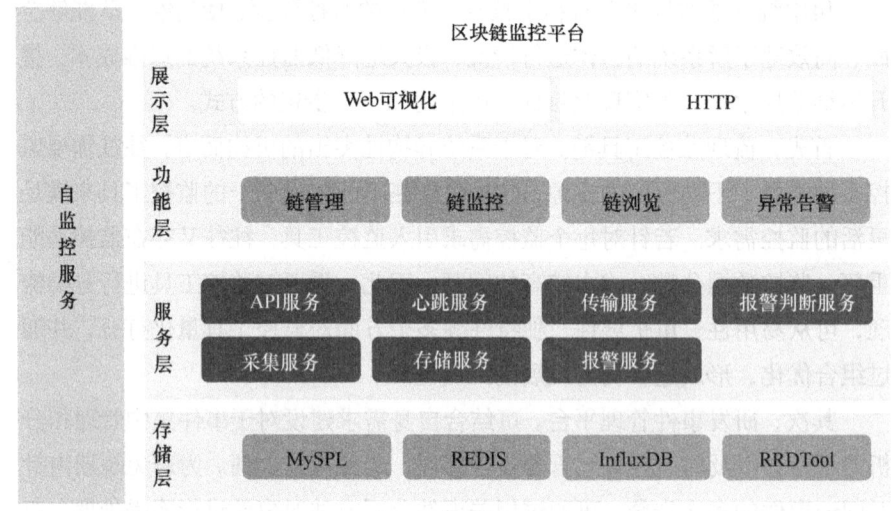

图9-10　区块链监控平台系统架构示意

1）主要功能

（1）链管理。

链管理是通过链平台提供的API接口实现对底层链的权限管理、节点管理、智能合约管理等。权限管理可以添加项目成员并设置成员权限，只有具有管理权限的成员用户才能执行节点管理、智能化管理等。在节点管理中可通过添加、删除监控的区块链节点灵活确定监控的区块链节点，并通过可视化的仪表盘来监控节点情况。智能合约管理是指对智能合约全生命周期的管理，包括查看版本、查看合约调用记录、部署、冻结、解冻等功能。

（2）链监控。

链监控通过可视化看板的方式，直观地反映区块链运行和资源占用等指标，保障区块链网络的健康稳定。区块链运行指标包括节点、区块、合约和交易等信息；资源占用指标包括主节点和多节点的 CPU 占用、内存占用、数据硬盘占用、网络时延等信息。

（3）链浏览。

监控运维系统通过区块链平台提供的 SDK 查询接口获取区块链底层信息，之后以可视化的形式展示在前端界面中。可查看的区块链底层信息包括区块高度、区块哈希、交易哈希、某个区块或某条交易的具体详情，以及一些历史统计信息，如历史最高 TPS/当前 TPS、节点数、最新区块信息、最新交易信息（交易哈希、交易发起地址、交易接收地址、交易时间）等。

（4）异常告警。

根据运维人员自定义的区块链网络风险告警阈值或关键词等，监控平台实时监测区块链网络或计算资源异常。在区块链和服务器的运行过程中，如果发生异常，如区块链网络共识异常或运行资源占用比例过高，就会触发超过正常阈值的系统告警。此时，系统将立刻保存告警记录，并发送告警通知到相关人员，使相关人员可以进行紧急维护，帮助用户定位问题，降低系统风险。

2）架构设计

为实现上述功能，可参考借鉴趣链科技的区块链监控平台 Hypervision 的设计架构（见图 9-11），其主要步骤与模块功能如下。

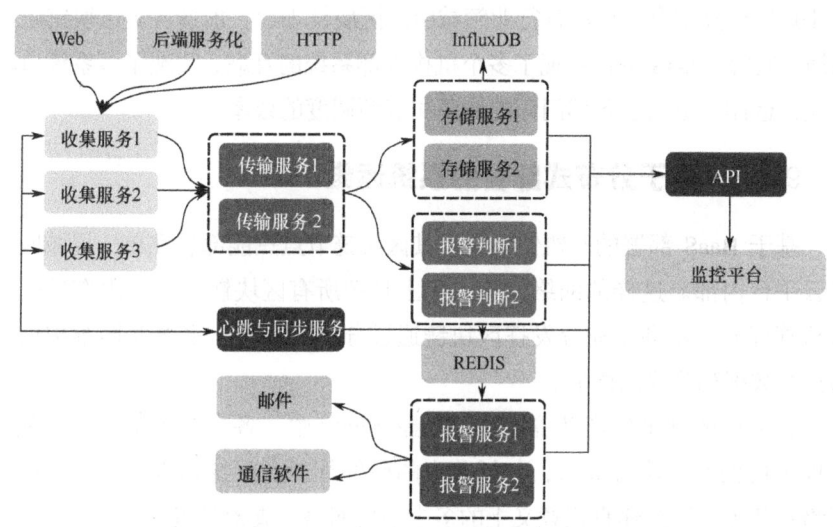

图 9-11　Hypervision 设计架构示意

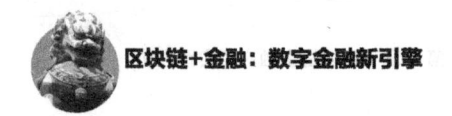

（1）收集模块从部署的各区块链节点中收集需要监控的各种指标数据，并将数据推送给传输服务。

（2）传输模块为存储和报警模块组织和暂时存储数据，对数据进行预处理、打包、入队列后，将用户自定义的告警监控信息发送到告警模块，其他信息发送到存储模块。

（3）存储模块将数据持久化地存储到数据库中，常使用时序数据库存储，以实现实时监控存储功能，如 InfluxDB、OpenTSDB、TimescalaDB 等。

（4）告警模块对收到的数据根据报警表达式进行分析判断，将需要报警的数据写入消息队列后，再通过邮件、钉钉或微信等通信软件向用户报警。

（5）心跳服务相当于所有服务中的管理员，所有收集服务向其发送心跳并定时同步监控信息。

（6）API 服务是负责聚合各模块的接口，供 Web 端提供可视化服务或为客户端提供 HTTP 接口。

3）区块链即服务

除了本地运维区块链底层，也可以采用区块链即服务（BaaS）平台，以大幅降低链的运维难度。首先，BaaS 平台为从应用开发、快速落地到运维管理提供了一站式的区块链技术服务，降低了区块链的使用门槛，减少了区块链的管理成本，统筹区块链服务，加强了政府的监管力度。其次，BaaS 平台将业务与底层技术解耦分层，业务人员通过平台快速学习区块链技术，并与专业知识相互结合，构建各行业领域中的区块链平台，加速各类区块链应用落地。最后，BaaS 平台实现了多个机构内部系统的互联，实现了多系统自动化配合运作，提高了各部门间的协调和资源调度的效率。

9.6.2 基于分布式部署的系统运维

基于 BaaS 部署的联盟链系统，其区块链节点只能部署在单一局域网或者云平台内部。这样的网络结构实际上是把所有区块链节点局限在单一的运营管理方，不利于充分发挥区块链通过分散化存储、多方共同维护信息而提升数据难篡改的优势。

在典型的满足生产环境标准的联盟链网络中，各个组织机构需要独立管理本机构的区块链节点，包括节点的硬件管理、系统运维、系统监控、网络治理等，以组建真正意义上的多中心化网络（或者联盟链的弱中性化网络）。这正是分布式部署区块链系统的核心价值所在。

以每个机构的联盟链节点由本机构管理为出发点，基于分布式部署的区块链网络架构如图9-12所示，其中默认每个机构都已部署CA节点，故图中忽略展示。

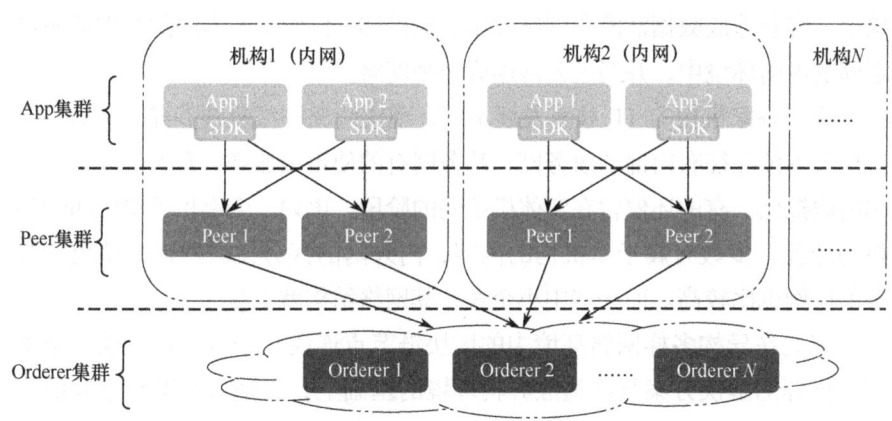

图9-12　基于分布式部署的区块链网络架构

通常情况下，联盟链应用运维包含联盟链网络运维和上层应用运维。由于上层应用运维与普通的服务端应用运维并无太大差别，本节将重点讨论联盟链网络运维。本节将以 Hyperledgerfabric 为例，介绍运维联盟链网络的相关话题，包括归纳常见联盟链场景中的难点和解决思路，部署网络治理和运维管理中的解决方案，并总结该方案待改进的问题和提出发展建议。

1．分布式部署和运维难点

相对于 BaaS 的统一化部署方案而言，分布式部署方案最大的难点就是要解决不同机构部署的多样性问题。多样性表现在很多方面，包括网络环境的多样性、软硬件环境的多样性、管理流程的多样性、技术水平的多样性等，不同的场景需要不同的解决方案。

1）硬件环境的多样性和解决方案

在硬件环境中网络环境的多样性是分布式部署面对的首要问题。通常情况下，机构的网络环境分为内网环境与外网环境。其中，内网主要是办公网络，无法直连互联网；外网主要负责与互联网环境的接入。通常，内外网环境之间是通过防火墙逻辑隔离成两个网络的，也有安全性要求严格的场景中，内外网是物理隔离的，如中国外汇交易中心建立的银行间交易网络。

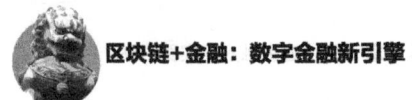

联盟链节点需要部署在机构的内网环境中,这主要是出于安全和合规的考虑。因为节点中的账本数据是属于本机构和整个联盟的业务数据,数据本身往往是需要对本机构外和联盟外保密的,将这样的数据放在外网环境中,容易造成数据泄露和网络攻击。如图 9-11 所示,不同的机构部署在不同的内网环境中,并通过公网连成一个网络。

由于各家机构的 IT 技术发展不同,现实情况往往复杂多样。例如,政府相关单位往往有内部的政务网,政务网有的使用云服务,有的仅仅使用简单的虚拟化,有的还停留在实体机组网的阶段。再如,金融相关单位和一些核心企业,多数有属于本机构的内网,内外网的区分比较严谨,使用云服务的比例也比较高。而一些中小企业,其网络结构就更复杂了。

将处在异构多样网络环境中的区块链节点连成一个网络本身就是个难题,推荐的解决方案是在适应异构环境的基础上,打通各个节点之间的防火墙,或者增加连接跳转,将各个节点连接到同一个网络中。而这只是第一步,后续的区块链网络治理还有更大的挑战。

2)软件环境的多样性和解决方案

与异构的硬件环境相比,机构间的软件操作系统方面相对统一,多数机构都支持使用 Linux 平台的服务器,其中 Redhat、Centos 发行版的支持比例比较高。但是由于 Linux 的版本、内核版本往往具有差异性,其依赖的主流软件版本也不一致,可能会引发兼容性问题。常见的一种难题是如何在本地安装区块链节点的依赖包。由于区块链节点往往使用版本较新的依赖包(如 Docker 等),而区块链节点的发行版本身往往没有默认安装这些依赖包,这就需要在本地部署区块链节点的时候通过安装源进行安装。由于区块链节点往往需要部署在机构的内网环境中,而有些机构的内网环境中并没有合适的安装源,有的甚至禁止通过连接外网安装源进行安装。

针对上述问题,解决思路是针对几种典型的 Linux 版本开展区块链系统的兼容性测试,并提前做好内网环境的准备工作。根据兼容性测试的结果,对于不兼容的内网软件版本,推荐机构升级操作系统。针对没有安装源的情况,可以事先为不同 Linux 版本的区块链系统准备离线的安装源,事先在客户的内网环境中安装好依赖包。此外,尽量选用类似 Docker 的容器技术作为区块链节点的运行环境,以降低依赖安装的复杂度。

3)管理流程和技术水平的多样性和解决方案

通常情况下,IT 软硬件环境的复杂性主要集中体现在系统部署阶段,

而管理流程和技术水平的多样性往往集中在系统运营阶段。在系统运营阶段，主要工作包括智能合约升级、联盟成员添加、修改联盟链配置参数等。其中，最常见的任务是智能合约升级。由于智能合约升级具有同步性与单向性，即智能合约需要在同一时刻升级而且升级是基本无法回退的，除非每家机构都升级失败，否则是无法请求回退的。因此，当升级智能合约代码时，需要申请全联盟相关机构进行联调测试。而对于其他不需要申请机构联调的工作，则将其归类在日常运营工作中，如添加联盟成员、修改联盟链底层参数等。

2．联盟链网络部署

联盟链网络部署是分布式部署方案首先要解决的问题，在该阶段需要解决联盟链网络绝大部分的技术问题，也是联盟链网络最困难的阶段。

首先，在项目立项阶段，需要明确业务流程，确定流程有哪些参与方和每方对节点数据的需求。通常在这个阶段，各创始业务成员需要联合成立"联盟链管理委员会"（以下简称委员会），统一收集各业务参与方的需求，与联盟链技术提供方沟通细节的实现方案（包括区块链底层和应用），与各参与方沟通确认对于现有方案是否认可。委员会的职责不仅体现在项目立项阶段，还包括制定联盟链网络上线后的运营和治理等事项的规范章程。

其次，在架构设计阶段，联盟链网络需要完成网络规划。规划好证书颁发（Certificate Authority，CA）节点、共识节点、记账节点、客户端（轻节点）的部署架构。一般情况下，推荐联盟链的每个参与方都应当部署 CA 节点、记账节点和客户端，并由委员会管理共识节点。但是，架构设计并不强制要求，可根据业务场景的需要进行适应性调整。例如，当参与方中有很多中小型机构，而且这些中小型机构的 IT 运维能力不强，希望通过大机构代理运营记账节点，在这种情况下，可采用共用记账节点的方案。

再次，在项目建设阶段之前，委员会和技术提供方还需要了解各参与方现有的 IT 体系（含网络结构、硬件、系统、软件等），确保技术提供方的技术组件是各参与方在技术能力上能接受的。如果有特殊情况无法满足应用系统的基本要求，需要尽早提出，并由技术提供方设计替代的解决方案。在这个阶段，主要考虑如下 3 个方面，一是网络联通的设计（如防火墙策略的设计，需要多少端口转发的中间件等）；二是操作系统的支持（如支

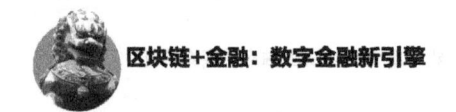

持哪些 Linux 版本，有无已知的兼容性问题等）；三是软件的依赖（如内部软件是否有更新源，关键的软件版本之间是否有兼容性问题等）。

最后，在项目上线阶段，基于技术实现方案，技术提供方可以形成完整而详细的上线部署操作步骤。其他参与机构根据部署的操作步骤逐步实施。通常情况下，相较于传统的服务端应用系统，联盟链金融应用系统上线的操作步骤并无很大区别，只是会稍微复杂一些。具体的步骤大致如下：

（1）开通内外网防火墙策略，使内网节点可以访问外网相应端口。

（2）安装操作系统和初始化软件依赖。

（3）安装各参与方的 CA 节点以提供签发身份证书的服务，初始化区块链联盟和创始区块。

（4）CA 签发节点的准入证书。

（5）初始化共识节点并启动。

（6）初始化记账节点并启动，加入区块链网络。

（7）安装并启动智能合约。

实际的操作步骤可能比上述步骤更复杂一些，细节的配置项需要与联盟链技术提供方事先做好充分的沟通，包括配置节点间的 TLS 连接、共识机制类型、账本数据库类别，等等。

3．联盟链网络治理

相比联盟链网络部署过程中碰到的众多技术问题，在联盟链网络治理过程中碰到更多的是需要沟通协调的管理流程问题。

委员会是联盟链网络治理过程中的关键角色，在创始与运营阶段需要组织协调诸多工作。例如，在联盟链创始阶段，委员会需要协调各联盟链参与方，构建流程化的上线和运营方案；在联盟链运营阶段，委员会还需要协调参与方，组织联盟链升级和扩展等工作。

通常情况下，联盟链管理委员会组织示意如图 9-13 所示。联盟链管理委员会主要包括运营参与方、安全管理团队、技术审计团队、联盟链技术提供方。其中，业务相关的参与机构主要作为运营参与方加入联盟，安全管理、技术审计与联盟链技术提供服务可由专业技术团队来承担。

作为对比，在公链和传统的联盟链项目中，委员会的角色是缺失的。因此，需要通过使用投票的形式来进行区块链改造的决议。举例来说，一个现有 7 家机构的联盟链项目，在决议是否要加入第 8 家机构的时候，需要

第 9 章 区块链金融应用实践方法

现有 7 家机构进行投票决定。第 8 家机构需要分别向 7 家机构提出加入的申请，7 家机构独立决策并投票。常见的决策方法是如果有超过半数的机构投票通过，那么第 8 家机构就可以加入该联盟链。而这个投票决议的过程是非常冗长的。这一方面是由于每家机构有各自的决策流程，决策结果时间不一致；另一方面是由于决策通过后，需要使用管理员密钥，而使用管理员密钥又会是一个冗长的安全流程。

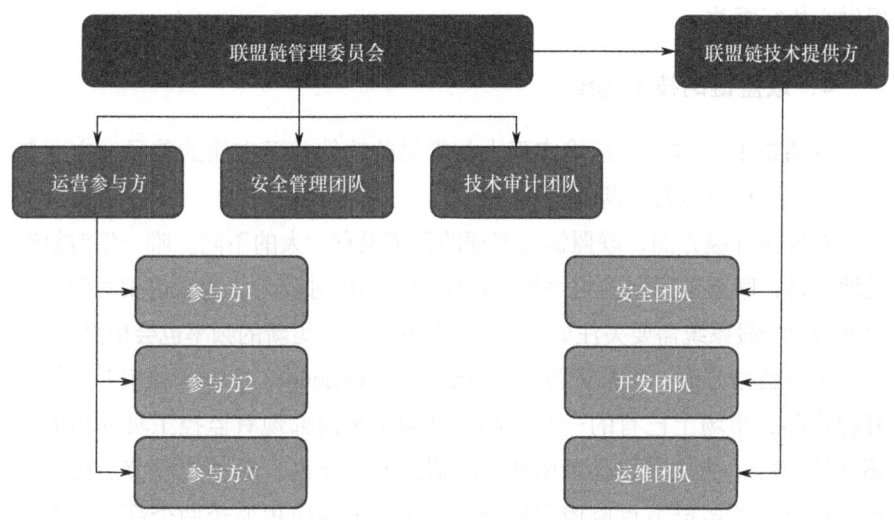

图 9-13 联盟链管理委员会组织示意

在现代联盟链项目中，引入委员会角色是一个重要的改进。委员会代理各参与方形成决议，并执行对联盟链的改造。仍以上述是否加入第 8 家机构的例子来看，第 8 家机构向委员会提出申请，委员会组织现有 7 家机构进行联盟决策，决策的流程将会标准化，从而提升决策效率。当决策通过后，委员会授权技术管理方执行联盟链升级。相比原先的过程，各家参与机构不再各自持有管理员密钥，而改为由委员会单方持有联盟链的管理员密钥，在需要执行联盟链升级的时候，授权技术管理方使用。相比以前的流程，此流程明显简洁、高效了许多。

可以将以上两种方式与集市做个类比，传统的方式类似各自为政的状态，集市的所有商户共有这个集市，新的商户想在集市开店，需要通过现有商户的同意。委员会管理的方式，类似于集市商会，在集市新开商户仅仅需要经过商会的审核即可。哪种管理形式更好不言而喻。

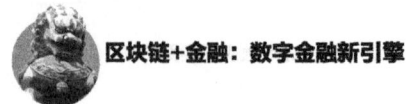

具体到实际的联盟链网络治理中，只要前期部署阶段规划得当，日常运营治理的工作并不复杂，具体包括如下内容：

（1）沟通各参与方对现有联盟链功能的改进意见并形成需求。

（2）组织技术提供方进行开发和交付。

（3）组织各参与方进行智能合约升级。

（4）决策联盟链网络升级（如增加新机构、参数修改等），并授权技术提供方执行更改。

4. 联盟链的技术运维

联盟链的日常技术运维实际上与常见的软件并无本质的差异，主要包括安全升级和节点监控两部分。

在安全升级方面，联盟链与普通的系统没有太大的不同。唯一相对复杂的地方是，联盟链用到的组件和依赖库的版本相对较新、数量也相对较多，可能会比一般系统需要关注更多的安全更新内容、更新的频率也会稍高。

节点监控方面，目前还没有出现针对 Hyperledger Fabric 的相对成熟的开源产品，市场上已有的一些产品与金融机构内部现有监控工具的集成也不是特别好，往往需要登录单独的联盟链监控界面，单独查看节点运行情况。现有的联盟链节点监控主要分为系统监控与应用监控两个部分，系统监控部分与普通应用没有差别，主要监控节点健康状态、系统负载、监控日志是否有严重错误等；应用监控部分主要监控区块链特有的信息，如当前系统的区块高度、交易总笔数、失败交易的笔数、与共识节点的连接是否正常等。

5. 发展建议

现阶段基于 Fabirc 的分布式部署仍然还有一些优化的空间。例如，Fabric 缺乏可视化、易操作的运维管理平台，无法通过可视化的界面操作完成日常的运维升级任务，如升级智能合约、新增机构、修改联盟链配置参数等。

为解决这一难题，分布式部署功能可以和 BaaS 部署方式相结合，将上述运维管理平台扩展成统一的私有云服务管理平台。大致的思路是，BaaS 提供整体的硬件虚拟化和运维监控功能，而运维管理平台提供联盟链网络的管理操作入口。两者集成，在各机构本地部署阶段采用私有云部署的方

第 9 章 区块链金融应用实践方法

式，屏蔽各个机构本地硬件和操作系统不一致带来的差异，从而实现联盟链的"All-In-One"的管理效果。这样不但联盟链系统的日常运维和监控流程可以做到一致，而且分布式部署的流程也能够达到标准化、可视化与通用化，从而大幅提升分布式运维效率。

9.7 本章小结

本章主要阐述区块链金融应用的实践方法与经验，辅助金融从业人员找到发挥区块链技术优势的业务场景，助力 IT 从业人员构建可预期的项目实施路径，实现高质量的区块链金融应用产品，增强企业的核心竞争力。首先介绍一种判断业务场景是否适合使用区块链技术的启发式方法，以及具体业务功能的领域识别方法。然后，在概述区块链金融应用的实践路径的基础上，分别从系统设计、系统开发、系统测试、系统运维软件生命周期各阶段，讲述研发区块链金融应用软件的流程、参考架构、开发方法、测试方法、运维方法、实践经验与注意事项等。

在实践方法中，本章着重介绍了基于 BaaS 平台和本地分布式部署区块链应用的系统运维方式，以满足多样性的业务需求。在区块链部署方面，目前基于 BaaS 的区块链应用部署具有很强的便利性，广泛应用在项目原型验证阶段。而基于分布式的部署方式，充分考虑了联盟成员间的软硬件环境、管理流程与技术水平的差异性，更适用于对系统与数据的安全有更高要求、联盟牵头方具有较高 IT 技术实力的商业环境中，如多家大型机构之间的融资管理网络、多个国家和地区之间的贸易网络、政府机构之间的政务协调网络、多地之间的医疗信息交互网络，等等。

217

第 10 章
企业生态级金融应用实践案例

10.1 基于区块链的数字票据交易系统

10.1.1 应用背景

传统的纸质票据交易受制于纸质票据实物,存在易伪造、易污损、易损坏等问题。现行的电子票据交易,严重依托于上海票据交易所(以下简称票交所)的中心化系统,存在系统负荷大、手续费高,极易产生操作风险和道德风险等问题。票据交易不像股票、期货等标的,对交易速度有严苛的要求,引入区块链技术,可以实现票据贴现、背书、再贴现、承兑等交易可追溯,信息公开透明;同时,利用智能合约编程,可将票据交易的清算结算环节同步完成,降低清算结算环节的成本。

2018 年 1 月 25 日,数字票据交易平台基于区块链的实验性生产系统成功上线试运行。此系统由票交所与人民银行数字货币研究所牵头,组织中钞信用卡公司杭州区块链研究院,以及工商银行、中国银行、浦发银行和杭州银行 4 家银行共同在 2016 年数字票据交易平台原型系统的基础上完成。实验性生产系统在业务上基本实现了票据全生命流程管理,主要可完成数字票据签发、承兑、贴现和转贴现业务。区块链技术的运用有助于解决市场信息真实性问题及市场中的违规交易问题,降低交易和系统建设成本,并为监管部门提供一种新颖的监管服务。

10.1.2 业务功能

1. 系统参与者

实验性生产系统参与者分为 3 类,分别为监测及系统管理机构、银行机

第 10 章 企业生态级金融应用实践案例

构与企业机构。其中，实验性生产系统中的监测及系统管理机构为票交所，承担业务监测和系统管理的职责。已加入实验性生产系统中的银行机构包含工商银行、中国银行、浦发银行、杭州银行 4 家银行。已加入实验性生产系统中的企业机构包含中交第三航务工程局有限公司、中交三航局工程物资有限公司、浙江正联实业发展有限责任公司、浙江帼瑞实业有限公司。

2．业务流程

实验性生产系统实现了数字票据的出票、承兑、收票、背书、贴现、转贴现、托收等业务。数字票据实验性生产系统业务流程如图 10-1 所示。

图 10-1 数字票据实验性生产系统业务流程

实验性生产系统中，企业机构可以开展出票登记、提示承兑申请、提示收票、提示收票签收、背书转让、提示付款等业务；银行机构可以开展承提示兑签收、贴现签收、转贴现、提示付款、付款清偿等业务。

实验性生产系统将数字票据同数字货币进行剥离，确立了"链上确认，线下结算"的清算方式，为日后连接支付系统、区块链系统与中心化系统连接打好了基础。

实验性生产系统中，数字票据的交易行为全部在链上完成，相较于电票交易，实验性生产系统中实现的数字票据交易类型较少，仅提供票据全生命周期中的基本交易，即出票、承兑、收票、背书、贴现、转贴现、托收，未提供回购式转贴现和再贴现等类型的交易。

10.1.3 总体设计方案

1. 应用架构

实验性生产系统应用架构总体上采取分层思想和模块化思想，按交互对象不同分为4层，自上而下分别是接入层、应用层、中间件和网络层、SDC区块链层。数字票据实验性生产系统架构如图10-2所示。

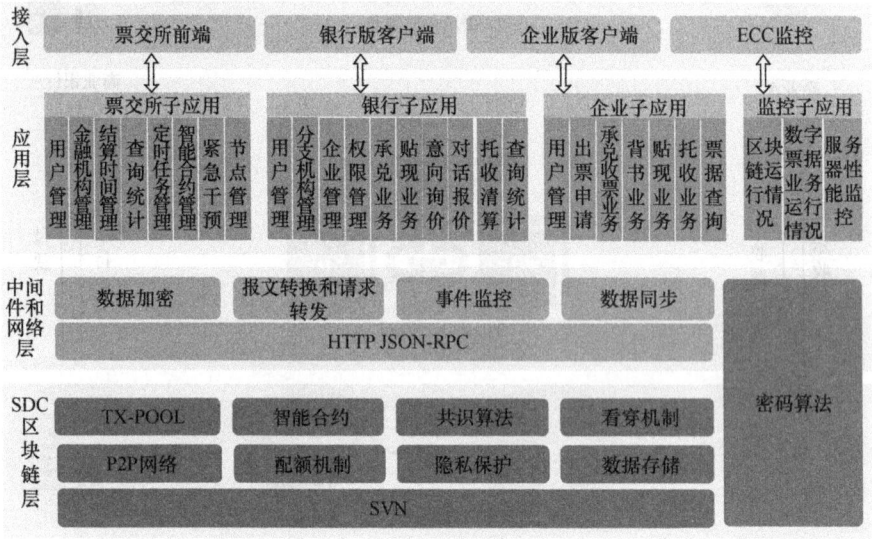

图10-2　数字票据实验性生产系统架构

实验性生产系统中，接入层为用户提供接入入口，票交所、银行、企业等机构从该层接入系统，进行相应的监测、管理和交易。接入层同时提供了可交互的图形化实时监控界面，提供业务展示、信息查询、运行告警、统计分析等功能，实时监控区块链底层系统、应用业务、系统网络等的运行情况。

应用层是实验性生产系统的主体业务服务层，包含票交所、银行、企业、监控4个子应用，提供监测、管理、交易、监控等服务。在业务交易逻辑上，应用层根据票据真实业务要求，与票据交易系统的业务流程保持一致，提供

第 10 章 企业生态级金融应用实践案例

数字票据业务交易流程、数据统计、系统参数设置等服务。在结算方式上，应用层实现了"链上确认，线下结算"的结算方式。

实验性生产系统的中间件和网络层对数据加密、报文转换和请求转发、事件监控、数据同步等功能进行了封装，通过 HTTP 协议同区块链进行通信。

2. 区块链底层平台

区块链底层平台是实验性生产系统的核心层，采用了数字货币研究所自主研发的 SDC（Smart Draft Chain）区块链平台产品，该产品总结和吸收了 Bitcoin、Ethereum、HyperledgerFabric、Corda 等主流区块链平台的设计成果，将公有链和私有链的优点相融合，在公有链技术框架上按照许可链的思想进行研发，设计并实现了更优的共识机制、身份认证和加密机制，同时实现了看穿机制以为票交所提供丰富的监测功能，形成一套完整的数字票据联盟链平台。

3. 运维架构

实验性生产系统运维架构按系统网络结构分为两个区域，分别是区块链区域和应用区域，如图 10-3 所示。

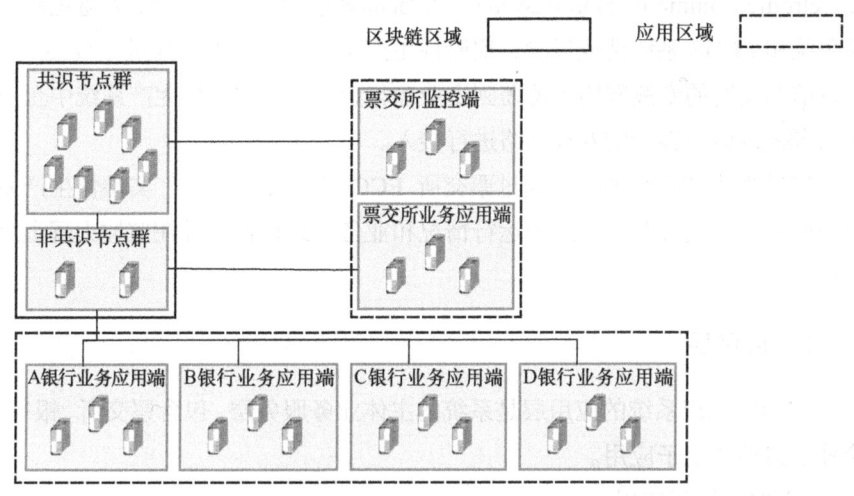

图 10-3　数字票据实验性生产系统运维架构

区块链区域由所有区块链节点组成，包括 7 个共识节点组成的共识节点群和 2 个只读节点组成的非共识节点群，其中共识节点负责共识过程并生成

新区块，只读节点负责同票交所和银行应用进行通信和数据传输。

应用区域分为票交所监控端、票交所业务应用端和银行业务应用端。其中，票交所监控端由 ECC（Enterprise Command Center）监控大屏服务器、监控应用服务器、监控数据库服务器组成；票交所业务应用端由票交所应用服务器、数据库服务器、加密机组成；各银行业务应用端运维架构同票交所业务应用端运维架构一致，分别由各自的应用服务器、数据库服务器、加密机组成。

10.1.4 核心功能模块设计与实现

1. 接入层

生产性系统接入层分为用户接入和监控接入两部分。

用户接入按参与者类型不同分为 3 类，分别是票交所接入端、银行接入端和企业接入端。票交所采用 Browser/Server 架构接入系统，银行和企业参与者采用 Client/Server 架构接入系统。银行和企业参与者接入系统时，须对本单位源地址实施 IP 地址转换，将数字票据客户端地址转换为本单位的数字票据外联通信 IP 地址。

实验性生产系统同中国票据交易系统（以下简称交易系统）和 ECDS（Electronic Commercial Draft System）系统部署于同一生产环境，为避免对交易系统和 ECDS 系统造成风险，实验性生产系统的参与者须通过专线接入。因目前票交所的专线网络未覆盖到企业参与者，故在实验性生产系统中企业参与者通过借用银行的专线网络进行接入。

实验性生产系统的监控通过票交所 ECC 监控大屏实现，实验性生产系统中的监控模块实时监控系统运行情况和业务处理情况，并在监控大屏上进行展示。

2. 应用层

实验性生产系统的应用层是系统的主体业务服务层，包含票交所、银行、企业、监控 4 个子应用。

1）票交所子应用

票交所子应用提供管理和监测功能，管理功能包括用户管理、金融机构管理、结算时间管理、定时任务管理、智能合约管理、紧急干预和节点管理等功能，监测功能包括成交行情生成、每日报表生成、每月报表生成等功能。

2）银行子应用

银行子应用提供 3 类功能，分别是管理类、票据交易类和查询统计类功能。

管理类功能包含银行行内信息管理和企业信息管理，行内信息管理包含行内柜员管理、角色权限管理、分支机构管理等功能。在实验性生产系统中，企业需要通过银行端加入 SDC 区块链中，银行分支机构需要承担企业注册相关管理功能。

票据交易类功能由银行的分支机构进行操作，包括承兑签收、贴现签收、意向询价、对话报价、银行和企业的托收清偿等功能。

查询统计类功能包括历史记录查询、票据查询、统计和报表等，根据银行机构的级别，可分别在全行范围内、辖内机构和本机构范围内进行查询统计。

3）企业子应用

目前，实验性生产系统中的企业子应用功能主要为票据业务功能，附带简单的管理和查询功能，系统设计上更加侧重于业务办理。票据业务功能包含出票、提示承兑、收票、背书、贴现等相关功能。

4）监控子应用

实验性生产系统的监控子应用与其他 3 个子应用相对独立，在区块链运行情况、业务运行情况、服务器性能监控 3 个方面对系统实行全方位的监控。监控信息实时展示在 ECC 监控大屏中，监控展示的信息包括区块数、出块时间、节点数、智能合约数、机构活跃度、上链成功率、节点投票率、节点出块量、承兑/贴现/转贴现业务量、块上票据清单、网络运行情况、内存/CPU/磁盘使用情况等。

3．中间件和网络层

中间件是实验性生产系统中应用层和 SDC 区块链层的纽带，提供数据加密、报文转换、请求转发、事件监控、数据同步和签名验签等功能，通过 HTTP 协议访问区块链网络。

中间件提供了标准的接口给应用层，对应用层屏蔽了 SDC 区块链接口，另外增加了数据加密的处理，从而使应用层能专注于业务逻辑的实现。接收到应用层的交易请求和数据请求后，中间件对报文实行数据加密和报文转换后将请求转发给 SDC 区块链。另外，中间件会实时监控区块数据信息，将出块的区块信息进行落盘处理，存储到关系型数据库中。应用、中间件和区块链的关系如图 10-4 所示。

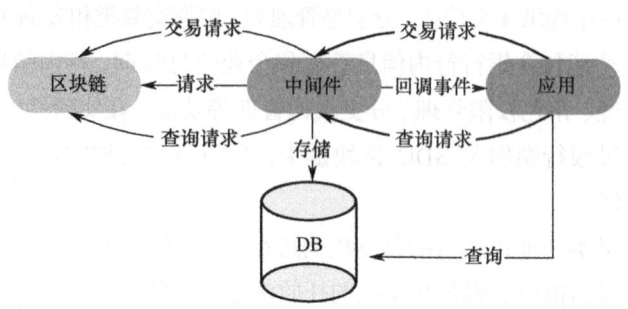

图 10-4　应用、中间件和区块链的关系

不同类型的参与者调用中间件的流程不尽相同，监管机构流程如图 10-5 所示，银行和机构参与者流程如图 10-6 所示。在实验性生产系统的设计中，区块链节点在票交所和部分银行参与者中实行部署，同时部署相应的加密机进行硬件加密和签名验签操作，企业参与者无须部署专门的服务器和加密机。为满足企业加密和签名的需求，实验性生产系统中企业通过读卡器进行加密和签名。

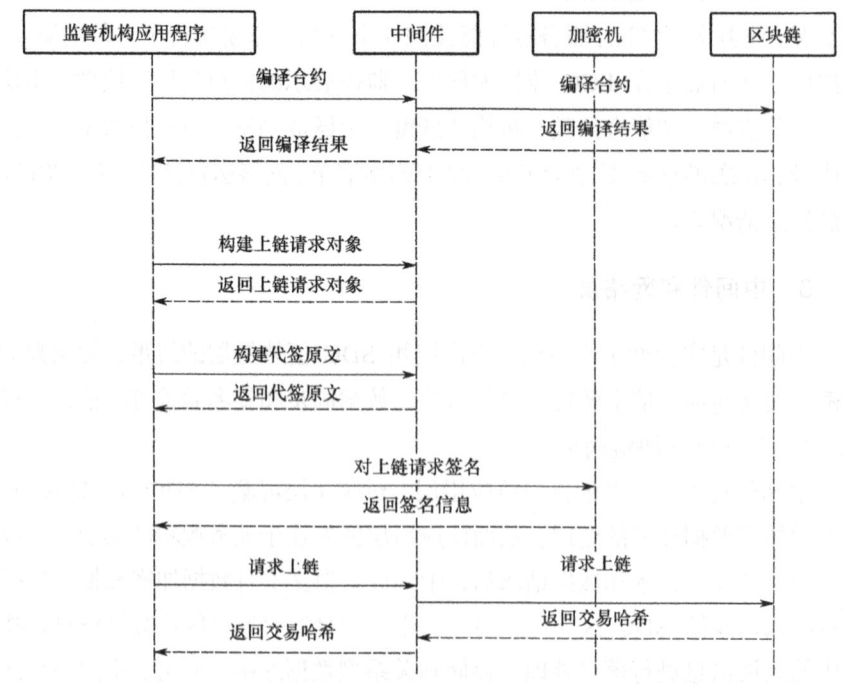

图 10-5　监管机构流程

第 10 章 企业生态级金融应用实践案例

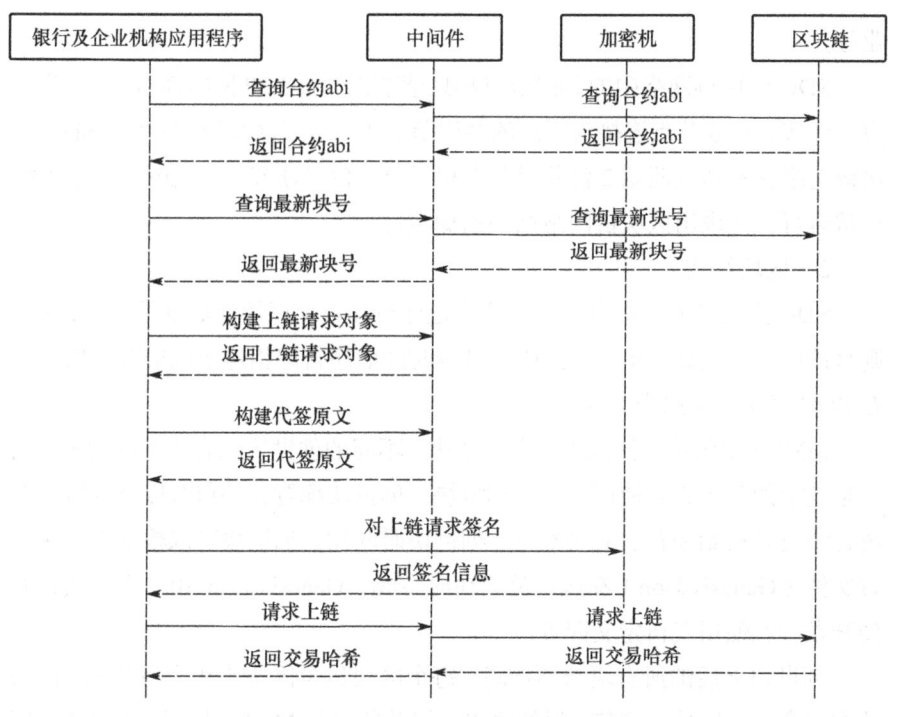

图 10-6 银行和机构参与者流程

4. SDC 区块链层

如果说应用层是实验性生产系统的业务核心层,那么 SDC 区块链层就是技术系统的核心层,其功能类似于计算机的操作系统,区块链的所有特性全部依赖于此。此外,SDC 区块链还采用了一些新的手段来适应数字票据业务同时增加安全性,如看穿机制和配额机制等。

1) SDC 区块链网络结构

SDC 区块链采用联盟链结构,节点分布于票交所和银行参与者之间。基于负载均衡的考虑,SDC 区块链将节点分为两类,分别是共识节点和只读节点,共识节点主要职责为完成共识和生成区块,只读节点主要职责为接收请求、同步数据并同链外系统进行数据交互。简单地说,共识节点负责运算,只读节点负责输入和输出。

实验性生产系统中的 SDC 区块链共包含 7 个共识节点和 2 个只读节点。票交所和银行端的请求通过只读节点进入区块链网络开展后续业务,最终通过区块存储到链上。企业端的请求通过银行转发至区块链只读节点开展后续

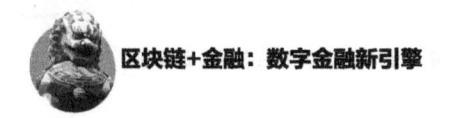

业务。

SDC 区块链网络中的共识节点和只读节点通过 P2P 网络连接,共识节点为全连接,只读节点连接到任意的共识节点上。基于区块链的特性,SDC 区块链网络在不超过任意 2 台共识节点和任意 1 台只读节点宕机的情况下仍能正常运行,体现出区块链网络结构的稳定性。

2)区块结构

SDC 区块链网络提供了一个能稳定运行和存储区块链数据的平台,区块则是该网络上的数据单元,区块通过按时间顺序首尾相连形成链式结构存储在 SDC 区块链网络中。

SDC 区块链中,创世块为第一个块,不同的创世块代表了不同的链。同一条链上的节点必须使用相同的创世块。创世块配置文件包含以下内容:系统合约及其初始配置、父块哈希、创世块时间戳。创世块可以根据创世块配置文件(Genesis.Json)在区块链启动时生成,Genesis.Json 由命令生成,方便开发者和使用者自定义配置。

创世块之后的所有块结构相同,每个区块包含区块头和交易列表,区块头中包含上一区块哈希值、区块高度、相关信息的 Merkle 树根、时间戳、签名等信息。其中,通过上一区块的哈希值建立区块间的关联关系,形成一条完整的区块链;通过区块高度确定区块链长度和当前块所在位置;通过 Merkle 树根同数据库中存储的详细信息相关联。

另外,需要说明区块的 3 个特点:

(1)平均出块时间为 3 秒,该时间可通过系统配置来控制。

(2)每一个区块大小无限制,理论上区块可以无限大,但由于出块时间和配额的限制,实际的区块大小仍在系统可控的范围内。

(3)交易完全确定只需要一个区块,即交易被打包进区块后立即确定,不会再被推翻。换句话说,SDC 区块链不会形成分叉。

3)共识机制

共识机制是分布式系统中一个历史悠久的研究领域,积累了很多研究成果,这里不再一一赘述。SDC 共识机制是一种改良过的 PBFT 算法,针对区块链和数字票据的需求进行了调整和优化。SDC 共识机制在保证正确性和可停机性的前提下,可提供 $(N-1)/3$ 的容错性(N 为节点数量)。

SDC 共识机制沿用了 *Consensus in the presence of partitial synchrony* 论文中的系统模型,该模型包含计算模型、故障模型、同步模型 3 个部分。

计算模型中包含多个确定性状态机，代表区块链节点上运行的算法；每个状态机都有自己的网络 Buffer，通过对 Buffer 的读写可以对包括广播在内的各种网络通信情况建模。

故障模型用以描述节点可能发生的故障类型，在区块链场景中，我们只关心最严重的一种故障类型，即拜占庭故障。发生这种故障的节点可以表现出任意的行为，如有意或者无意地发送相互矛盾的数据包给网络上的不同节点。共识机制必须能保证在有拜占庭节点存在的情况下依然正确运行。

同步模型描述了网络消息递送的模型，包括同步（消息在已知时限内递送）、半同步/半异步（消息在未知时限内递送）、异步（消息不一定递送）和混合模型等。SDC 共识机制以半同步（Partial Synchrony）模型作为前提，保证正确性和网络正常时的可停机性。

对比原始的 PBFT，SDC 共识机制主要有两点优化：

（1）简化视图变更流程。当某一轮共识失败时，直接使用一个确定性算法决定下一轮的出块人，避免了该流程的消息交互。

（2）简化消息日志处理逻辑。不对消息日志进行持久化处理，如果节点故障重启，则重新从当前高度的 Round 0 开始（有其他机制可以快速同步至最新 Round）。也不对消息日志进行垃圾回收，只使用简单的 LRU Cache 管理消息日志。

4）智能合约

区块链技术常常被称为分布式账本技术，如果把区块链比作一个账本，账本中的每个账单比作一个区块，那么智能合约就可以类似地认为是账单所指向的内容，包括实物、账户、行为和权利人等。

举例来说，A 以 10 万元卖给 B 一辆汽车，其中包含 4 类智能合约：

- 实物：汽车
- 账户：A 和 B 的人民币账户
- 行为：买卖行为
- 权利人：A 和 B

一个交易即多种类型智能合约的集合。

在 SDC 区块链中，账户和权利人合并于同一类智能合约中，称为账户合约，每个权利人有一个账户。根据合约特性，账户合约和实物类合约统一归类为数据合约。

SDC 区块链的处理合约包括两类，一类是产生数据合约的智能合约，称为工厂合约；另一类是进行交易行为的智能合约，称为行为合约。同时，SDC区块链的智能合约设计采用了"代理–处理–数据"模式（见图10-7），抽象出代理合约，通过代理合约调用工厂合约和行为合约。

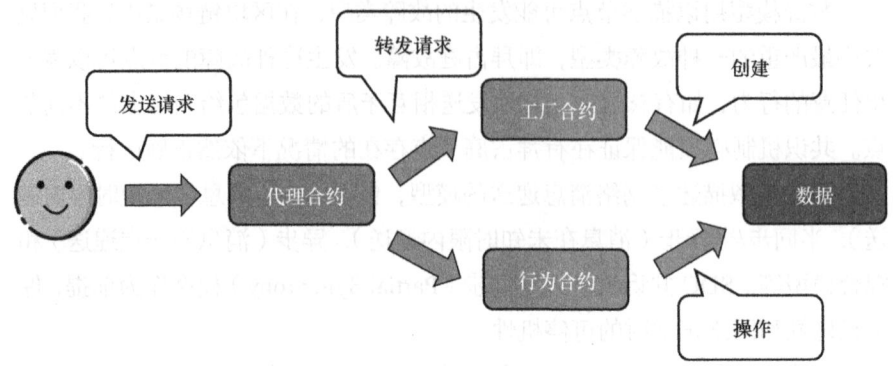

图10-7 "代理–处理–数据"模式

为支撑智能合约运行，SDC区块链中还有一类合约——底层合约，该合约对用户透明，作为其他合约的基础合约提供底层支持。

5）隐私与加密

SDC区块链隐私方案通过结合环签名与同态加法实现了可满足数字票据业务需求的分布式隐私转账方案，并提供一系列底层接口供上层调用。

SDC区块链隐私方案采用ECC做加法同态运算验证转账前后总金额相等，采用环签名构造零知识证明验证转账后金额为正数，采用ECDH共享密钥进行交易双方和监管对密文金额的共享解密。

SDC区块链加密体系包含传输加密和落盘加密。

节点在建立TCP连接后，应用层连接建立之前进行加密会话握手。会话握手使用双方节点的SM2公钥，通过ECDH密钥交换算法建立共享密钥。所有在网络中传输的消息都会被封装为消息帧，以消息帧为单位进行加密传输，加解密算法为AES-256-CTR。

SDC区块链使用主流对称加密算法对节点本地区块链数据（包括区块链账户数据、合约代码、合约存储数据等）实行加密，保证节点本地数据安全。需要说明的是，数据密钥无论是明文还是密文，都不在节点上进行落盘保存，以免节点被攻破后数据被直接破解。密钥通过网络协议，发送给密码服务器（加密机）保存。

6）看穿机制

运行于区块链上的数据经过加密后，除非拥有相应的公私密钥对，否则无法获知加密数据，这种机制加强了数据安全和隐私保护，但无法提供监测服务。

实验性生产系统中采用椭圆曲线算法、环签名和共享密钥技术，形成一套看穿机制，监测机构可以对链上数据进行解密查看，该机制为监测机构提供了监测手段。

7）计算配额机制

现有区块链均基于 Replicated State Machine 模型设计，计算任务会被复制到所有节点进行处理。节点的计算资源（包括 CPU、磁盘空间等）有限，计算资源由包括智能合约处理、共识协议处理、JSONRPC 调用处理在内的多个任务共享，节点超负荷运行会使其无法及时响应请求和同步区块，继而影响到区块链网络共识。

由于 SVM 支持图灵完备的智能合约，智能合约的处理有可能占用过多的计算资源，需要一种机制将计算能力抽象成可分配的资源，因此引入计算配额机制。

SDC 区块链通过两项系统配置来管理交易的计算配额，通过合理的设置，防止节点出现超负荷运转。两项配置分别为块计算配额（Block Quota Limit）和账户计算配额（Account QuotaLimit），通过系统合约 Configuration 来管理。计算配额会在进入一个新区块时被重置。

10.1.5 系统运维

传统的生产系统架构一般可分为单一垂直架构、负载均衡的垂直架构、多活架构 3 类。

（1）单一垂直架构是最简单的一类架构，其应用服务器或数据库服务器只要宕机就必然导致系统服务中断。

（2）负载均衡的垂直架构对应用系统做了负载均衡，当其中一台或少量服务器宕机时，会将负载加到其他运行中的服务器上，只要这些服务器承载能力足够，则仍能正常对外提供服务。

（3）多活架构给系统提供了更加强壮的稳定性，其中任意一套应用服务器和数据库服务器宕机都不会导致系统服务中断。

实验性生产系统运维架构具有与多活架构同样强壮的稳定性，此外还具

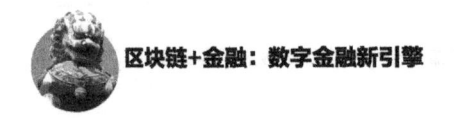

有一些新的特性。

在图 10-3 中，我们看到实验性生产系统运维架构中的服务器可根据不同区域分为两类：第一类为应用区域内的应用服务器、数据库服务器和加密机；第二类为区块链区域内的共识节点和非共识节点服务器。

第一类中对应的 3 种类型的服务器部署于票交所和银行参与机构的数据中心，由参与者自治，参与者可以自行选择传统生产系统中的 3 类架构或者区块链架构来实现。

第二类中的区块链区域内的节点服务器同样部署于票交所和银行参与者数据中心，按 SDC 区块链规范进行维护，其中有限数量的服务器宕机不会影响 SDC 区块链的稳定运行。

相较于传统的多活架构，实验性生产系统运维架构的新特性在于两点：

（1）应用区域内的服务架构由参与者自治，单个参与者停止对外服务不会影响整个实验性生产系统的运行。更为重要的是，即便某参与者的数据全部丢失，只要其重新接入 SDC 区块链，即可从链上实时同步数据，无须人工干预进行数据恢复。

（2）应用服务器和 SDC 区块链节点服务器部署在不同参与者之间，降低了服务器集中部署存在的风险。同时，对于单个参与者，其维护的服务器数量减少，运维成本和风险都有一定程度的下降。

10.1.6　经验总结

1. 数字票据应用优势

相较于电子票据，由于数字票据充分应用了区块链前沿技术中关于密码学、分布式网络、智能合约等方面的成果，因此在特定的应用场景下具有一定优势。

（1）实验性生产系统通过密码学算法和共识机制提供分散化的信任和安全机制，体现在：运行于实验性生产系统上的参与者身份不可伪造、参与者行为不可抵赖、交易数据加密保存和传输、交易数据不可被篡改。同时，实验性生产系统利用看穿机制可为监管部门提供中心化的监管服务，达到"运行分散化+监管中心化"的目标。

（2）实验性生产系统便于进行信息共享，链上各节点保存完全一致的数据副本，使各参与者能同步获得信息，同时为满足个性化的业务需求，实验

性生产系统还可提供全局数据访问和局部数据访问两类数据访问权限控制。

（3）实验性生产系统便于进行参与者扩展。区块链上现有参与者可将新参与者申请加入的请求和身份信息发送至区块链网络，由区块链网络共识后完成接入。为便于参与者管理，在实验性生产系统中，新申请的金融机构可由票交所节点在链上发起申请加入请求，金融机构分支机构及其企业客户由金融机构所在节点发起申请加入请求。

（4）实验性生产系统通过分布式网络架构中的多个节点共同维系系统运行，在有限节点损坏的情况下系统仍能正常工作，从而确保实验性生产系统持续稳定运行。

（5）实验性生产系统通过智能合约制定交易规则，在实验性生产系统上可以随时新增或更新智能合约而无须中断系统服务，可方便业务人员调整业务规则和创新业务产品。

2．数字票据应用难点

在技术方面，区块链技术本身尚未成熟，且对综合技术能力要求较高，大规模应用推广难度大。区块链技术集点对点网络、加密签名、数据存储、分布式存储多种信息技术为一体，相关开发人才紧缺，对参与者有一定的技术门槛要求。此外，区块链技术本身还处于初级阶段，存在如系统性能、共识、跨链等方面的技术难题，目前还不具备大规模应用推广的条件。

在业务方面，如何将数字票据交易平台的结算与参与方的行内系统高效对接仍需持续研究。目前，数字票据交易平台采用"链上确认，线下结算"的结算方式，参与者采用客户端的方式操作，还未实现和其内部业务的对接，这都增加了参与者后续操作的复杂度。如何使数字票据在交易平台实现票款对付的结算方式，并和参与者自身的行内系统实现业务流程的直通式处理，达到既简化操作又保证业务连贯性的目的，是数字票据交易平台业务推广上的一个难题。

在政策法规方面，基于区块链技术的数字票据与现行法律法规、管理政策之间的关系仍需进一步探索完善。在尚无明确指导意见的情况下，数字票据的推广存在一定障碍。

3．数字票据的优化与改进

数字票据实验性生产系统是数字票据应用的突破性进展，在票据市场的

数字化发展历程中具有里程碑意义。但由于实验性生产系统建设期间的成本、时间局限性，以及区块链技术本身在提升共识机制和加解密效率、压缩链上数据等方面还有待突破，因此实验性生产系统在性能、容量、高可用等方面仍有较大提升空间。为此，票交所将进一步夯实基础，对区块链底层平台实现优化和完善。目前，票交所正在充分了解市场上主流平台的优缺点，在此基础上结合票据业务的特点，形成一套适用于数字票据业务的指标体系，设计并构建适合业务发展并具有行业先进性的底层平台，以实现上层应用。

10.2　基于区块链的供应链金融系统

10.2.1　应用背景

我国的中小企业贡献了全国 50% 以上的税收、60% 以上的 GDP，是国民经济的重要组成部分，但其现金流压力大、回款账期长、贷款融资难等问题长久以来都没有得到普遍性解决，极大地阻碍了中小企业的发展。这主要是由于中小企业普遍信用低、贸易数据不透明，使资金方难以核实贸易真实性或核实成本高，进而不愿意在高风险的情况下投资中小企业。

虽然通过传统的供应链金融工具可以解决一部分中小微企业融资难的问题，如利用商业保理，供应链核心企业以未来应付账款为还款源，上游企业可将应收账款转让给金融机构，从而获得融资。但是，广泛存在的核心企业信用不可传递，供应链远端的企业依旧难以受惠的问题依然存在。

区块链技术的诞生为供应链金融产业痛点的解决带来了曙光，为提升供应链生态中的数据透明度、隐私安全性与交易真实性提供了一种新颖的解决思路。2020 年的新冠肺炎疫情加剧了中小企业的资金压力，政府、金融机构、金融科技公司对区块链+供应链金融的支持和投入力度持续加码。

复星金服是上海复星高科技（集团）有限公司旗下专注于银行、类金融、金融科技机构投资及运营管理的综合性金融机构，旨在通过创新化、国际化、开放化的金融服务，助力广泛的消费升级与产业升级。复星金服将供应链金融与区块链技术嫁接，打造了开放的星融链数字资产供应链金融服务平台。该平台支持产业、金融生态不同主体一键式快速入驻或者对接入驻，平台的区块链底层完整、真实地登记了应收账款数字资产（基于核心企业应付账款），并提供一整套标准的资产流通、拆分和兑付的数字资产流转机制，实现了资产在供应链链条中的可信流转与基于资产的转让融资，从而解决了供

第 10 章 企业生态级金融应用实践案例

应链金融中产业与金融多主体协作、信息不对称、风险控制困难等问题，进一步解决了中小企业融资难、融资贵的问题。

10.2.2 业务功能

1. 系统参与者

基于区块链的供应链金融系统参与者主要包含供应链生态核心企业、资金方（银行、保理公司等）、供应链上下游供应商/经销商、政府监管方及平台运营方 4 类。

2019 年以来，复星金服的星融链平台已和印刷产业、化工产业、国际贸易、办公用品等产业中多家知名核心企业达成合作，借助第三支付体系进行资金流的账户管控，由深圳星联保理提供资金，为核心企业及其供应链上下游生态提供全方位的数字资产金融服务。

2. 业务流程

星融链平台通过将链下真实贸易的应收账款资产上链登记成数字资产，并基于标准化的数字资产为供应链生态中的企业提供全方位的供应链金融、业务管理等服务，开展融资申请、资产托收、链上溯源查验等业务。星融链数字资产票据总体业务流程如图 10-8 所示。

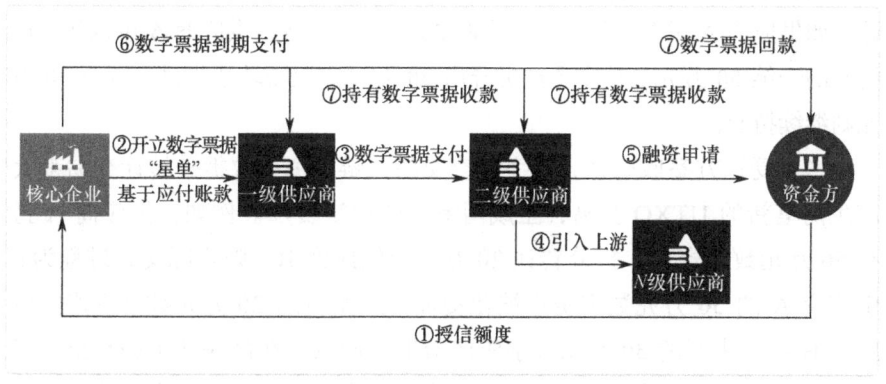

图 10-8 星融链数字资产票据总体业务流程

目前，该平台的供应链金融数字资产主要为企业的应收应付账款，其全生命周期及主要上链关键点设计如下。

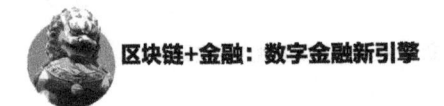

1）数字资产登记形成

（1）供应商应收账款登记申请：供应商基于贸易的应收账款向核心企业发起数字资产登记申请，基于标准化的数字资产结构信息（也包括非结构化的贸易材料、合同、发票等）在系统中进行录入申请或通过企业 ERP 系统直接对接接口，发起应收账款登记申请。

（2）核心企业资产确权：核心企业收到供应商的登记申请后，对应收账款进行审核和确权，并提交金融服务方审核。

（3）金融服务方资产审核：金融服务方在核实供应商与核心企业贸易真实性的基础上，在企业的信贷额度监控、反欺诈风控校验等保障下，完成数字资产的上链审核。

（4）供应商资产签收确认，数字资产交易以 UTXO（Unspent Transaction Output）模型上链：供应商签收数字资产凭证，同时该笔数字资产在链上完成共识存证。上链信息包括标准化数据，如金额、期限、开单企业营业执照、持单企业营业执照、贸易合同、发票等贸易材料及文件指纹等，以及每一个确认、审核节点的操作时间、操作人等确认信息。

2）数字资产转让

（1）供应商持有数字资产转让申请：供应商可以将自己持有的数字资产作为支付手段转让给其上游供应商，发起转让申请时同样需要关联转让交易的真实贸易资料，如贸易合同、发票等。供应商也可以选择拆分数字资产转让，如供应商 A 需要支付上游供应商 20 万元材料费，供应商 A 可以将自己持有的一笔 50 万元的数字资产拆分出 20 万元向上游转让支付，剩下 30 万元则继续持有。

（2）受让方签收确认，数字资产交易上链：每一次拆分转让交易都会产生两笔新的 UTXO 交易，生成两笔新的数字资产。例如，供应商 A 持有 50 万元数字资产，拆分转让 20 万元给供应商 B，则实际交易过程为：供应商 A 的 50 万元数字资产被花费掉→产生新的 20 万元数字资产给供应商 B→产生新的 30 万元数字资产给供应商 A。在区块链上完整记录了数字资产流转交易的全过程，可以便捷地追溯任意一笔数字资产的底层来源和流转路径。

3）数字资产融资

（1）供应商基于持有数字资产发起融资申请：供应商对持有的数字资产可以选择持有到期收款，或者直接向金融服务方进行融资。基于数字资产的

第 10 章 企业生态级金融应用实践案例

底层价值，供应商向金融服务方发起融资申请，融资申请也支持拆分资产融资，如供应商持有一笔 100 万元的数字资产，目前有 30 万元左右的融资需求，供应商可以拆分 30 万元资产进行融资，并继续持有剩下的 70 万元。

（2）金融服务方进行融资审核：金融服务方在收到融资申请后，完成风控审批即可放款至供应商的资金账户。

（3）金融服务方放款，资产更新上链：金融服务方放款完成后，区块链上将会增加融资业务交易记录，并更新数字资产的状态，确保资产不会被重复融资。若为拆分融资，链上也会基于 UTXO 模型新增拆分后的数字资产。

4）应收账款数字资产托收

（1）核心企业回款至管控资金账户：数字资产到期日前，核心企业可通过网银转账、线下对公打款等多种方式将回款转至其资金管控账户。

（2）系统在数字资产到期日通过智能合约自动执行托收回款：在到期日，系统会通过智能合约自动执行托收回款，并自动清分至数字资产的持有企业或者还款给金融服务方（如已融资）。

（3）基于数字资产的权属，系统自动清分，完成资金方的融资回款和数字资产持有企业的到期支付，资产更新上链：资金流清分完成后，在区块链上会记录完整的托收业务记录，并更新数字资产的结清状态。

5）数字资产链上查证溯源

该平台通过智能合约管控企业用户和政府监管方的数字资产查验权限，授权用户可追溯每一笔数字资产的底层应收账款信息（包括结构化资产数据和合同、发票等），全流程流转、变更过程，以及进行融资付费等各方协议的链上查证。

10.2.3 总体设计方案

1. 系统架构

星融链平台系统总体采用分层思想，按照交互对象的不同分为系统接入层、应用服务层、智能合约层和区块链基础设施层。应用服务层采用微服务架构，根据业务和功能拆分成独立的微服务并由注册中心统一调度。星融链平台系统架构如图 10-9 所示。

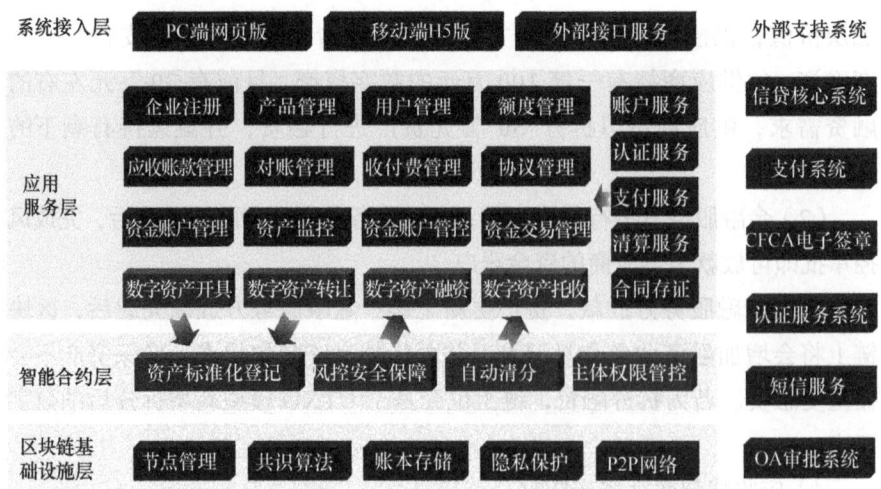

图 10-9　星融链平台系统架构

1）系统接入层

系统接入层为用户提供对接接口和图形化操作界面，金融机构、核心企业、供应商等可通过该层直接入驻或通过接口对接系统，从而进行相应的管理和交易服务。

2）应用服务层

应用服务层实现了平台的主体业务功能，包含数字资产的开具、转让、融资、托收，应收账款管理、额度管理、资产监控，以及资金账户管理等。

3）智能合约层

智能合约层包含了数字资产在链上从登记到资产价值结束全过程中的合约控制，以及主体权限管控、风控规则的约定校验等。

4）区块链基础设施层

区块链基础设施层是此系统的技术核心层。此区块链系统采用了 Hyperledger Fabric，并通过定制化的改造使得此区块链系统支持国密算法。

2. 运维架构

系统运维架构按网络结构分为区块链区域和应用区域。

（1）区块链区域由区块链所有节点组成，包括由 5 个共识节点组成的共识节点群和由多个机构节点组成的机构节点群，其中共识节点负责共识过程并生成新区块，机构节点群包括背书节点和非背书节点，背书节点负责执行

第 10 章 企业生态级金融应用实践案例

智能合约并验证结果，非背书节点负责同步数据。

（2）应用区域由业务应用服务器、监控服务器、注册中心服务器、网关路由服务器、数据服务器组成，系统运维网络架构如图 10-10 所示。

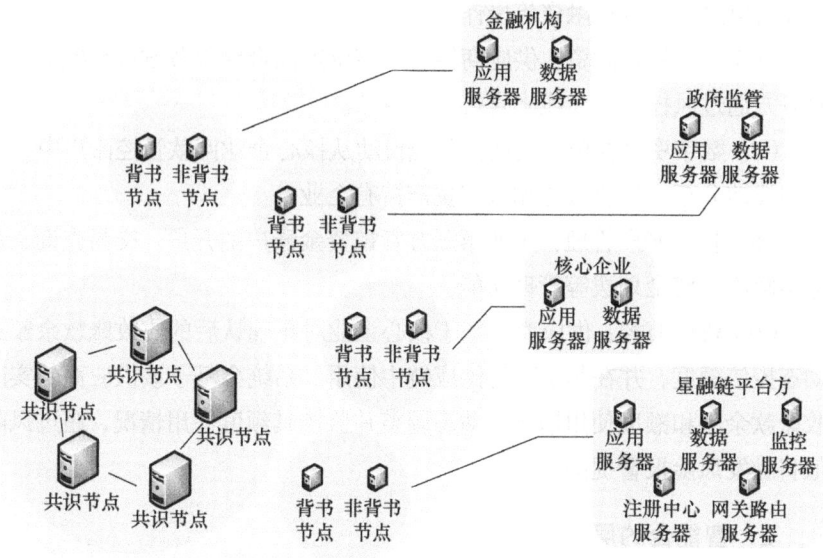

图 10-10 系统运维网络架构

10.2.4 核心功能模块设计与实现

1．应用服务层

应用服务层的主要功能模块如下。

（1）企业注册：企业在线注册，基于大数据风控服务，提供包括企业资质证照认证、企业法人身份认证、银行账户匹配认证等功能，在线完成资质审核，完成平台入驻。

（2）产品管理：对不同的核心企业、金融服务方可灵活配置不同的融资产品（自定义融资利率、是否有追索权、配置协议模版等）。

（3）额度管理：包含核心企业授信额度管控、供应商子额度管控、查询，以及动态额度监控服务。

（4）数字资产开具：供应商基于真实贸易信息发起数字资产登记申请，由核心企业完成确权，并由金融服务方审批通过后，形成链上标准化的数字

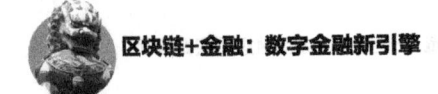

资产。供应商持有资产可根据需求进行转让、融资，或者持有到期兑现。

（5）数字资产转让：供应商基于真实贸易信息将持有的数字资产转让给其上游供应商，由于数字资产底层有核心企业的回款保障，上游多级供应商签收后可进一步进行融资等操作。

（6）数字资产融资：供应商持有数字资产向金融服务方进行融资，金融服务方通过风控审核，线上直接完成放款。

（7）数字资产托收：到期日系统自动从核心企业回款管控账户中完成资金划拨清分至金融服务方和数字资产持有企业。

（8）资金账户管理：企业第三方管控资金账户的开户、交易查询、资金冻结解冻、资金划拨等管理功能。

（9）资产监控：供应商可基于核心企业对账确认后的应收账款余额获得动态授信额度，并在其上下游供应链中使用。系统会基于该供应商的实时应收账款余额和额度使用情况，动态调整并监控其额度使用情况，超过风险阈值将触发风险报警提醒。

2．智能合约层

智能合约层通过智能合约对链下资产转化为链上数据资产的整个登记、变更过程进行标准化约定，主要体现在如下几个方面。

（1）资产数据结构的标准化。

该平台结合行业经验，将应收账款数据在链上进行了标准化约定，既包含数字资产的核心数据，如编号、类型、所属产品、金额、资金方、申请日、生效日、到期日等，也包含了非结构化贸易材料数据，如资产汇总表数据指纹、贸易材料数据指纹（多个）、审批材料数据指纹等。

（2）资产审核流程标准化。

该平台结合行业经验，设计的审核流程为资产申请→资产确权→资产三方审核→资产签收上链。每笔链下资产将首先经过系统实行数字资产数据结构的标准化校验，并在核心确权、第三方审核、资产签收等环节记录所有操作痕迹，确保链上数字资产的结构化统一和上链过程的有效、易溯源。

（3）资产流转标准化。

运用 UTXO 模型理念，将数字资产在每一次转让/支付过程中的交易过程上链，转让交易同样满足数字资产标准化结构，链上记录转让交易的实际底层贸易信息。

另外，智能合约从多个层面保障了系统的自动化与公允性，包含以下几个方面。

（1）主体权限管控。

星融链平台底层还原了真实供应链商业网络，支持"多核心企业+多供应链企业+多资金方"的网状结构，系统在业务层和智能合约层双重控制了各主体对数字资产的查看、操作权限；在数字资产流转过程中合约自动完成授权，很好地保障了底层资产的隐私安全，同时也为资产在不同机构间的协作奠定了基础。

（2）风控安全保障。

系统通过智能合约在多个层面保障了金融业务的运营安全，如授信额度审批规则的管控，融资额度使用限制的管控，应收账款重复融资的管控，企业融资反欺诈校验规则的管控等。

（3）数字资产自动清分。

通过智能合约，实现数字资产业务过程中自动化清分等控制，在资产到期日，智能合约会自动执行到期回款操作，从核心企业管控资金账户中划拨融资回款及利息费用，并清分至相应的持单企业。与此同时，该平台也在探索智能合约的自动化融资审批，以及自动化合约放款等功能。

3．区块链基础设施层

1）节点部署

如图10-10所示，星融链平台系统采用联盟链结构，节点分布于星融链平台、金融机构、核心企业、监管机构之间。5个共识节点组成的共识节点群，采用Raft共识算法，保证了区块链网络在不超过任意2台共识节点宕机时，不会对区块链系统产生影响。其他机构节点至少部署2个非共识节点，保证了任意机构的任意一个非共识节点宕机时，不会对区块链产生影响。

2）共识算法

区块链底层采用Raft共识算法，具有极高的共识效率。Raft是一种分布式崩溃故障容错共识算法，可在部分节点出现非拜占庭故障的情况下，保证系统业务的连续性。

3）账本存储

账本中记录的交易以UTXO模型为结构进行存储。UTXO模型诞生于比特币系统，相较于账户类型的资产模型，其抗双花攻击的能力更强、更易追

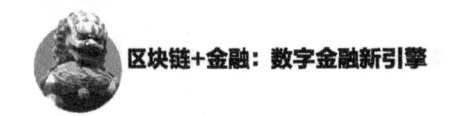

溯。该平台通过运用 UTXO 模型构建数字资产，将数字资产在每一次产生/转让/支付过程中的交易过程上链，使平台能够很清晰、便捷地从链上追溯每一笔数字资产的产生源头与交易过程。这既有利于穿透式地获取核心企业回款的信用背书，也有利于对实际底层贸易信息的链上查证。

10.2.5 经验总结

1. 应用优势

相比传统的供应链金融平台，星融链平台通过区块链底层技术的助力，在多个层面优势显著。

1）资产可信性

通过数字资产登记标准化协议的规约，以及区块链的难篡改特性和多方共识机制，链上数字资产的标准度和可信度都比传统中心化产品大幅提升。

2）数据安全性

通过区块链的密码学算法对数字资产加密，并通过智能合约控制数据权归属，联盟节点间同步共识，多方保障资产数据的隐私安全。

3）资产拆分灵活

相对传统应收账款/票据不可拆分的缺陷，星融链平台将链下资产登记为链上可自由拆分的数字资产，通过 UTXO 模型，资产可自由地在多级供应链上游流转，通过核心企业主体信用的背书，解决了二级以上供应链企业的融资信用问题。

4）资金安全性

通过资金账户体系的资金管控，既把控了资金流，也实现了资金流的全流程溯源。与此同时，通过智能合约控制，保障回款履约的自动执行，提升了资金管理的执行效率与安全性。

5）监管透明性

该平台在区块链底层全程记录了企业主体数据、数字资产数据、业务流程数据（含业务电子协议数据），监管方作为区块链上的监管节点，可以实时、清晰地溯源每一笔数字资产的形成、流转、融资等业务过程，并可对资产底层的贸易信息实行溯源查证。相比传统中心化供应链金融系统，无论是在便捷性、完整性方面，还是在可信度方面都有长足进步。

2. 应用难点与改进思路

基于区块链的供应链金融平台在诸多方面相较传统平台优势显著,但依旧存在不少难点,典型的应用难点与改进思路如下所述。

1)数据隐私增加共享难度

许多供应链核心企业由于数据安全的原因,不愿意将贸易数据加密共享到联盟链上,因而无法享受联盟链的供应链金融服务。

为解决这一问题,该平台可以建立一套数字资产数据的跨机构协作授权使用机制,确保核心企业可以在本地部署(交易数据不出本地库),而在需要使用金融服务的时候,将关键数字资产数据通过跨链访问的机制实行加密共享,并在使用结束后,取消金融服务方的数据使用授权。这样既满足了核心企业在数据隐私方面的要求,又实现了对核心企业及其供应链生态的金融服务。

2)标准不一增加融资难度

在供应链金融生态中,不同资产方对同一笔数字资产的审核标准不一致。这一方面是由于不同行业有其自身行业特色,另一方面是由于不同的资金方对同一资产的风控要求也不尽相同。若要想将各行业链下资产标准化成统一结构的供应链数字资产,且能得到不同资金方的认可,难度不小。

为推动供应链产业数字资产标准化,星融链平台将深入融合产业供应链生态,通过与产业标杆企业/行业联盟/典型金融机构的持续合作,不断实践探索沉淀出业内普遍认可的资产数字化结构与流程,并最终形成行业标准。

3)差异化诉求增加服务难度

供应链生态内的各方对供应链金融平台的智能化、个性化需求预期不断提升,如核心企业在供应链管理方面的诉求等。丰富的模块化/配置化供应链服务是星融链平台需要不断探索的方向之一。

为进一步丰富供应链金融平台的服务,可从服务深度与服务广度两个维度开展服务升级优化。在服务深度方面,可以通过智能合约提供资金流的自动化供应商清分结算,底层贸易资产发票自动验真、应收账款自动登记等,提升供应链管理服务能力。在服务广度方面,可以通过跨链技术,不断嫁接联盟服务,全方位赋能联盟企业,促进供应链智能化、生态化良性发展。例如,接入司法链,将企业加密贸易数据与过程在司法链上存证,从而在后续发生贸易纠纷时,即可享受供应链产业生态联盟中司法联盟链提供的相关法

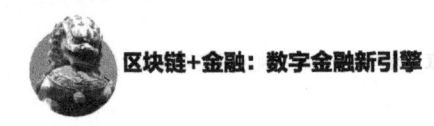

律服务。

4）参与方能力差异增加风控难度

不同核心企业、金融服务方、供应链企业的内控管理能力不一致,在使用平台的过程中,人为误操作/恶意操作的风险仍然存在。为缓解这种现象,可通过不断提升智能合约在数字资产交易过程中的自动化管控能力,减少人为不可控因素。例如,持续优化风控模型,实现合约自动化审批与放款,提升效率与客户体验。

第四部分 标准规范与未来展望

北京大学出版社　分校四部

第 11 章
区块链金融的标准与规范

11.1 金融领域的区块链标准需求

11.1.1 研制标准具有重大意义

区块链标准不仅能够加速区块链认识的统一化,也能够指导和规范其在各个行业的应用,这对整个区块链的产业良性发展具有重大意义。主要表现在如下几个方面:

一是区块链金融标准的研制是一种软实力的培育。缺乏标准就会导致行业的乱象,任何领域都如此。构建标准是任何新兴行业所必需的,同时这也是一个循序渐进的过程,在这个过程中,会出现一系列的新现象、新业态和新问题。特别是,一些重要的基础标准必须建立。例如,金融安全是金融发展的关键基础,其关系到金融的稳定和社会的健康发展,因此建设金融安全标准就十分重要。同时,构建金融领域的区块链技术标准是一种软实力的培育,是一种制度化的建设,需要不断地改进、迭代、完善,最终构建出统一的标准系统。目前,在研制区块链标准方面,需要研究和紧跟数字金融热点领域的发展趋势,科学预判国内标准的需求方向,并且需要持续增强金融标准对金融治理的支撑作用。

二是区块链金融标准的研制可为我国争取国际话语权。一项技术标准,不仅仅是一国的问题,更是一个国际问题。研制国际统一的技术标准,不仅有助于技术的创新和发展,更能够让技术被国际市场所接受。也就是说,每个区块链企业研制更多符合国际标准的产品,才能被国际市场所接受。目前,在区块链专利方面,世界上拥有专利数量显著较多的国家包括中国、美国、

韩国和日本。特别是我国区块链专利数量的增长最为迅速，并且世界上超过一半的区块链专利都在我国。截至 2020 年 3 月底，在国家知识产权局检索系统中，以区块链为关键词可以检索到 14942 件专利文献。这些专利说明我国在区块链技术发明方面处于领先地位，也从另一个角度证明了我国发展区块链的技术标准具有很大的潜力。从已经立项的国际标准来看，我国还没有完全主导的区块链标准，主要是参与或联合编辑的角色。当然，这对我国研制国内的区块链标准还是有益的，因为可以参考国际相关标准的内容，尽快研制我国的区块链标准，并根据实际的应用效果逐步完善，将相关内容再提供给国际组织参考。

三是区块链标准事关金融安全。如果金融业务高度依赖区块链技术，那么区块链标准就可以成为保障金融安全、防范金融风险的重要手段。因此，持续加深区块链技术预防金融风险的研究分析，密切跟踪标准的发展动态、研究区块链技术的发展规律，可以提升我国在区块链领域的理论和技术水平，进而占据产业创新的新高地，取得竞争优势。

11.1.2 标准的研制是国内外热点

2016 年至今，四大国际标准组织包括国际标准化组织（International Organization For Standardization，ISO）、国际电信联盟（International Telecommunication Union，ITU）、万维网联盟（World Wide Web Consortium，W3C）、电气和电子工程师协会（Institute of Electrical and Electronics Engineers，IEEE）等，逐步开展了区块链标准化的研制和布局工作。其中，ISO 已经启动了 ISO/TC 307 系列标准，即区块链和分布式账本技术的国际标准。该系列标准是区块链领域研制内容最全面的国际标准，其秘书处设在澳大利亚。该系列标准也是由澳大利亚在 2016 年 4 月率先向国际标准化组织提出的。

2017 年，《信息技术 区块链和分布式账本技术 参考架构》被《国家标准委关于下达 2017 年第四批国家标准制修订计划的通知》（国标委综合〔2017〕128 号）中作为区块链领域的首个国家标准获批立项。该国家标准是基于《区块链参考架构》的团体标准而提出的，是对《国家标准化体系建设发展规划（2016—2020 年）》《深化标准化工作改革方案》《构建新型标准体系专项行动计划（2016）》的贯彻落实。

当前，我国正在开展区块链标准化的研制工作，并开展了组织建设、标准预研等工作。这些标准在金融领域涵盖了基础标准、规范标准、交互标准、

第 11 章 区块链金融的标准与规范

安全标准和应用标准,并取得了一定进展。中国区块链生态联盟在 2017 年 12 月发布了《中国区块链生态联盟团体标准管理办法(试行)》。由此可见,我国区块链相关标准研制工作已经快速开展并步入高速发展阶段。

2019 年,中国人民银行副行长范一飞表示,为规范引导新技术应用,包括区块链在内的 17 项金融行业标准制定工作已经立项,正在加紧研究制定。由此可以看出,中国人民银行全力支持研制区块链相关标准,这使区块链的应用在未来会有很大的发展空间。

11.2 区块链金融标准化工作机制

11.2.1 我国的新型标准体系构建

标准是经济活动和社会发展的技术支撑,是国家治理体系和治理能力现代化的基础性制度。而标准体系则是一定范围内的标准按其内在联系形成的科学的有机整体。《中华人民共和国标准化法》第二条规定:标准包括国家标准、行业标准、地方标准和团体标准、企业标准。其中,国家标准是由国家标准机构通过并公开发布的标准,分为强制性和推荐性标准,标志分别为 GB 和 GB/T。行业标准是由行业机构通过并公开发布的标准。不同行业标准有不同的标志,如金融行业标准为 JR。团体标准是由团体按照自行规定的标准制定程序制定并发布,供团体成员或社会自愿采用的标准,标志为 T/XX。地方标准是在国家的某个地区通过并公开发布的标准,标志为 DB/XX。企业标准是在企业制定,由企业法人代表或授权的主管领导批准发布,供企业组织内部使用的标准,标志为 Q/XX。

近年来,为充分发挥市场主体活力在标准化工作中的作用,转变政府标准化管理职能,保证我国标准化工作紧跟经济社会发展需求,我国开展了一系列促进新型标准体系建设的工作。

2015 年 3 月,国务院发布《深化标准化工作改革方案》,提出"建立政府主导制定的标准与市场自主制定的标准协同发展、协调配套的新型标准体系,健全统一协调、运行高效、政府与市场共治的标准化管理体制,形成政府引导、市场驱动、社会参与、协同推进的标准化工作格局"的总体目标。

2015 年 12 月,国务院发布《国家标准化体系建设发展规划(2016—2020 年)》,进一步提出"深化标准化工作改革。把政府单一供给的现行标准体系,转变为由政府主导制定的标准和市场自主制定的标准共同构成的新型标准

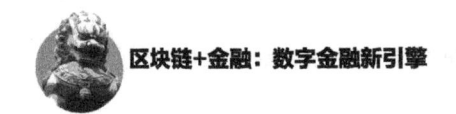

体系",并提出"在技术发展快、市场创新活跃的领域培育和发展一批具有国际影响力的团体标准"。

2016年3月,国家质量监督检验检疫总局、国家标准化管理委员会发布《关于培育和发展团体标准的指导意见》提出,"对于通过良好行为评价、实施效果良好,且符合国家标准、行业标准或地方标准制定范围的团体标准,鼓励转化为国家标准、行业标准或地方标准"。

2018年1月1日起正式实施的新修订的《中华人民共和国标准化法》第十八条中明确,"国家鼓励学会、协会、商会、联合会、产业技术联盟等社会团体协调相关市场主体共同制定满足市场和创新需要的团体标准,由本团体成员约定采用或者按照本团体的规定供社会自愿采用"。

新型标准体系的关键在于政府主导制定标准与市场自主制定标准相结合,政府主导制定的标准侧重于保基本,市场自主制定的标准侧重于提高竞争力。经过几年的发展,新型标准体系建设已实现快速推广,在新兴技术领域发挥市场自主作用,以培育团体标准为切入点,逐步带动国家标准或行业标准研制的整体路径已初显成效,并与政府主导型的标准化路径共同形成了新型的两级标准化体系。

一是自顶向下的政府主导型标准化制定路线。该路线适合国际国内标准化工作基础较好、技术发展较为成熟的领域,标准制定工作大多由政府主导,标准制定后通过试点示范等方式进一步推广应用。例如,为推动智能制造领域的标准化工作,工业和信息化部、国家标准化管理委员会发布《国家智能制造标准体系建设指南(2015年版)》,国家标准化管理委员会设立智能制造国家标准制修订专项计划,目前已批准发布70余项智能制造国家标准。

二是自底向上的以市场为导向的分散自治式的标准制定路线。该路线强调以企业为主体,以协会、联盟等为核心,采用高度开放、自愿的模式开展团体标准制定,经验证实施成熟的团体标准可向行业标准、国家标准转化,通过这种方式逐步建立起本领域的标准体系。该路线充分发挥市场和企业的作用,有助于保证标准符合产业发展实际,及时、准确地反映并满足新技术实施需求,充分发挥标准在市场资源配置中的作用,特别适合技术创新活跃、市场发展迅速的新兴技术领域。2020年3月,国家标准化管理委员会印发的《2020年全国标准化工作要点》中指出,健全新技术、新产业、新业态和新模式等方面标准快速制定机制。其中,关键是发挥市场自主作用,达到适应技术创新和市场发展的标准体系快速构建的目的。

11.2.2 区块链标准化的工作机制

1. 区块链标准体系发展历程

作为一种快速发展的新兴技术，早期区块链标准体系的构建就是采用了以市场为导向的分散自治式的标准制定路线。

从 2008 年区块链技术起源开始，到 2015 年的 7 年时间内，区块链经历了技术起源、验证阶段和概念导入、平台发展阶段，但区块链标准化基本处于空白状态，行业内缺乏基本共识，区块链应用乱象丛生。同时，多平台并驾齐驱发展的现状带来严重的互操作问题，区块链系统开发、部署、运营和安全保障都缺乏必要的标准化指引。

针对这些问题，从 2016 年开始国内外掀起了关于区块链标准化的讨论热潮。国际上，2016 年 7 月，W3C 在针对区块链的专题会议中指出，区块链需要标准来消除冗余，同时提出区块链标准的重点方向为接口和数据格式标准、身份识别等标准。2016 年 8 月底，ISO/IEC JTC1 咨询组在爱尔兰都柏林召开的会议中，向 JTC1 提出了区块链的标准化建议，其中包括针对该领域成立新的分技术委员会。2016 年 9 月，ISO 成立了 ISO/TC 307（区块链与分布式账本技术委员会），主要负责区块链和分布式账本技术的标准研制，以支持用户、应用和系统间的互操作和数据交换。国际电信联盟标准化组织（ITU）于 2017 年年初启动了区块链领域的标准化工作，并成立了分布式账本、数据处理与管理和法定数字货币 3 个区块链相关的焦点组。区块链标准化发展历程如图 11-1 所示。

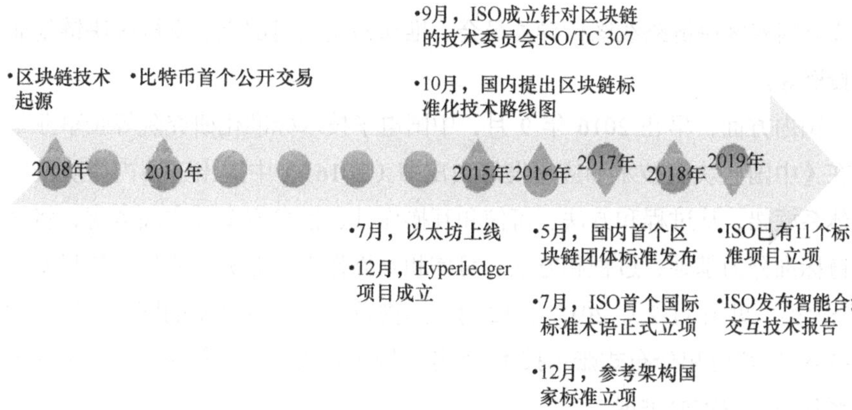

图 11-1 区块链标准化发展历程

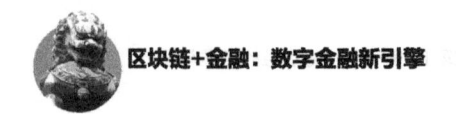

同时，主要国家和地区对区块链标准化高度关注。

（1）美国标准技术研究所（NIST）发布《区块链技术概述》，结合标准化视角阐明区块链技术的核心特征、局限性和常见的理解误区。电气和电子工程师协会（IEEE）标准协会于2017年启动了区块链标准和项目探索，目前已立项多个区块链标准。

（2）欧盟方面对区块链标准的关注较早，早在2016年，国际证券机构交易通信协会（ISITC）欧洲分部与结构化信息标准促进组织（OASIS）就提出10个区块链标准建议。欧洲电信标准化协会于2019年1月成立许可分布式账本行业规范组，为管理跨不同行业和政府机构部署许可分布式账本提供分析依据。欧盟委员会高度重视区块链标准，密切关注ISO、ITU、IEEE、W3C等标准组织的活动，并计划将相关国际标准成果转化为欧盟标准。2019年，欧盟委员会与欧洲议会合作设立的欧洲区块链观测站和论坛发布《区块链的可扩展性、互操作性和可持续性》，呼吁制定区块链互操作等方向的标准。德国在《德国联邦政府区块链战略》中强调标准化的作用，提出制定数据保护、产品可持续性等方面的标准，强调标准的应用和推广，同时号召大家积极参与国际标准制定。

（3）澳大利亚始终对区块链标准化高度关注。2016年4月，澳大利亚不仅推动了ISO/TC 307的成立，还承担了该技术委员会的秘书处角色。澳大利亚工业、科学与资源部于2019年2月发布了《国家区块链路线图》，重点关注设定法规和标准，技能、能力和创新，以及国际投资与合作3个关键领域，提出2020—2025年推动澳大利亚区块链产业发展的12项举措，包括重组成立国家区块链路线图指导委员会、推动相关应用试点、支持区块链创业和投资等。

国内方面，早在2016年9月，中国电子技术标准化研究院等企事业单位在《中国区块链技术和应用发展白皮书（2016）》中提出了国内区块链标准体系框架，从过程和方法、可信和互操作性、信息安全等方面考虑，将区块链标准分为基础、过程和方法、可信和互操作性、业务和应用、信息安全5个大类（见图11-2）。2017年12月，国内首个区块链领域的国家标准《信息技术 区块链和分布式账本技术 参考架构》立项，标志着我国区块链标准体系建设取得重要进展。

第 11 章 区块链金融的标准与规范

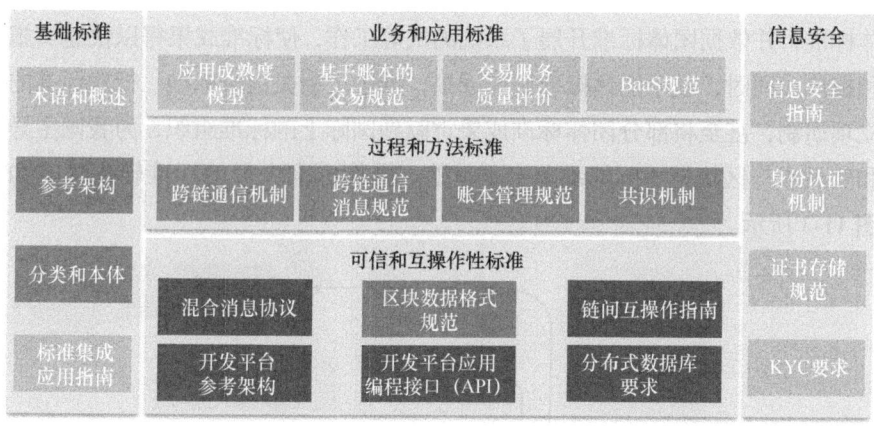

图 11-2 《中国区块链技术和应用发展白皮书（2016）》提出的我国区块链标准体系

2．标准制定机构与发展路径

标准化技术委员会在标准制定中发挥着关键性的作用。《中华人民共和国标准化法》第十六条规定：制定推荐性标准，应当组织由相关方组成的标准化技术委员会，承担标准的起草、技术审查工作。制定强制性标准，可以委托相关标准化技术委员会承担标准的起草、技术审查工作。

为了加强统筹国内区块链标准化工作，在工业和信息化部、国家市场监督管理总局的推动下，我国已建立全国区块链和分布式账本技术标准化技术委员会（以下简称区块链标委会），主要负责建设、管理与维护区块链和分布式账本技术标准体系，同时负责 ISO/TC 307 的归口管理工作。区块链标委会将通过区块链领域标准化工作的政策和措施建议研究，进一步明确标准化工作的方向和发展路线；通过区块链国家标准体系构建和标准计划的统一管理，加强区块链领域的国家标准研制的体系性和协调性；通过组织国内相关机构和专家，提升社会各界对区块链标准化工作的积极性和参与度，进一步保证标准化工作符合产业发展实际；通过跟踪研究国际标准化的发展趋势和工作动态，及时提出我国的应对策略，有利于进一步提升我国在该领域的国际话语权和规则制定权。

学会、协会、商会、联合会、产业技术联盟等社会团体在很长时间内是区块链标准制定的主力。2016 年以来，国内成立了各种类型的区块链联盟组织，其中多个联盟组织将区块链团体标准制定作为其工作内容，有的还成立了标准工作组。2017 年至今，国内相关社会团体累计发布了数十个区块链团体标准，并依据团体标准开展了系统测试等工作，使标准成果得以快速实施和推广。同时，基于团体标准研究成果，推进了相关国家标准、行业标准的立项研制，甚至将部分团体标准成果贡献到国际上的标准组织，为我国主导和实质参与区块链国际标准奠定了基础。团体标准先行的标准转化模式如图 11-3 所示。

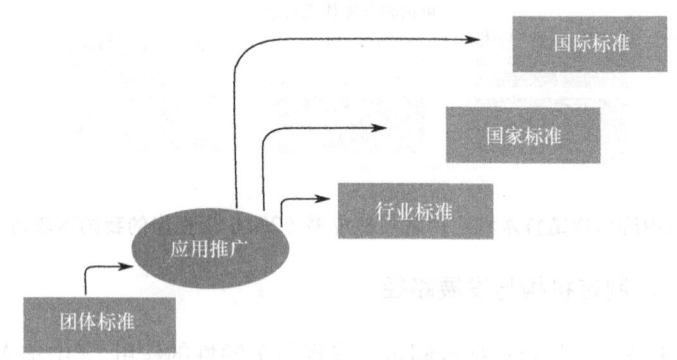

图 11-3　团体标准先行的标准转化模式

11.2.3　金融区块链标准化的工作机制

1．我国金融区块链标准化的范围

从标准的使用领域和范围来看，我国区块链标准可以分为全国通用区块链标准、行业通用区块链标准、专业通用区块链标准，以及具体的区块链产品、服务、过程、管理标准。如图 11-4 所示，对于金融领域的区块链标准化工作来说，核心是构建金融行业区块链标准体系，涵盖行业通用区块链标准、专业通用区块链标准，以及具体的区块链产品、服务、过程、管理标准。同时，金融行业区块链标准体系的基础是全国通用的区块链标准，其本身也是国家区块链标准体系的重要组成部分。

2．我国金融区块链标准制定机构

我国金融标准化的主要技术组织为全国金融标准化技术委员会（以下简称金标委）（SAC/TC 180）。金标委负责的金融标准化包括金融区块链标准化的技术归口工作，同时负责国际标准化组织下设的金融服务标准化技术委员会（ISO/TC 68）、个人理财标准化技术委员会（ISO/TC 222）及可持续金融

第 11 章 区块链金融的标准与规范

技术委员会（ISO/TC 322）的归口管理工作。2020 年 2 月，中国人民银行发布《金融分布式账本技术安全规范》，标志着我国金融区块链标准体系已经启动建设，并取得一定成果。

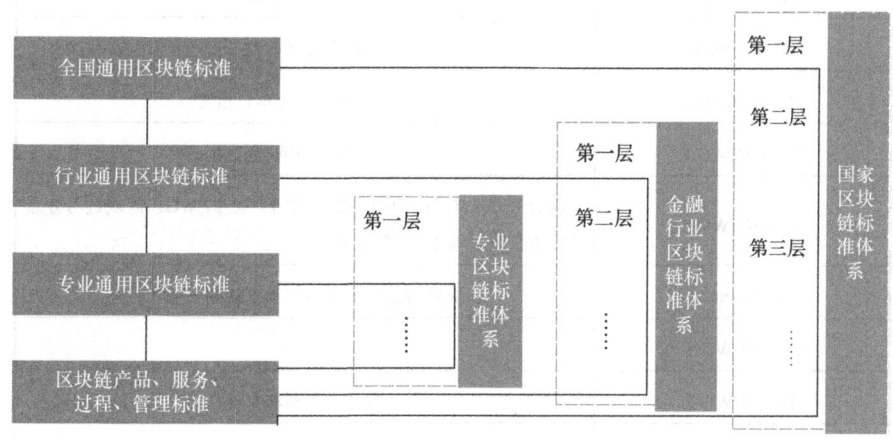

图 11-4　金融行业区块链标准体系示意

11.3　区块链金融标准工作进展

11.3.1　国际区块链金融标准工作

本节主要介绍 ISO、IEEE、W3C、ITU、IETF 5 个国际组织的工作进展。

1．ISO 区块链金融标准工作进展

1）TC 307 技术委员会

2016 年 4 月，澳大利亚标准化协会向国际标准化组织 ISO 提交了新领域技术活动的提案，提出成立新的区块链技术委员会，制定互操作性、术语、隐私、安全和审计的区块链标准。该提案于 2016 年 9 月通过，ISO 成立了区块链与分布式账本技术标准化技术委员会 TC 307（以下简称 TC 307 委员会），澳大利亚标准化协会为 ISO/TC 307 的秘书处承担单位。截至 2019 年，加入 TC 307 委员会的国家数量为 41 个，比 2018 年增加了 6 个。41 个国家包括中国、韩国、新加坡、英国、奥地利、比利时、巴西、加拿大、美国、法国、德国等。

TC 307 委员会共设有 11 个工作组（见表 11-1），每个工作组明确了工作的基本内容。表 11-2 展示了这些工作组研制的标准名称与起始时间。

表 11-1　TC 307 委员会的构成

标号	标题
TC 307/AG 1	审核咨询小组
TC 307/AG 2	联络咨询小组
TC 307/AHG 2	分布式账本系统审查指南
TC 307/CAG 1	召集人协调小组
TC 307/JWG 4	联合 ISO / TC 307-ISO / IEC JTC 1 / SC 27 WG：区块链与分布式账本技术以及 IT 安全技术
TC 307/SG 7	区块链与分布式账本技术系统的互操作性
TC 307/WG 1	基础
TC 307/WG 2	安全、隐私和身份
TC 307/WG 3	智能合约及其应用
TC 307/WG 5	治理
TC 307/WG 6	用例

表 11-2　TC 307 正在开展的标准研制工作

工作组	标准编号	标题	起始时间
WG1	ISO/CD 22739	术语	2018-11-29
WG1	ISO/AWI 23257	参考架构	2018-01-30
WG1	ISO/AWI TS23258	分类学和本体论	2018-01-30
WG1	ISO/NP TR23578	与互操作性有关的发现问题	2018-06-07
WG 2/JWG 4	ISO/NP TR23576	数字资产保管人的安全管理	2018-06-07
WG 2/JWG 4	ISO/NP TR23246	使用区块链的身份管理概述	2017-11-21
WG 2/JWG 4	ISO/NP TR23245	安全风险和漏洞	2017-11-21
WG 2/JWG 4	ISO/NP TR23244	隐私和个人身份信息保护概述	2017-11-21

第11章 区块链金融的标准与规范

（续表）

工作组	标准编号	标题	起始时间
WG 3	ISO/CD TR23455	智能合约与分布式账本技术系统的概述及其交互	2018-10-12
	ISO/AWI TS23259	具有法律约束力的智能合约	2018-02-23
	制定中	供应链管理和贸易便利化	—
WG 5	ISO/NP TS23635	治理准则	2018-10-05
SG 7	制定中	互操作性（重启）	—

2）ISO/TC 307研制的区块链的金融标准概况

ISO围绕金融应用领域特别是银行领域的标准包括6项：《区块链和分布式账本技术—术语》（ISO/CD 22739）、《隐私和个人身份信息保护概述》（ISO/NP TR23244）、《参考体系结构》（ISO/AWI 23257）、《安全风险和漏洞》（ISO/NP TR23245）、《区块链中的智能合约与分布式账本技术系统的概述及其交互》（ISO/CD TR23455）、《数字资产保管人的安全管理》（ISO/NP TR23576）。这些标准是由ISO/TC 307委员会制定的。上述6项标准中，只有ISO/CD TR23455已经研制完毕，其余5项标准正在研制中。

2. IEEE区块链金融标准工作进展

IEEE的标准委员会（Standards Committees）在组织架构上相当于ISO等其他国际标准组织的技术委员会（Technical Committees），下辖具体负责标准制定工作的各个工作组（Working Groups，WG）。全新的标准立项和工作组的建立，必须向相应的技术领域归口主管的标准委员会申请，同时该标准委员会将监管整个制定过程和工作组的整个生命周期。IEEE标准项目管理平台的数据显示，IEEE下属95个标准委员会，分别管理了1270个标准工作组。在这些工作组中，有9个工作组正在制定区块链相关的标准，如表11-3所示。

表 11-3　IEEE 制定中的区块链标准

标号	标题
IEEE P2140.1	数字资产交易通用要求标准
IEEE P2140.2	数字资产交易中客户加密资产安全管理标准
IEEE P2140.3	数字资产交易中用户识别和反洗钱的标准
IEEE P2140.4	使用分布式账本技术的分布式/分散式交换框架标准
IEEE P2140.5	数字资产托管框架标准
IEEE P2143.1	数字资产支付通用流程标准
IEEE P2143.2	数字资产支付性能指标标准
IEEE P2143.3	数字资产支付的风险控制要求标准
IEEE P2418.7	基于区块链的供应链金融标准
IEEE P2418.9	基于区块链的数字资产安全令牌
IEEE P2418.10	基于区块链的数字资产管理标准

3. W3C 区块链金融标准工作进展

尽管 W3C 没有专门研制区块链标准，但其研制的两个协议都可以应用于金融领域，包括 Web Ledger 协议和分散标识符（Decentralized ID，DID）协议。这两个协议可以看成标准的前奏。

1）Web Ledger 协议 1.0——Web 分散式分类账的格式和协议

该协议由 W3C 区块链社区小组发布。该小组的任务是基于 ISO 20022 生成区块链的消息格式标准，并生成包括公共区块链、私有区块链、侧链等的存储使用准则。该小组将研究和评估与区块链相关的新技术和银行间通信等用例。

2）DID 协议——核心架构、数据模型和表示

该协议由分散标识符工作组发布。DID 协议包含数据模型和语法，并含与启用初始用例的 DID 相关的信息和 DID 方法规范的要求。

DID 是一种新型标识符，用于提供可验证的分散数字身份。这些新的标识符旨在使 DID 的控制器能够证明对其的控制，并且可以独立于任何集中式注册表、身份提供者或证书颁发机构而实施。DID 是将 DID 主题与 DID 文档相关联的 URL，从而允许与该主题进行可靠的交互。DID 文

档是描述如何使用特定 DID 的简单文档。每个 DID 文档都可以表示加密材料、验证方法或服务端点，其提供了一组机制，使 DID 控制器能够证明对 DID 的控制。

4．ITU 区块链金融标准工作进展

ITU 有 2 个下属小组致力于区块链金融标准的研究，分别是数字货币焦点小组（Focus Group on Digital Currency Including Digital Fiat Currency，FGDFC）和分布式账本技术应用焦点小组（Focus Groupon Application of Distributed Ledger Technology，FG DLT）。值得一提的是，ITU 规定，焦点小组的成果并不是 ITU 正式的标准，而是 ITU 制定标准的重要参考。

1）FGDFC

该小组于 2017 年 5 月成立。该焦点小组的主要目标是：

（1）研究引入法定数字货币对移动支付的经济效益和影响。

（2）调查法定数字货币的生态系统以保障金融包容性。

（3）映射实现法定数字货币并与现有支付系统集成，以实现互操作性所需的功能网络参考体系结构和流程组件。

（4）确定法定数字货币的用例、要求和应用。

（5）对分布式金融服务的安全性、监管影响、消费者保护、欺诈预防和伪造问题及法定数字货币如何解决这些问题有更好的了解。

（6）确定法定数字货币的安全性、透明度和可验证性，并为托管关键软件和硬件组件提供指导，以确保信任和可验证性。

该小组下设 3 个工作组：法规要求和经济影响工作组（Regulatory Requirements and Economic Impact WG）、参考架构工作组（Reference Architecture WG）、安全工作组（Security WG）。法规要求和经济影响工作组调研了使用法定数字货币的法律框架、监管挑战与风险、存在问题与注意事项等，从中央银行和监管机构的角度，为法定数字货币的治理提供参考依据。参考架构工作组研究法定数字货币的标准术语、参考架构和用例报告。安全工作组主要研究法定数字货币的系统部署和应用风险、保障体系及应用于支付交易的典型用例。

2）FG DLT

FG DLT 致力于分布式账本技术的标准研制。该小组的研究范围包括识别和分析基于 DLT 的应用程序和服务；拟定最佳实践和指南，以支持在全球

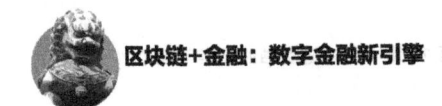

范围内实施这些应用程序和服务；为 ITU 研究组的相关标准化工作提出前进的方向。目前其研究成果如表 11-4 所示。

表 11-4　FG DLG 焦点工作组研究成果

标号	标题
FG DLT D1.1	DLT 术语和定义
FG DLT D1.2	DLT 概述、概念、生态系统
FG DLT D2.1	DLT 用例
FG DLT D3.1	DLT 参考架构
FG DLT D3.3	DLT 平台的评估标准
FG DLT D4.1	DLT 监管框架
FG DLT D5.1	技术报告

5．IETF 区块链金融标准工作进展

IETF 下属的分散式互联网基础设施研究小组 Decentralized Internet Infrastructure Research Group（DINRG）致力于区块链标准的研究。该小组研究分散基础结构服务中的开放研究问题，如信任管理、身份管理、名称解析、资源/资产所有权管理和资源发现。其研制目标包括：调查（理解、记录）用例及其在分布式实施中的特定要求；讨论和评估针对特定用例的解决方案，并重点关注 Internet 级别的部署问题，如可伸缩性、性能和安全性；制定并记录技术解决方案和最佳实践；开发工具和度量标准，以识别扩展问题并确定是否缺少组件；确定 IETF 的未来工作项目。

IETF 所属的 DINRG 小组也并没有专门研制金融领域的区块链协议，并且截至 2019 年年底也仅仅研制了一个通信技术协议标准用于以太坊项目中，该协议命名为《约束节点的区块链交易协议》（Blockchain Transaction Protocol For Constraint Nodes Draft-Urien-Core-Blockchain-Transaction-Protocol-03）。该协议的目标是通过约束来生成区块链交易节点，并根据以下原则来生成：交易由包含以下内容的预配置消息触发所需的区块链参数；在交易消息中返回二进制编码的交易，其中包括传感器/执行器数据；约束节点负责关联使用区块链地址，计算交易签名。

11.3.2 国内区块链金融标准工作

本节主要介绍金标委的区块链金融标准工作成果。

1)《金融分布式账本技术安全规范》

为规范分布式账本技术在金融领域的应用，提升分布式账本技术的信息安全保障能力，《金融分布式账本技术安全规范》规定了分布式账本技术的安全规范，涵盖基础硬件、基础软件、密码算法、节点通信、账本数据、共识协议、智能合约、身份管理、隐私保护、监管支撑、安全运维和安全治理等方面。本标准适用于在金融领域从事分布式账本系统建设或服务运营的机构。

2)《银行间市场业务数据交换协议》

《银行间市场业务数据交换协议》共分 3 个部分。第 1 部分为语法、结构与会话层，规定了银行间市场参与方之间实行银行间交易所需的会话层通信协议，包括报文语法与结构、会话可靠传输规范、会话管理规范、会话类报文与组件等。第 2 部分为应用层，规定了银行间市场参与方实行交易所使用的数据交换协议的应用层协议规范，包括报文定义、域字典等。第 3 部分为表示层，规定了银行间市场参与方基于会话层和应用层的银行间市场成员交互数据实行适流压缩的协议。

3)《区块链技术金融应用评估规则》

2020 年 7 月 10 日，中国人民银行向各金融机构下发了金融行业标准《区块链技术金融应用评估规则》。该标准主要规定了区块链技术应用的具体实现要求、评估方法、判定准则等。其评估内容主要包括基本要求的评估、性能评估、安全性评估。

在基本要求评估方面，围绕账本技术、共识协议、智能合约、节点通信、事件分发、密钥管理、状态管理、成员管理、交易系统、接口管理等内容进行评估；在性能评估方面，围绕交易吞吐率、查询吞吐率、交易同步性能、部署效率、账本数据增长速率等内容进行评估；在安全性能评估方面，围绕基础硬件、基础软件、密码算法、节点通信、账本数据、共识协议、智能合约、身份管理、隐私保护、监管支撑、安全运维、安全治理等内容进行评估。上述评估内容均从实现要求、评估方法、结果判定、适用对象 4 个方面来实施评估。

11.4 区块链金融标准重点工作方向

11.4.1 分类和热度分析

国内外都在开展区块链在金融领域的标准研制工作，而国内外工作的关注点可能存在差异，研究现存的国内外在金融领域的标准研制的差异可以使我们清楚地了解国际组织在区块链金融标准方面的关注点，从而找出国内区块链金融标准工作的缺失。

首先，将国际标准依据其内容进行分类，并依据组织的关注程度分析各类标准的热度。其次，相应地将国内的主要标准与上述分类予以对比，从而可以找出国内标准的缺失与短板。如 11.3 节所述，国际上的五大标准组织都针对金融领域制定了诸多的标准和规范。如表 11-5 所示，根据标准的内容将其划分为 5 类，即基础标准、规范标准、交互标准、安全标注和应用标准。从表 11-5 中可以看出，基础标准和应用标准相对较多，交互标准和安全标准较少。**JR/T** 表示国内金融标准，可以观察到应用标准在国内标准方面是欠缺的。

表 11-5　国内外区块链金融标准工作的分类

类别名称	标准
基础标准	ISO/CD 22739 区块链和分布式账本技术—术语 ISO/CD 23257 区块链和分布式账本技术—参考架构 P2140.4 使用 DLT 的分布式/分散式交换框架标准 P2140.5 数字资产托管框架标准 FG DLT D1.1 DLT 术语和定义 FG DLT D1.2 DLT 概述、概念、生态系统 FG DLT D3.1 DLT 参考架构 FG DLT D4.1 DLT 监管框架
规范标准	FG DLT D2.1 DLT 用例 FG DLT D3.3 DLT 平台的评估标准 分散标识符（DID）协议——核心架构、数据模型和表示 Web Ledger 协议 V1.0——Web 分散式分类账的格式和协议
交互标准	JR/T 0066.1-2019《银行间市场业务数据交换协议　第 1 部分：语法、结构与会话层》 JR/T 0066.2-2019《银行间市场业务数据交换协议　第 2 部分：应用层》 JR/T 0066.3-2019《银行间市场业务数据交换协议　第 3 部分：适流表示层》 约束节点的区块链交易协议

第 11 章 区块链金融的标准与规范

（续表）

类别名称	标准
安全标准	JR/T 0184-2020 金融分布式账本技术安全规范 ISO/NP TR23244 隐私和个人身份信息（PII）保护概述 ISO/NP TR23245 安全风险和漏洞
应用标准	ISO/NP TR23576 数字资产保管人的安全管理 P2140.1 数字资产交易交换通用要求标准 P2140.2 数字资产交易中客户加密资产安全管理标准 P2140.3 数字资产交易中用户识别和反洗钱的标准 P2143.1 数字资产支付通用流程标准 P2143.2 数字资产支付性能指标标准 P2143.3 数字资产支付的风险控制要求标准 P2418.7 基于区块链的供应链金融标准 P2418.9 基于区块链的数字资产安全令牌 P2418.10 基于区块链的数字资产管理标准

11.4.2 标准体系

标准体系是指特定标准化系统为了实现本系统的目标而必须具备的一整套具有内在联系的、科学的、由标准组成的有机整体。标准体系应具有发现问题、解决问题，以及指导标准研制和应用等作用。

通过构建区块链的金融标准化语言，可统一对区块链的认识、底层开发平台和应用编程接口，为区块链的开发、移植和互操作提供支持。

本节从基础和规范、交互与应用、信息安全 3 个方面考虑，提出如图 11-5 所示的区块链金融标准体系框架，将标准分为规范标准、基础标准、交互标准、应用标准、安全标准 5 个大类。

（1）基础标准：用于统一区块链术语、相关概念及模型，为其他各部分标准的制定提供支撑。主要包括术语、参考架构、账本标识等方面的标准。

（2）应用标准：用于规范区块链应用开发和区块链应用服务的设计、部署、交付，以及基于分布式账本的交易。例如，数字货币、供应链金融、数字资产等方面的标准。

（3）交互标准：用于指导实现不同区块链间的通信和数据交换。主要包括跨链通信交互协议、数据交换协议等标准。

（4）规范标准：用于指导区块链开发平台的建设，规范和引导区块链相关软件的开发，以及实现不同区块链的互操作。主要包括系统规范、评估、协议、用例等标准。

（5）安全标准：用于指导区块链的隐私和安全，以及身份认证的实现。主要包括身份认证、证书存储、反洗钱等方面的标准。

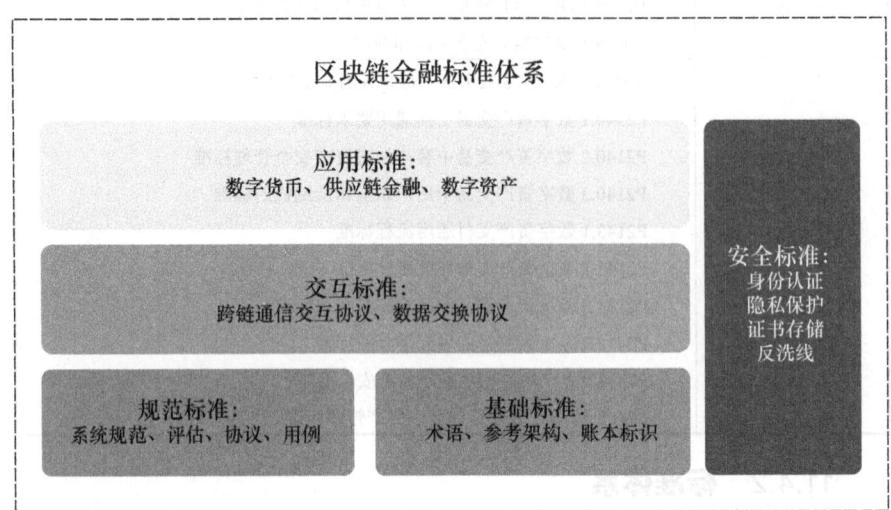

图 11-5　区块链金融标准体系框架

11.4.3　重点工作

从上面的分析可以看到，我国在金融应用领域的区块链标准还较为欠缺，而目前国内金融区块链标准主要局限在规范、基础、交互、安全四大类。这就使我国的区块链标准在金融应用领域落地时可以参考的专门标准不足。而我国金融领域用户数量庞大、市场广阔，因此，需要着重研制区块链的金融应用标准，从而使我国区块链金融标准的影响力更大并且应用和实施的前景更为广阔。现针对金融应用领域推广和实施区块链标准给出如下建议。

1）快速建立团体标准、延伸行业标准，推动标准在应用中的落地

国家标准和国际标准的建立往往需要较长时间，且建立好标准后实施应用也需要时间，这就使标准在实际的金融应用中难以落地。而团体标准的建立通常较快，而且团体标准来源于众多在行业内有影响力的企业。因此，为了更快地推进区块链标准在金融领域的实施，在行业内有影响力的区块链企业应该根据各自的产品应用，达成一个团体的共识，快速构建统一的团体标准。在团体标准的基础上，进一步构建行业标准，甚至国家标准和国际标准。

这样，标准来源于金融应用的事实，而标准又进一步约束和指导金融应用，这是让标准快速实施应用的有效途径。

2）团体标准、行业标准升级，国家标准与国际标准同步互补

在构建团体标准、行业标准的基础上，对于有重大应用价值和前景的团体标准、行业标准应申报国家标准甚至国际标准。我国的金融应用市场广阔，是较国外的一大显著优势，因此我国推动一部分优秀的行业标准、团体标准或者其核心内容写入国家标准和国际标准是有基础的。特别是，在争取参与国际标准研制的同时，将我国优秀的团体标准、行业标准的标准理念与世界各国参与标准研制的专家、学者探讨，也有助于这些标准的完善。同理，参与国际标准研制的同时也应考虑国内标准的研制，而国内标准的优秀理念也应提出到国际标准中讨论。最终实现从团体标准、行业标准的升级到国家标准、国际标准的同步互补，这将为区块链标准在我国金融应用领域落地带来巨大的推动作用。

3）建立量化评价指标，实施标准认证

对于已形成征求意见稿的标准草案，对标准研制成员单位按照自愿原则，开展标准验证工作；针对新立项、编制的金融标准，应同步出台标准应用的实施细则和评价指标，并提出标准应用的建议方案；对于存量的区块链金融标准，分析建立区块链金融标准量化评价指标，对重要标准实施情况进行监督检查，开展标准实施效果评估。

区块链金融标准与实施细则、评价指标同步出台，做到规范、落地和效果评价的标准应用一体化。具体措施包括：一是对现行金融标准进行分析，总结出可检测、认证的指标内容，建立对应的检测、认证指标体系，逐项突破，不断提升检测认证标准的占比。二是检测认证机构要开展技术攻关，取得具有自主知识产权的认证科技成果，提升检测认证能力。三是在全国范围内推动建立第三方金融标准服务机构，形成金融标准认证服务市场化格局，从而促进金融标准服务政府与市场共建机制的快速形成。

4）培养标准研制和应用研发的复合型人才，有力推广标准

培养一批既懂技术研发又精通标准制定的复合型人才，加大区块链金融标准研制的投入，将区块链金融标准作为对外宣传和打造产品核心竞争力的抓手，跟踪国际标准化新进展和新成果，研究国际标准体系，识别区块链标准化的新动向、新需求和新机会。积极参与区块链领域国际标准化权威组织的工作，争取更多话语权。主导或实质参与区块链国际标准制修订工作，推

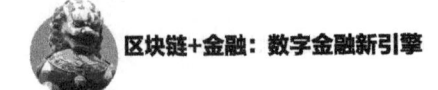

动我国优势技术转化为国际标准。加大力度构建具有国际先进水平的区块链标准体系，并向国际推广。

5）跟踪技术和应用的发展现状，不断完善、优化标准

区块链金融标准并非一成不变，需要建立多渠道的标准应用情况监测体系，及时反馈区块链金融标准应用出现的问题和取得的效果。

一是对于多年未修订、内容有重复、本身质量不高、采用率低的标准开展复审，分析其必要性，如有必要重新修订后发布，如无必要则废止标准。通过复审，降低金融标准的数量，突出重点标准，提升标准内容的有效性。

二是对于重要性区块链金融标准，可从行业标准提升至国家标准，从金融信息安全、风险防控领域入手，探索区块链金融强制标准的可行性，后续再延展到区块链金融标准体系框架的强制性指导，有利于金融机构依据实施。

三是加大力度在新兴金融领域开展区块链金融标准研究，缩短相关标准的立项、编制周期，依据不同业务、不同技术的成熟程度，从技术报告、指引到标准规范多层次开展标准规范文件制定，尽快填补标准体系的空白。

四是选取重点标准实行精准推广应用。对于"无标则乱""急需指导"类型的标准，要重点推广、精准贯彻。

11.5 本章小结

本章从金融领域需要区块链标准的原因、区块链标准化的工作如何开展、金融领域区块链标准的研制现状及未来的工作重点4个方面详细地阐述了金融领域的区块链标准内容。在区块链标准需求方面，不仅是国内的需要，也是国外环境的推动，既有市场应用亟须统一的内因，也有国际市场竞争的外因。区块链标准化需要一套完整的工作机制来支撑，这就包括了区块链标准工作的体系和机制。从目前金融领域区块链标准的进展来说，国内和国际上都成立了一些工作组，国际上的区块链标准组织的研制工作进展不一，侧重点也各不相同。为此，本章从多个视角对比了区块链标准的发展状况并给出了构建我国区块链标准的体系建议，从而为我国在金融领域科学地研制区块链标准提供了支撑和参考。

第 12 章

区块链金融未来展望

12.1 区块链发展机遇与挑战

12.1.1 区块链创新应用所带来的机遇

1. 普惠金融的催化剂

普惠金融将给社会各行业带来发展机会,给更多的企业及相关工作人员带来更多的前景选择。未来金融行业将利用区块链技术实现普惠金融服务的目标,同时能够带动和促进整个金融产业乃至整个社会蓬勃发展。这主要是由于两方面原因,一方面,区块链技术有利于跨行业、跨机构、跨地域形成产业联盟,并形成天然的分布式生态产业圈,在分布式机制中达成企业共识,可以减少企业间的运营成本,降低安全风险;另一方面,区块链能够多源收录个体在金融领域的行为动作、档案记录、信息录入等,并将这些信息安全地记录且确保信息难篡改,因此围绕个体的信用评价将有可信的数据基础,将有利于普惠金融的开展。

例如,在跨境汇款领域,区块链技术能够以更低廉、更高效的成本服务于更多人群。利用区块链技术可以实现全球范围内实时货币流通、跨境转账、国际间清算结算,同时用户可以享受低成本、不受地点限制跨境转账服务,大幅提升了国际间金融交易的效率,降低了交易成本。这种由区块链带来的便捷、快速、安全、合规的金融服务正是普惠金融的代表。

2. 金融科技的新引擎

金融科技是利用云计算、大数据和人工智能等新一代信息技术手段所驱动的一种金融创新,实现了金融朝着智能化方向发展。如果说大数据、云计算等新型信息技术助推了金融科技的发展,那么区块链技术将会是助推金融

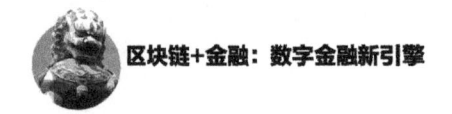

科技发展壮大的强大引擎。

长久以来金融业数据不共享形成的信息孤岛问题可以借助区块链的分散化特征保证数据的真实透明，同时区块链难篡改的性质也保证了金融数据的真实可靠及安全性，有效促进了金融业的革新和创新。同时，通过区块链技术实现数据确权，有效解决数据共享与隐私保护之间的关系，使每个企业及个体都可以真正拥有自己的数据资产。这些数据资产将为企业和个人带来相应的信用和其他价值，同时促进金融科技相关应用的开展。

区块链作为信息基础设施之一，有能力重构包括在金融在内的诸多行业基础设施。随着区块链技术的不断深入发展，与大数据、云计算等新型信息技术的融合将创造更多的发展机遇，成为金融科技发展的新方向和助推动力。

3．国际金融中心建设和发展的利器

随着科技的发展，国内外各类新技术、新理念、新概念模式不断涌现，各行各业开始了转型和升级。金融业也不例外，借助这些新技术、新理念、新模式，金融业开始了业态的革新和转变。在国外，一些老牌的金融中心——伦敦、纽约、东京等加强了金融科技创新，以抢占发展的制高点；在国内，上海、北京、深圳等利用自身的金融资源优势引领全国金融框架基础建设，加深我国金融科技在全球范围内的影响力。在金融中心建设的新征程中，区块链技术成为加速超车引擎，对金融产业优化和改革升级具有重要的促进作用。

金融区块链的应用有助于解决业务执行效率低和处理成本高等问题，有助于降低金融业务复杂度、增强金融工具的流动性、提高金融业务的效率，进而可以完善和创新金融制度。可以说，区块链已在金融全领域彰显了巨大的应用潜力和颠覆性的价值，为整个金融体系带来了潜在的积极影响。

从交易的角度：区块链技术变革了传统的金融交易模式，利用分散化、多中心的特征优化了金融机构账户管理模式，提高了清算结算的时效，在一定程度上驱动了新型金融模式的创新发展。

从服务的角度：区块链促成金融生态圈形成开放、有活力的金融市场，深刻影响国家"一带一路"倡议，利用新型信息技术更好地服务周边国家，提升我国的金融服务水平。

从创新的角度：利用区块链技术带来的金融创新不仅可以减少金融业务的运转成本，还可以对传统的金融业务模式进行颠覆性的改革，降低金融信任风险。

从监管的角度：金融区块链使监管理念和方式发生变革，其透明、公开的方式将有效减少欺诈行为，提高监管的效率，有效防范金融市场中的系统性风险。

12.1.2 区块链在金融应用中的挑战

1. 标准体系尚待完善

随着区块链技术的发展，相应的底层平台及应用应运而生，整个区块链产业处于快速发展阶段，但是当前业界区块链标准及相关主流技术路线仍在探索中，各个机构纷纷建立自己的区块链技术平台，在机构间需要进行合作数据共享时，如何对接异构区块链系统成为亟须解决的问题。围绕区块链应用的技术架构、评估评测、安全管理等方面的标准化是区块链发展亟须解决的问题，通过标准化规范区块链产品市场，应引起产业界的高度关注。

政府部门和产业界已经开展了相关区块链标准化工作，形成了一些成果，尤其是出台了规定金融分布式账本技术安全体系的《金融分布式账本技术安全规范》。未来，行业主管部门应联合各金融机构，以应用为导向，开展金融领域区块链应用标准制定工作，促进数据的共享、应用的协同，夯实安全能力，有序推广金融区块链应用。

2. 应用创新与安全合规

经过 2019 年 10 月中共中央政治局第十八次集体学习会议，区块链已上升至国家重点战略技术，由此带来的影响将会是：各企业与机构会对区块链进行重新定调，加大区块链技术投入，区块链技术研究与应用探索将得到极大发展。与此同时，合规化发展也会被放在突出位置，区块链产业健康和快速发展缺一不可。

区块链金融发展日渐加快，各金融领域区块链应用不断推进，由此产生的大量金融应用方式、模式给金融监管、风险应对等一系列应对带来了挑战。例如，一些区块链应用高度自治，并匿名交易记录，给监管方获取权限设置了逻辑障碍。

3. 技术安全与欺诈风险

区块链开放架构下的网络安全面临更加复杂严峻的形势。区块链技术是

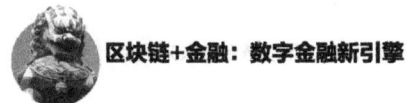
区块链+金融：数字金融新引擎

一门融合了多种学科的技术，包括密码学、数学、网络科学、计算机科学等。区块链是天然的诸多安全技术的融合体，但其同样也会涉及网络安全问题。例如，利用隐私保护技术，实现匿名交易是一把双刃剑，既能有效保护用户的隐私及数据安全，同样也能使网络恶意行为得到"正当"保护，如西方许多国家的黑市利用比特币进行非法交易频出。目前，区块链技术尚未成熟，整个区块链体系的安全系统和防御系统还有待完善，仍然存在许多潜在的风险。

此外，市场上还存在利用区块链技术噱头来包装的创业机构，欺骗消费者为伪区块链进行投资，但实际上用到的区块链模块很少，投资被虚高，使区块链技术行业产生了一定量的泡沫，影响了整个行业的健康发展。还有一些 P2P 平台利用区块链技术分散性的特点，来为其寻得避免互联网金融整顿、监管的保护伞，进而进行一些非法的交易，如国家明令禁止的虚拟代币交易、非法集资活动，这些行为本身就是金融欺诈行为，却披上了区块链的外衣躲避监管，严重损害了消费者的利益。

12.2 区块链技术未来展望

区块链技术的诞生迄今已逾十年，技术的不断优化与突破使其应用领域从金融扩展到了经济社会的方方面面。但区块链技术体系还没有那么完善，仍然面临一些挑战，针对目前遇到的难点，未来区块链技术也将围绕规模化应用对安全、性能和跨链协同等方面的要求而发展。

12.2.1 安全及隐私保护

区块链本身包含了诸多安全技术，如摘要、数字签名、时间戳等技术，通过这些安全技术实现数据存储、传输和应用等多方面的安全及隐私保护。因此，可以认为区块链本身已具有较完善的安全体系，但是也存在着机制上的缺陷，如在相关算法、协议和应用等层面均面临安全威胁，这些问题的解决与否直接关系到区块链的应用根基。

提供加密计算的框架和工具集是未来联盟链技术与应用发展的方向，通过在安全多方计算、隐私保护等方面加强安全防护，并在保证隐私的情况下实现区块链上数据的高效管理利用，有利于推动区块链规模化应用。

可验证计算（Verifiable Computation）方案允许计算资源有限的客户端

将计算外包给一个或者多个服务端。其中,输入情况是客户端动态选择的,之后客户端会接收到最终的函数计算结果及相应的结果证明。简而言之,可验证计算是一个两方的协议,在该协议中客户端选择一个函数,并将该函数和相关的输入发送给服务端。服务器对输入的函数及对应的函数参数进行计算,计算结果将传送回客户端。客户端会对收到的函数计算结果的合理性进行验证,其验证的复杂度相对计算过程的复杂度要低一些。可验证计算具备如下特性:不可伪造性,对于任意恶意的服务端,如果验证结果对不上,就证明计算上是不可行的;计算有效性,针对一些函数,生成证明是相对有效且低成本的;整个计算过程不涉及第三方初始化的部分。

利用安全多方计算、同态加密算法等隐私计算可以实现对计算数据和代码的隐私保护。安全多方计算是一种常见的用户数据隐私保护方案,多用于解决多方协同计算问题。在传统密码学方案中,如对称加密、非对称加密等方案针对系统合法用户外的恶意攻击者,能够对数据在传输过程中的完整性和机密性提供高级别的保护。安全多方计算的方案是确切保护每个参与者的合法权益和数据隐私,通常被应用在门限签名、电子选举、电子拍卖等场景中。其中,安全两方计算有着重要的理论价值,是安全多方计算的一个典型特例,应用也比较广泛。同态加密是基于数学难题的计算复杂性理论的密码学技术。对经过同态加密的数据进行处理得到一个输出,将这一输出进行解密,其结果与用同一方法处理未加密的原始数据得到的输出结果是一样的。一般用户出于对安全的考虑不会直接将敏感数据交给第三方来处理,使用同态加密技术能实现数据的安全加密,用户可以放心地交出加密数据,在一定程度上实现了数据的互联互通。

零知识证明也是区块链安全方面的一个重要技术手段。在密码学上一个典型的问题就是,如何向互不信任的各方提供秘密信息片段。零知识证明是指在证明者(被验证者)不提供任何有用信息的前提下,能够被验证出某个论断的正确性。一个证明系统通常有可靠性、完备性这两个重要的属性:可靠性表现为验证者的证明能力。如果论断是不正确的,验证者能够以绝对的优势拒绝该证明。完备性体现为证明者的能力。即如果证明该断言是正确的,证明者能够以绝对的优势使验证者接受该证明。证明系统一般由交互式证明系统和非交互式证明系统两部分组成。其中,交互式证明系统是指与证明系统相关的两个计算任务,即"生成"证明并"验证"证明的有效性,验证过程中两项任务相互交互,被定义为证明者和验证者。一般来说,交互可能更

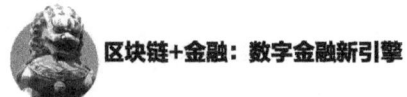

为复杂，并且可能采取验证者询问证明者的形式。两方的交互以一种比较自然的方式来定义，唯一值得注意的一点是，交互双方有个公共参考串作为输入参数。而非交互式证明系统是指证明者将所有的计算任务完成之后，将证明一次性发给验证者。中间不存在验证者询问的过程。零知识证明系统顾名思义可以满足验证的零知识性，同时也能够实现证明系统固有的两个属性，这个过程可以保证任何秘密信息都不会被泄露，确保了隐私安全。

国密算法支持也将是国内区块链平台及应用系统在安全技术上的关注的重点。国密算法的全称是国产密码算法，是经过国家密码局认定的商用密码，能够实现商用密码的加解密和认证等一系列功能。经过多年的发展，国密算法已经广泛使用在各个领域，借助国密算法能够对跨机构合作中的企业内部敏感信息、财政收入信息、行政事务信息等进行加密保护。SM2 是一个常见的商业密码标准，是由我国独立自主设计的国密算法，能够实现诸多密码算法功能，如消息摘要、对称加密、非对称加密等。

12.2.2 性能

未来区块链规模化应用对高并发、高效查询验证等均有较高要求，由于区块链分布式特性使当前的大多数区块链系统在性能和效率上均无法与传统的中心化系统相比，当前很多区块链系统满足不了高性能的要求，区块链性能的研究成为该领域最热门的话题之一。

有向无环图（Directed Acyclic Graph，DAG）可以理解为由交易组成的网络，即一种分布式账本技术。其作为一种数据结构常被使用在性能的扩展方面。区块链原本的性能不支持链上频繁的交易，因此区块链扩容成为发展区块链面临的一个挑战。为解决扩容难题，许多区块链项目引入了 DAG 方法。区块链技术与 DAG 本身有很多的相似之处，如 DAG 的交易跟区块链的区块相似，不同的是 DAG 的这些"区块"可以当成节点，形成交织的网络拓扑结构，由此显现出 DAG 的优势。当区块链还在为扩容问题担忧时，DAG 借助交织的网络能够较快速地处理增长的交易数据。将 DAG 概念融合到区块链中，是提升区块链系统性能的有效方式，DAG 技术也成为促进区块链性能提升的重要手段。

区块链借助分片技术能够解决扩展性问题，使区块链的性能、效率得到很大的提升。分片技术是一种传统的数据库技术，一般用于将大型数据库进行模块化、细片化划分，这些碎片数据将更有利于管理且运行速度更快。将分片技术应用于区块链中，可以对区块链网络实行"分片"处理，在每个相

第 12 章　区块链金融未来展望

对独立的分片网络里可以使用更小范围的共识协议,轻松实现共识。同时,分片技术的设计可以实现区块链独立地处理交易及事务,这在一定程度上减少了不必要的冗余,使区块链交易效率得到了极大的提高。目前,应用在区块链上的分片技术包括交易分片、状态分片和网络分片 3 类。交易分片又包括同账本分片和跨账本分片,都是为了确保交易在发生双花情况下能够在相同的分片中或在跨分片通信后得到及时的验证。状态分片能够让不同的碎片存储在不同的部分,旨在将整个存储区分开,实现分片"自理":节点负责自身的分片数据就好,无须保存整个区块链的状态数据。网络分片是利用随机性抽取节点形成碎片,防止恶意节点过度填充单个碎片,每个碎片独立处理对应的交易子集并达成共识。

共识算法效率也是影响区块链性能的要素之一。区块链平台一方面可以通过共识机制的设计,在保障共识安全的前提下,减少共识消耗来提升共识达成的效率;另一方面还可以通过共识算法的创新和优化来促进性能提升。VRF 是一种低能耗、高效率的随机数算法,将其引入区块链共识机制中,与 DPOS、BFT 进行融合,形成 VBFT 算法,从而提升区块链的可扩展性,并提高数据处理的速度和安全性。这种算法的思路是将验证人集合、验证人排序使用打分的方式处理,从而保障区块链各节点数据的一致性。

12.2.3　跨链

区块链发展至今已经形成了很多的链,但这些链之间很少有数据信息的交互,使很多数据的价值被浪费,成为互联时代的一大链"孤岛"。为实现区块链数据信息的价值传递,区块链跨链互操作机制应运而生,并不断提高其效率和安全性,为实现区块链跨业务、跨场景、跨地域协同应用提供可能。围绕这些异构技术链、跨行业应用链的互操作、数据协同需求,开展跨链技术研究,以促进跨行业、机构和地域的跨区块链信任传递和商业合作,从而解决跨链接入、跨链数据访问与互操作及链上业务协同问题。

当前已涌现出一些跨链解决方案,如哈希锁定、侧链/中继、分布式私钥控制技术、公证人机制等,这些技术各有优缺点。根据跨链要解决的问题来看,跨链技术的研究方向主要包含区块链适配器、跨链网关、跨链数据服务和多链协同等内容。

1. 区块链适配器

区块链适配器主要实现区块链平台或系统的匹配和接入,包括统一资源

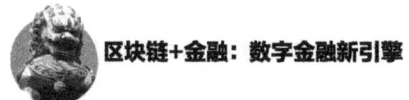

描述、统一接口封装、安全访问控制、数据缓存。借助区块链适配器，用户可以在跨链互操作系统上寻址其他区块链系统，实现多链互操作的目的。统一资源描述将各区块链底层平台上的资源进行抽象和统一，为多链接入提供资源描述基础。各区块链平台包含的功能多种多样，大致有资产、智能合约、信道、数据表等，但不管形式如何不同，这些区块链平台的核心接口模块是一样的。固定的核心接口包括数据接口、调用接口、事件接口，但是这些接口模块仍然不能很好地实现区块链平台之间的交互，为此可通过统一的资源接口实现无障碍的区块链平台资源交互。利用统一的资源接口，使各区块链应用系统可以无须顾虑具体的智能合约语言和区块链的底层架构，直接调用区块链的智能合约、资产、信道或数据表。统一资源接口包括数据、调用和事件3类接口，针对对接的区块链底层平台，按照统一资源接口的定义，抽象得出相应的接口参数、返回值和相关说明。

统一接口封装是指将跨链数据接口、合约接口、加解密接口等实行封装，更好地方便部署和调用，在统一资源描述的基础上开展跨链接口的对接和使用。跨链统一接口是在各区块链底层平台接口的基础上按照不同功能，具体化应用业务可能会用到的各个字段，抽象出的一套统一的协议接口。跨链统一接口把区块链底层平台的连接转为统一接口连接，屏蔽了较为复杂的签名生成规则、字符编码转换问题，以及多种底层错误码处理逻辑。

安全访问控制是指保障区块链底层平台适配和操作的安全性，主要是限制跨链操作访问权限，从而保障不同链上的数据和资源安全。利用可靠的权限管理和授权机制，能够保障区块链数据信息安全，在跨链互操作系统上部署的智能合约控制分区、机构、区块链的权限，并监控跨链操作的资源访问。

数据缓存是建立在统一资源描述和统一接口之上的，将各区块链系统上的公开数据进行缓存存储，从而实现跨链数据的快速查询和传输，进一步提高跨链操作效率。

2. 跨链网关

通过跨链网关可以解决跨链数据的互操作性问题，其主要作用是实现跨链路由功能，并作为底层应用链之间和应用链、中继链之间互操作的协调者，完成跨链互操作。跨链网关能够实现包括跨链交易执行、跨链交易验证、跨链数据访问、跨链查询优化、资源查找发现、跨链身份验证、跨链安全连接、跨链路由等在内的作用和功能。

跨链交易执行和验证是指通过智能合约执行跨区块链系统的交易操作。跨链网关不仅能传输交易和回执的信息，还能额外地传输交易的默克尔证明。交易发送方会利用这些默克尔证明来验证跨链数据访问的可信度，最终获得目标链上的交易确认结果，保证交易和回执的可靠性。

跨链数据访问、跨链查询优化和资源查找发现是指通过跨链操作系统实现多链之间数据查找及互访问，并基于数据缓存机制，实现资源的快速定位和查询。

跨链安全连接则是为了保障通过网关连接时的安全性，跨链网关支持基于 CA 认证机制的网络准入；为保障数据信息的完整性、保密性、认证性，支持任意多级的证书结构；为保障数据传输过程中的安全性，支持通信链路使用 SSL 加密。

跨链路由在跨链网关交互中起着至关重要的作用，能够实现区块链适配器对多个区块链的连接作用，多个跨链路由便能实现分布式网络的互联互通。

3．跨链数据服务

跨链数据服务基于底层的适配器和跨链网关开展的跨链数据互联互通服务，实现多链间数据的安全可信共享。跨链数据服务主要包括跨链数据上链/操作、跨链数据分析、跨链数据验证和跨链数据检索。跨链数据上链/操作提供跨链数据上链存储功能，用户可以选择使用不同的底层区块链系统来满足数据上链操作。跨链数据分析可以在加密环境下实现多个链之间的数据联合分析，以及联邦学习机制。数据的来源可追溯，且分析使用记录同样会被记录在区块链上。跨链数据验证能够实现不同链之间数据的互信验证，包括资产、数据的可信互操作。跨链数据检索可以实现在多个链上数据资源的快速查询和定位，可根据数据类型、时间和其他关键词等实现高级复杂检索。

4．多链协同

多链协同是指在多个区块链系统上实现业务跨链操作，如多链联邦学习、多链数据并行和多链数据融合。多链联邦学习是指将联邦学习模型和训练结果分发给相关的区块链系统，跨链操作系统进行模型训练和训练结果的记录。多链数据并行和多链数据融合均是针对业务处理过程中大批量数据的并行处理和融合应用需求，实现多个区块链系统上的数据调取和分析。

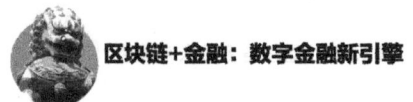

12.3 金融基础服务未来展望

区块链已经彰显了其为经济社会转型升级提供技术支撑的能力,尤其在金融行业,支付、银行等各个领域的区块链应用不断涌现。随着区块链技术的不断创新、融合、升级、发展,更多的区块链金融应用纷纷落地。传统金融模式下存在很多效率问题,且容易形成数据孤岛,不仅对行业本身的发展造成制约,也会对其他相关行业造成一定的影响。区块链技术的集成应用对技术革新和产业变革产生了巨大的影响。区块链是金融领域改革强有力的"抓手",随着区块链技术的不断创新,其在金融领域的应用也日渐得心应手,融合区块链技术的金融科技为整个金融行业的蓬勃发展注入了新动力。

12.3.1 可信数字身份

数字身份是利用数字化信息对身份进行的刻画,是能够电子化的身份证明信息。当今社会经济发展正朝着数字一体化趋势前进,因此数字化的知识信息和数字生产要素显得尤为重要,而数字身份又是其中作为基础的身份确认和流通依据。金融的本质是基于信任的合作,可信数字身份则成为开展数字金融活动的基础和保障。

数字身份建立在传统的身份认证基础上,随着互联网和数字化的快速发展而越发成熟和重要。与传统的身份系统相比,数字身份大幅提高了整体社会的效率,进一步释放了用户价值,在政府治理、社会经济和个人活动中起到了良好的效果。但在应用过程中,尤其是数字金融活动中,数字身份面临一系列挑战和问题,如身份认证低效及成本较高,访问与使用安全如何保障,跨地域、跨组织共享难等。区块链的出现为实现可信数字身份提供了技术保障,也成为数字金融应用创新的重要方向。

数据在上链之前由相关权威机构进行背书,因为链上机构身份透明,所以主体责任清晰,谁上传、谁负责。如果出现破坏数据上报诚信行为,或者某个环节断裂,监管机构可以追溯到破坏源头,这也倒逼各机构自觉守信,尊重数据上报可信机制。一旦数据上链,区块链难篡改的特性保证了身份数据在网络上的完整性,并且各个节点共同维护数据,可有效防止对身份数据的篡改。同时,链上机构将其拥有的相关数据上传至区块链网络后,可由区块链网络实现自动激励,其他参与方使用其数据时,数据所有方亦可得到收

益。若机构上传数据的积极性提高,数据的真实性又能够得到保障,身份认证的效率就会提升,成本也会降低。

1. 安全及隐私保护

用户个人身份信息数据是敏感信息源,在对用户信息进行采集和使用时,应当注意个人隐私保护和安全防范。通过区块链分布式存储机制,各个节点共同参与记账,拥有相同的账本,避免了中心化的节点出现信息泄露。利用区块链难篡改的特性,可以从技术上实现对用户个人隐私数据的保护。一是上链用户有权限知道哪些身份信息已经入链,知晓身份信息的状态;二是在身份认证的环节确保认证轨迹、认证日志上链无误,同时可以追踪到认证信息何时何环节何人调取授权。这种多维度的身份信息认证能够从根本上确保用户隐私信息的安全性,并保证共享数据时公开透明且可追溯,实现真正意义上的数字身份安全保障。

2. 数据互联互通

当前区块链企业众多,研发出的区块链平台也不尽相同、功能各异,且各家企业区块链平台之间核心数据信息不互通,由此造成了数据信息的浪费。通过发展区块链技术,构建区块链联盟体系,利用完备的共识算法、智能合约、激励机制驱动多方合作,有助于增强各机构间的数据信息交流,促进行业信息流通和整合。数据的互联互通建立在充分保障数据所有方权益的基础上,如各机构以区块链节点的身份和 API 对接的方式加密共享己方数据,查询其他数据。由于各方数据在链上均是加密存储的,其他参与方一般获取不到原文,而只可以通过零知识证明、安全多方计算等手段进行查询使用,一方面不存在违规泄露客户数据的问题,另一方面也能保证数据所有方的商业机密,从而消除数据互联互通存在的安全隐患和障碍,实现可信数据共享。

身份验证在金融领域至关重要,可以利用区块链技术引进数字身份,实现身份信息实时有效可验证,加快推动金融领域生态发展,激发潜在价值,如数字资产的发行、交易、管理,客户风险管理,跨境支付等。未来,随着金融创新业务的不断涌现,可信数字身份将成为优质金融业务、高效金融服务、安全金融规范的坚强把手。

12.3.2 法定数字货币

法定数字货币的研发推行试点正在如火如荼地进行中。在国际上也有许多国家的央行正在尝试或准备推行法定数字货币，国际清算银行 2020 年发布的调查统计显示，全球约 10%的国家央行有短期进行数字货币发行的打算，这些国家的经济占全球经济总量的 20%以上，未来法定数字货币的推行必将改变全球金融支付的格局。

区块链技术为数字货币提供了一种解决思路。2015 年起，英国、俄罗斯、法国、德国等经济大国均表示正着手研究区块链技术，中国人民银行也在推进法定数字货币。从技术手段来说，区块链能够为法定数字货币带来便捷与安全、可追溯和简化交易环节等优势。

据目前对外公布的信息，我国法定数字货币的顶层设计、功能研发、标准定制、联调测试已经基本完成。同时，我国法定数字货币已经展开了多地试点——包括深圳、雄安新区、苏州、成都等具有代表性意义的地方。中国人民银行相关负责人表示，此次试点测试的法定数字货币，主要定位于流通中的现金（M0），具有货币价值和法偿性，支持可控匿名。可以预见的是，在中国人民银行扎实研究法定数字货币技术，紧跟国际数字货币研究前沿的背景下，结合数字货币本身快捷便利、低成本、高安全性的特征，法定数字货币流通全国乃至全球指日可待。

毫无疑问，法定数字货币将成为国家综合实力的一个重要组成，商业银行可以借助这次法定数字货币的革新优化银行内部结构，提高银行清算结算等的效率和安全性，这也有助于提升银行等机构的金融地位。

12.3.3 分布式金融服务

随着金融行业在国际间、企业间的合作交易不断，摩擦、矛盾也从未间断过。传统的贸易一般涉及第三方机构进行资金流转，但是中介机构对客户的安全、隐私保护能力参差不齐，客户面临高额的中介费、资金到账流转时效性不足等问题。面对这种贸易金融困境，需要创建一个健康的贸易金融生态圈，将有关企业连成节点，整合企业间的交易信息，建立起互联互通且有安全保驾护航的联盟生态体系。

基于区块链的分布式金融体系将消除环境、位置的条件限制，降低多方机构业务交互的复杂度，使用户在能自主控制个人资产和数据信息的同时，还能享受到安全的金融服务。例如，清结算业务是一项极为复杂的多金融机构协作的支付业务，利用区块链构建的分布式金融体系，能够将业务涉及的机构连接在一起，构建一个清结算生态系统，如图 12-1 所示。一方面，通过区块链的共识机制、智能合约、清结算底层协议等对支付交易进行解耦、权限的赋能，能够更安全、更高效地实现清结算业务过程；另一方面，区块链中的数字身份会经过严格的审核验证，利用唯一标识的身份文档、CA 证书或者公私钥对实行验证。

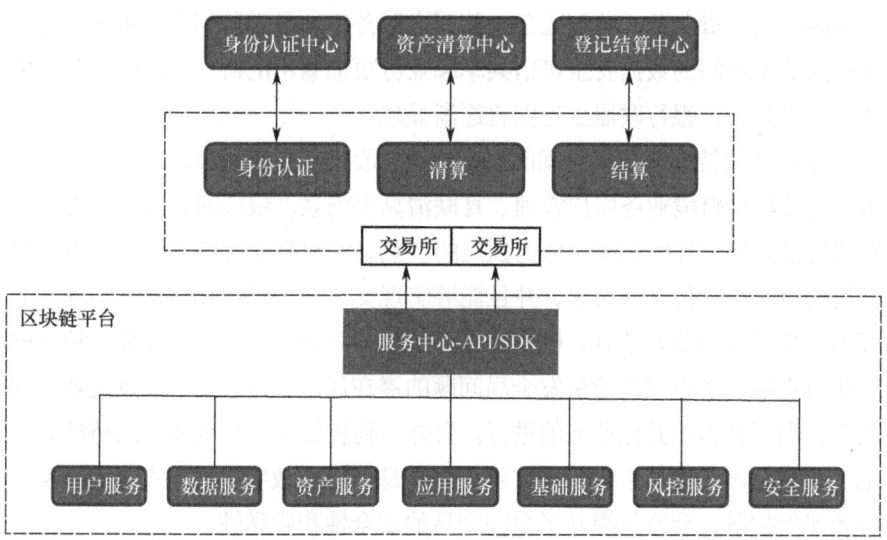

图 12-1　基于区块链的清结算生态系统

12.4　金融产业未来展望

金融领域是区块链技术最早应用、最多落地实现的行业，目前的落地应用主要涉及金融电子合同、跨境支付、贸易等金融业务。区块链通过多中心化、难篡改、可追溯等特征深深影响金融产业的发展，为金融发展带来了创新性甚至颠覆性影响。同业之间的合作将因为区块链的出现而变得更为紧密，一些传统的金融业务模式也将因此升级，并催生更多更加深入的跨行业、跨领域融合应用。以区块链为代表的新一代信息基础设施，将把科技与金融更加紧密地融合，并源源不断地为金融产业发展提供无限动力。

12.4.1　金融同业机构合作加强

区块链的出现，为同业间更高效的大规模协作提供了可能。通常情况下，

区块链+金融：数字金融新引擎

同业机构间存在较大的竞争关系，导致资源分散，不利于便捷化、高效率地提供服务，制约业务创新发展。而通过区块链的技术特性，能够在保障安全和利益的前提下，实现同业机构间数据共享和业务协同，不仅有利于提升金融产业的服务效率和质量，还使金融产业的内在凝聚力得到提升。

银行机构在金融行业有着举足轻重的地位，作为至关重要的金融机构，银行的区块链技术革新将会惠及众多金融业务，包括一直以来的手续烦琐、费用高昂的信贷业务、跨境业务、第三方服务等。各银行间合作不断加强，通过同业机构间的数据安全可信共享和业务更加紧密的协作，银行间合作模式进一步升级，银行联盟生态圈将逐渐显现。

区块链的特性适用银行间的很多业务，最契合的就是银行间跨境支付业务，主要包括跨境业务账户管理、直联清算等场景。银行间利用区块链的分布式特征，将一片区域单元作为独立的节点，实现独立节点对外连接境外银行机构点对点支付转移资金，并且能够实现交易与结算同步进行，实现了低成本、高时效的境外结算，极大地提高了银行间业务的效率。此外，独立的区块节点解决了单点故障引发全局问题的潜在风险，即使单个节点受到外部攻击，也不会影响其他业务的进行。另外，利用链上信息难篡改的特性，杜绝了人为修改或者网络攻击的风险，为交易信息、数字资产的安全、真实、有效保驾护航，全方位提升了金融交易的安全性和隐私性。

银行间合作将会因为区块链技术的保障而变得更加积极主动，究其原因在于区块链提供了安全及隐私保护前提下的多方协作。银行生态圈数据开放需要多方参与及注重隐私保护，利用数字摘要算法、数字签名和加密算法等实现对业务数据的基础保护，同时也确保了参与者身份的安全性，用户可以利用可授权加解密机制、公私钥对实现对自身资产的完全控制，同时能够保障数据信息的安全性，降低数据泄露的风险。再加以零知识证明等隐私保护技术，实现了更高级别的隐私保护，最终实现数据共享可用而不可见的目标。

12.4.2　金融与其他产业融合共生

区块链技术不仅使金融同业机构间合作更加紧密，也催生了金融业与其他产业间的深度合作。区块链所带来的创新理念和应用模式，将为增强金融服务实体经济的能力带来新飞跃。

利用区块链技术能够实现对金融服务能力的提升，同时改革金融供给侧的结构特征，促进金融产业健康、快速发展。而几乎所有行业均涉及金融服

第12章 区块链金融未来展望

务，都需要诚实可信的数据和环境作为基础，进而有利于开展金融服务和活动。信任的建立尤为重要，而在传统模式下信任建立的成本较高，导致在诸多行业领域金融服务不能较好地开展。区块链通过数学原理创造信任，代替第三方机构，不仅降低了信任建立的成本，而且更加可信和公平公正。与传统信息技术提高企业内部工作效率不同，区块链更加侧重于跨领域、跨机构的协作，这就使金融服务更加深入各个行业领域，为行业领域赋能，减少各个参与方、各个业务环节的信息不对称和成本。

通过区块链技术在供应链金融领域的应用，使得数据可信、信用有效传递、成本持续降低。同样地，基于区块链技术，金融能够更好地服务能源行业，未来微网作为能源行业发展的重要方向，将会实现分布式能源区域化流转，有利于减少能源浪费、保护环境、减少用户开销。将金融服务沉淀到各个微小的节点，实现能源交易的及时变现，有利于行业发展。其他如医疗健康、食品安全、精准脱贫、教育等诸多领域，将以区块链技术为抓手，更好地与金融服务相结合，紧密联系各类产业，创新业务模式，改革业务应用。

12.4.3 新旧金融体系加速融合

区块链+金融的业态发展称为新金融体系，由此可以认为新金融是对传统金融不足的弥补，新旧金融体系将在发展中优势互补，革新发展方向，重塑金融体系态势。区块链金融产业图谱如图12-2所示。

图12-2 区块链金融产业图谱

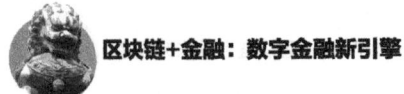

首先，诸如银行、小贷公司等传统金融机构或泛金融机构将进一步加强区块链等新一代信息技术的使用。许多创新的业务和运行模式将围绕区块链网络来运作，并受区块链多中心化、分布式等特征影响，改革创新管理理念和基础技术架构。

其次，金融科技公司发展越发成熟，如以微众银行为代表的完全建立在互联网基础上的纯虚拟银行机构。不仅如此，传统银行与互联网企业的合作，或者银行业务延伸到互联网上去完成，都是未来金融产业发展的重要力量。金融科技公司利用区块链等新一代信息技术，通过产品创新、支付创新、渠道创新、业务创新等积极探索新金融发展路径。

最后，其他如券商、保险机构等将会基于区块链技术加快新金融业务创新和实践，发展出更多、更广泛的业务模式。证券机构利用区块链技术带来的科技浪潮，将大大提升交易时效，缩减不必要的成本且能降低错误率。保险公司将因区块链技术的运用更容易开展业务，信任基础的夯实将解决传统保险行业面临的诸多困境。

12.5　本章小结

总体来看，区块链科技驱动金融业快速发展，加快创新革新进程，但区块链科技应用体系还不完善。一方面，由于区块链技术本身还需要更为充分的发展；另一方面，金融行业创新往往需要遵从监管层的引导意见，始终将安全性、可靠性放在首位，需要严谨发展金融业底层基础设施，这将是一个漫长的验证过程。

区块链与新一代信息技术——大数据、人工智能、物联网的创新融合将为金融业发展提供有力的"抓手"，以可信数字身份、法定数字货币和安全监管为代表的金融区块链应用，也为金融区块链应用的蓬勃发展推波助澜。整个金融产业也必将会因区块链技术的产生和应用而带来模式和业态的升级变革，金融生产关系将得到创造性的改变，更大、更广泛的价值将不断被挖掘和引爆。也可以清晰地预见，区块链应用大规模落地必然伴随巨大的结构性变革，这将是一场传统利益方与新兴利益方充分发展并竞争的漫长较量，中间充满机遇和挑战。只要积极、科学地应对，相信在将来金融业定能够蓬勃发展，造福全社会。

20世纪，国际互联网诞生，并成为人类社会的血管。

21世纪，区块链技术诞生，并将成为数字金融的血管。

参考文献

[1] 李长虹. 货币变革与经济形态的演进[J]. 重庆社会科学，2005（7）：12-15.

[2] 长铗，韩锋，等. 区块链：从数字货币到信用社会[M]. 北京：中信出版社，2016.

[3] 黑马哥. 关于比特币从诞生到现在最详细的"史记"[EB/OL]. [2020-05-19]. http：// www.iheima.com/news/2013/1125/56565.shtml.

[4] 中国区块链技术和产业发展论坛. 工业和信息化部—中国区块链技术和应用发展白皮书 2016 [EB/OL]. [2020-05-19]. https://img2.btc123.com/file/0/chinabolckchain devwhitepage2016. pdf, 2016.

[5] 王海龙，田有亮，尹鑫. 基于区块链的大数据确权方案[J]. 计算机科学，2018，45（2）：15-19.

[6] 杨宇焰，金融监管科技的实践探索、未来展望与政策建议[J]. 西南金融，2017（11）：24-31.

[7] 林子雨. 大数据技术原理与应用[M]. 2 版. 北京：人民邮电出版社，2017.

[8] 刘楠，刘露. 区块链与云计算融合发展 BaaS 成大势所趋[J]. 通信世界，2017（17）：61-62.

[9] IDC .2018 Q4 全球云 IT 基础架构跟踪报告,云 IT 基础设施低于传统 IT [EB/OL]. [2019-04-01]. http://www.chinastor.com/market/ 0403404u2019.html.

[10] 徐忠，邹传伟. 区块链能做什么、不能做什么？[EB/OL]. [2020-05-08]. https://mp.weixin.qq.com/s/bVpfO0-IDaHcR0eGCjH0zw.

[11] 姚前.基于区块链的新型金融市场基础设施[EB/OL]. [2020-05-08]. https://mp.weixin.qq.com/s/CCkqnxfXI9vh97rZvHV20g.

[12] 李斌. 区块链的理性认识与感性实践：如何正确认识区块链并选择正确的技术发展路线[EB/OL]. [2020-02-21]. https://www.jinse.com/blockchain/592260.html.

[13] 中国人民银行支付结算司. 中国支付清算系统总体架构图[J]. 金融会计, 2018 (4)：80.

[14] 周君芝. DCEP 或有运行机制[R]. 上海：广发证券发展研究中心，2019.

[15] 肖谢. 支付市场呈现"合而不同"的发展趋势[J]. 中国信用卡，2020（2）：11-13.

[16] 陈斌. 支付的未来发展趋势[EB/OL]. [2020-04-20]. https://www.jianshu.com/p/d7975f7eae50.

[17] 范一飞. 中国法定数字货币的理论依据和架构选择[J]. 中国金融，2016，17：10-12.

[18] 姚前. 法定数字货币的经济效应分析：理论与实证[J]. 国际金融研究，2019,381（1）：

16-27.

[19] 法律出版社法规中心. 中华人民共和国商业银行法[M]. 北京：法律出版社，2015.

[20] 姚辉亚，徐磊. 金融科技驱动下的中小银行创新转型路径[J]. 中国银行业，2019（4）：78-80.

[21] 田惠宇. 招商银行 2019 年度报告 [R]. 中国：招商银行股份有限公司，2020.

[22] 招商银行股份有限公司. 2019 年度报告[EB/OL]. [2020-5-18]. https://file.cmbimg.com/cmbir/ 202003/ea1ef0e6-d7f6-4e33-ae44-17ef824240b9.pdf.

[23] 金链盟. FISCO BCOS 白皮书[EB/OL]. [2017-12]. https://github.com/fisco-bcos/whitepaper.

[24] Iprdaily. 2019 年全球区块链发明专利排行榜（TOP100）[EB/OL]. [2020-4-24]. https://baijiahao.baidu.com/s?id=1664826694542206021&wfr=spider&for=pc.

[25] 温晓桦. 区块链结算清算联合贷款：微众上线国内首个银行区块链业务[EB/OL]. [2016-9-25]. https://mp.weixin.qq.com/s/41rR_2u7U EX4FtBjYGl1Xw.

[26] 闫沁波. 招商银行用区块链技术实现跨境直联清算，报文传递缩短到秒级[EB/OL]. [2017-2-27]. https://www.8btc.com/article /119621.

[27] 中信银行. 中信银行上线国内首个区块链信用证信息传输系统[EB/OL]. [2017-7-23]. https://mp.weixin.qq.com/s/JONqtDIhjCBtu_xOhw1E0w.

[28] 中国银行. 中国银行推出国内首个区块链债券发行系统[EB/OL].[2019-12-10].https://mp.weixin.qq.com/s/kfy9pfmei5buvvn3j9swxq.

[29] 中国新闻网. 交通银行"链交融"上线以区块链技术赋能资产证券化[EB/OL]. [2018-12-21].https://baijiahao.baidu.com/s?id=1620443115718225030&wfr=spider&for=pc.

[30] 孙国峰. 穿透式监管更适合中国[EB/OL]. [2017-9-13]. https://mp.weixin.qq.com/s/_hHPR1q5GCVpe6cla50k2w.

[31] 深圳卫视深视新闻. 兑付方案到底谁说了算？深圳在全国首推网贷平台投票系统[EB/OL]. [2019-6-19]. https://mp.weixin.qq.com/ s/i2fqxypvgkjnyynjk0ohwa.

[32] 北京市地方金融监督管理局. 基于区块链的 Ekyc 系统上线[EB/OL]. [2020-3-18]. https://mp.weixin.qq.com/s/A4Ut2ICznDElVbXERTXyPw.

[33] 程炼. 金融科技时代金融基础设施的发展与统筹监管[J]. 银行家，2019（12）：11.

[34] 博瞻智库. 一文读懂中央深改委提出的金融基础设施[EB/OL]. [2020-04-20]. https://www.sohu.com/a/340281443_100003691.

[35] 肖翔，靳亚茹，沈昱朋. 国际货币基金组织全球金融科技发展最新调查及启示[J]. 中国银行业，2019（11）：29.

[36] 刘瑜恒，周沙骑. 证券区块链的应用探索、问题挑战与监管对策[J]. 金融监管研究，2017，4：89-109.

[37] Helen Partz. 伦敦证券交易所 CEO：区块链可用于发行和结算 [EB/OL].

[2020-04-20]. https://finance.sina.com.cn/blockchain/roll/ 2019-05-05/doc-ihvhiewr 9929586.shtml.

[38] Starzhou.高盛区块链报告：从理论到实践[EB/OL].[2020-04-20]. https://blog. csdn.net/starzhou/article/details/80638184.

[39] 泰德阳光集团.港交所研究报告推动区块链金融科技与监管并行[EB/OL]. [2020-04-20]. https://mp.weixin.qq.com/s/FM-0b93571m FaunMxTSz3A.

[40] 姚前.数字资产和数字金融[EB/OL].[2020-04-20]. https://mp.wei xin.qq.com/ s/_YI-l_zXjxoFLovuwVuG5A.

[41] 汪青松.信任机制演进下的金融交易异变与法律调整进路[J]. 社会科学文摘, 2019（11）：81-94.

[42] 刘功民.测试左移-提升产品质量上限[J]. 技术通讯, 2019, 7：13-20.

[43] 中国国家质量监督检验检疫总局，中国国家标准化管理委员会. GB/T13016—2018《标准体系构建原则和要求》解读[J].机械工业标准化与质量, 2018, 545（10）：29-34.

[44] 全国标准化原理与方法标准化技术委员会.标准化工作指南第1部分：标准化和相关活动的通用术语. GB/T20000.1-2014[S]. 北京：国家标准化管理委员会, 2014.

[45] GB/T 13016—2018《标准体系构建原则和要求》解读[J]. 机械工业标准化与质量, 2018（10）：27-32.

[46] 众安科技.《中国首份再保险区块链白皮书问世重塑再保险交易场景》[EB/OL]. [2020-05-22]. https://zhongan.io/article/70.

[47] 金融壹账通.周大福钻石盗损险项目[EB/OL]. [2020-05-22]. https://www. ocft.com/index.php?s=ch/science&txt=1.

[48] 戴安琪.保险龙头加速抢滩区块链[EB/OL]. [2020-05-22]. https: //baijiahao. baidu.com/s?id=1649233712152607276&wfr=spider&for=pc.

[49] 泰康在线. 技术应用[EB/OL]. [2020-05-22]. http://www.tk.cn/ aboutus/sstk/jsyy/.

[50] 孙祁祥. 保险学[M]. 北京：北京大学出版社, 2017.

[51] 中国人民银行数字货币研究所.金融分布式账本技术安全规范：JR/T 0184—2020[S]. 北京：中国人民银行, 2020.

[52] 中国人民银行数字货币研究所.区块链技术金融应用评估规则：JR/T 0193—2020[S]. 北京：中国人民银行, 2020.

[53] 中国电子技术标准化研究院、贵州省大数据标准化技术委员会. 区块链系统测评和选型规范：DB52T1467—2019 [S]. 贵州：贵州省市场监督管理局, 2019.

[54] Lumenlab. MetLife's LumenLab pioneers blockchain initiative to automate life

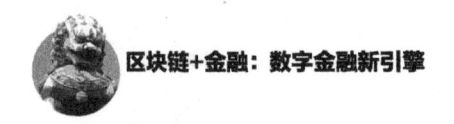

insurance claims [EB/OL].[2020-05-22]. https://tokenpost.com/MetLifes-LumenLab-pioneers-blockchain-initiative-to-automate-life-insurance-claims-2311.

[55] Marsh. Media Center[EB/OL].[2020-05-22]. https://www.marsh.com/us/media/marsh-collaborates-with-ibm-acord-and-isn-to-apply-blockchain-technology-for-first-commercial-proof-of-insurance.html.

[56] Roger W. The Science of the Blockchain[M]. North Charleston: Inverted Forest Publishing, 2016.

[57] Richard C. Learning Bitcoin[M]. Birmingham: Packt Publishing, 2015.

[58] Wood G. Ethereum: A Secure Decentralised Generalised Transaction Ledger[J]. Ethereum Project Yellow Paper, 2014, 151（2014）: 1-32.

[59] Cachin C. Architecture of The Hyperledger Blockchain Fabric[C]. Workshop on Distributed Cryptocurrencies and Consensus Ledgers, 2016, 310: 4.

[60] IEEE Blockchain. IEEE Standard[EB/OL]. [2020-2-12]. https://blockchain.ieee.org/standards.

[61] IRTF. Decentralized Internet Infrastructure Research Group: Draft Charter[EB/OL]. [2020-2-12]. https://trac.ietf.org/trac/irtf/wiki/block chain-federation.

[62] ISO.Blockchain and Distributed Ledger Technologies. ISO STANDARDS BY ISO/TC307[EB/OL]. [2020-2-12]. https://www.iso.org/committee/6266604/x/catalogue/p/0/u/1/w/0/d/0.

[63] W3C Community Group Draft Report.The Web Ledger Protocol 1.0.W3C[EB/OL]. [2020-2-12] . https://W3C.github.io/web-ledger/.

[64] Committed to connecting the world. Focus Group on Application of Distributed Ledger Technology. ITU[EB/OL]. [2020-2-12]. https://www.itu.int/en/ITU-T/focusgroups/dlt/Pages/default.aspx.

[65] Nakamotos.Bitcoin:Apeer-to-Peer electronic cash system[EB/OL]. [2008-10-31]. https://bitcoin.org/bitcoin.pdf.

[66] IOSCO,Research reporton financial technologies[R]. Research report, 2017.

[67] Eamonn Maguire,"Could Blockchain be the Foundation of Aviable KYC Utility?"[R]. KPMG, 2018.

[68] Schneider J, Blostein A, Lee B, et al. Blockchain: Putting Theory into Practice [R]. Goldman Sachs, 2016.

[69] Mainellim,Anda.Milne, The Impact and Potential of Blockchain of the Securities Transaction[R]. SWIFT Institute Working Paper, 2016.

[70] Adrian T, Mancini-Griffoli T. The Rise Of Digital Money[R]. IMF Fintech Notes, 2019.

[71] Bank of Canada, Bank of England, And Monetary Authority of Singapore,

Cross-Border Interbank Payments and Settlements: Emerging Opportunities For Digital Transformation[R]. Research Report, 2018.

[72] European Commission.Publications Office of the European Union. Blockchain Now and Tomorrow[EB/OL].[2020-05-08]. Https://Ec.Europa.Eu/Jrc/En/Publication/Eur-Scientific-And-Technical-Research-Reports/Blockchain-Now-And-Tomorrow.

反侵权盗版声明

电子工业出版社依法对本作品享有专有出版权。任何未经权利人书面许可，复制、销售或通过信息网络传播本作品的行为；歪曲、篡改、剽窃本作品的行为，均违反《中华人民共和国著作权法》，其行为人应承担相应的民事责任和行政责任，构成犯罪的，将被依法追究刑事责任。

为了维护市场秩序，保护权利人的合法权益，我社将依法查处和打击侵权盗版的单位和个人。欢迎社会各界人士积极举报侵权盗版行为，本社将奖励举报有功人员，并保证举报人的信息不被泄露。

举报电话：（010）88254396；（010）88258888
传　　真：（010）88254397
E-mail：　dbqq@phei.com.cn
通信地址：北京市万寿路173信箱
　　　　　电子工业出版社总编办公室
邮　　编：100036